高等职业教育智能交通技术运用专业规划教材

Jiaotong Xinxi Wangluo yu Tongxin Jishu
交通信息网络与通信技术

主 编 黄 颖
主 审 杨 波 [广东新粤交通投资有限公司]

人民交通出版社股份有限公司
China Communications Press Co.,Ltd.

内 容 提 要

本书以项目驱动进行结构组织，使学生在项目的实施中学习理论知识。全书共8个模块，每个模块大体上由学习目标、任务要求、相关知识点、任务实施和难点分析构成。学生可以边通过任务实施边查阅相关知识点，如果无法完成任务目标，也可参阅配置过程，通过自己配置和参照标准配置，能很快发现问题，提高实战经验。建议安排72课时，基中理论课36课时、实践课36课时，宜采用"1节理论课+1节实践课"的授课模式。

本书主要面向对象是高等职业院校智能交通技术运用专业、物联网、计算机等专业的学生，宜作为方向基础课。

图书在版编目(CIP)数据

交通信息网络与通信技术／黄颖主编. —北京：
人民交通出版社股份有限公司，2017.8
高等职业教育智能交通技术运用专业规划教材
ISBN 978-7-114-13978-9

Ⅰ.①交… Ⅱ.①黄… Ⅲ.①信息网络—应用—交通运输管理—高等学校—教材②通信技术—应用—交通运输管理—高等学校—教材 Ⅳ.①U495-39

中国版本图书馆 CIP 数据核字(2017)第 157927 号

高等职业教育智能交通技术运用专业规划教材

书　　名	交通信息网络与通信技术
著 作 者	黄　颖
责任编辑	司昌静　富砚博
出版发行	人民交通出版社股份有限公司
地　　址	(100011)北京市朝阳区安定门外外馆斜街3号
网　　址	http://www.ccpress.com.cn
销售电话	(010)59757973
总 经 销	人民交通出版社股份有限公司发行部
经　　销	各地新华书店
印　　刷	北京虎彩文化传播有限公司
开　　本	787×1092　1/16
印　　张	18.75
字　　数	472 千
版　　次	2017 年 8 月　第 1 版
印　　次	2020 年 12 月　第 2 次印刷
书　　号	ISBN 978-7-114-13978-9
定　　价	42.00 元

(有印刷、装订质量问题的图书由本公司负责调换)

前 言

近几年,我国物联网技术快速发展,智慧城市、智慧交通等新概念层出不穷,而计算机网络已成为智慧通信的最基本架构,随着IP技术的不断发展和完善,大部分的应用都是建立在IP网络之上。网络与通信技术在各行各业都有广泛的需求。

本书主要面向对象是高等职业院校计算机相关专业方向的学生,宜作为方向基础课程,通过本书的学习,学生能够建立全程全网的通信系统概念,并能够进行路由器与交换机网络的设计、实施和维护。

本书采用项目驱动法进行教学,学生在项目的实施中学习知识,书中每章都有项目目标、基本知识、配置过程和难点总结等内容,学生可以边做项目边查阅所列知识点,如果无法完成目标,也可参阅配置过程,通过自己配置和参照标准配置,能很快发现问题,从而积累实践经验。

本书内容深度安排以完成网络基本配置为主,旨在培养学生专业的兴趣,要求学生将网络与通信技术知识的基本框架构建起来,在满足学生基本工作能力的基础上,为进一步学习网络与通信技术奠定基础。本书的内容层层递进,逐步加难,让学生有一个渐进的适应过程。

全书共分为8个模块,建议安排最大课时为72节,其中理论课36节,实践课36节,宜采用"1节理论课+1节实践课"的授课模式。模块一讲述IP网络的导入,让学生对网络与通信有一个基本的了解;模块二介绍路由器的功能结构与基本命令,为配置设备做准备工作;模块三讲述仿真工具GNS3的安装和应用;模块四介绍静态路由及配置的基本原理;模块五至模块七讲述路由协议的分类及选择、RIP路由协议和OSPF路由协议,由浅入深地讲述单个路由协议的配置及各种路由相互组网时协议的配置;模块八介绍交换机的配置,既有VLAN配置,又有VLAN间配置。本书所涉及的设备均为CISCO公司产品,路由器采用CISCO 3640系列,三层交换机采用Catalyst 3560系列,二层交换机采用Catalyst 2960系列。由于本书所有实验基于GNS3(路由器部分)和PacketTracer(交换机部分)仿真,难免与实物的配置有出入，学生可以在学习过程中自行调整。

本书由湖南交通职业技术学院黄颖任主编(曾在华为公司担任网络工程师)。湖南交通职业技术学院赵竹为本书的编写形式提出了一些合理建议；广东新粤交通投资有限公司杨波担任本书的主审，对书的结构提出了宝贵意见，在此表示衷心的感谢。

网络与通信技术发展很快、知识点也很多，本书只是介绍了基本的网络与通信配置，书中难免有不当之处，敬请读者提出宝贵意见。作者的邮箱是 david_hy@hnu.edu.cn。

作　者

2017 年 6 月

目 录
Contents

引言 ··· 1

模块一　IP 网络导入 ·· 2
  学习目标 ·· 2
  任务要求 ·· 2
  相关知识点 ·· 2
    一、通过不同的方式访问网站 ·· 2
    二、网络的接入方式 ·· 5
    三、网络的拓扑结构 ·· 6
    四、网络参考模型 ··· 8
    五、IP 地址简介 ·· 15
    六、IP 地址困境及解决方案 ·· 19
    七、小结 ··· 21
  习题 ··· 22

模块二　路由器的功能结构及基本命令 ··· 23
  学习目标 ·· 23
  任务要求 ·· 23
  相关知识点 ·· 23
    一、路由器的组成及功能 ··· 23
    二、路由器的启动过程 ··· 26
    三、路由器维护 ·· 38
  难点分析 ·· 40
  习题 ··· 41

模块三　GNS3 安装使用 ·· 42
  学习目标 ·· 42
  任务要求 ·· 42
  相关知识点 ·· 42
    GNS3 软件介绍 ·· 42
  任务实施 ·· 44
    一、在 Windows 上安装 GNS3 ·· 44

二、使用 GNS3 进行网络仿真 ·· 47
　难点分析 ··· 50
　习题 ··· 51

模块四　静态路由与默认路由 ·· 52
　学习目标 ··· 52
　任务要求 ··· 52
　相关知识点 ·· 53
　　静态路由介绍 ··· 53
　任务实施 ··· 54
　　一、在 R1、R3 上配置静态路由网络，使 C1 与 C2 正常通信 ················ 54
　　二、在 R2、R3 上配置默认路由网络，使 R2 与 C2 正常通信 ················ 58
　　三、在 R2、R1 上配置静态路由网络，使 R2 与 C1 正常通信 ················ 60
　　四、配置浮动路由网络 ·· 61
　难点分析 ··· 64
　习题 ··· 65

模块五　路由协议与路由器的选择 ·· 66
　学习目标 ··· 66
　任务要求 ··· 66
　相关知识点 ·· 67
　　一、动态路由协议 ·· 67
　　二、路由器分类 ··· 70
　　三、路由设备的选用 ··· 71
　　四、路由协议的选用 ··· 75
　任务实施 ··· 75
　　一、需求收集 ·· 75
　　二、路由协议选择 ·· 78
　　三、路由器选择 ··· 79
　难点分析 ··· 79
　习题 ··· 80

模块六　RIP 协议 ·· 81
　学习目标 ··· 81
　任务要求 ··· 81
　相关知识点 ·· 82
　　RIP 协议介绍 ··· 82
　任务实施 ··· 89
　　一、RIP V1 的连续子网与非连续子网 ··· 89
　　二、RIP V1 的被动接口、FLSM 及 VLSM ··· 92
　　三、RIP V1 的度量值调整 ·· 100

四、RIP V1\V1 default\V2 转换及互通 ········· 104
　　五、RIP V2 支持 VLSM 及手工路由汇总 ········· 111
　　六、RIP V2 明文认证和 MD5 认证 ········· 118
　难点分析 ········· 131
　习题 ········· 131

模块七　OSPF 协议 ········· 133
　学习目标 ········· 133
　任务要求 ········· 133
　相关知识点 ········· 134
　　一、OSPF 协议介绍 ········· 134
　　二、OSPF 区域 ········· 135
　　三、OSPF 报文 ········· 138
　　四、LSA 类型 ········· 143
　　五、路由器的状态机 ········· 151
　　六、网络类型 ········· 153
　任务实施 ········· 164
　　一、配置区域 0(area 0,骨干区域) ········· 164
　　二、配置区域 0(area 0,骨干区域)的认证 ········· 172
　　三、配置区域 1、区域 2、区域 3(area1、area2、area3,标准区域) ········· 182
　　四、配置 Stub area(末节区域) ········· 193
　　五、配置 Totally Stub area(完全末节区域) ········· 195
　　六、配置 NSSA(非末节区域) ········· 197
　　七、配置 Totally NSSA(完全非末节区域) ········· 199
　　八、重分布默认路由、直连路由、静态路由 ········· 201
　　九、重分布 rip V2 路由 ········· 206
　　十、路由汇总 ········· 215
　难点分析 ········· 219
　习题 ········· 220

模块八　交换机的配置 ········· 221
　学习目标 ········· 221
　任务要求 ········· 221
　相关知识点 ········· 222
　　一、交换机介绍 ········· 222
　　二、交换机工作原理 ········· 245
　　三、交换机的维护 ········· 246
　　四、交换机的基本配置 ········· 247
　任务实施 ········· 253
　　一、配置 A 公司 VTP ········· 253

二、配置 RSTP 协议 ……………………………………………………… 259
三、通过路由让不同的 VLAN 间互通 …………………………………… 262
四、交换机的管理地址配置 ……………………………………………… 264
五、B 公司 SW4 与 SW6 之间的 Etherchannel 配置 …………………… 266
六、B 公司交换机 VTP 配置 …………………………………………… 268
七、B 公司交换机生成树结构调整 ……………………………………… 270
八、B 公司不同的 VLAN 通过三层交换机互通 ………………………… 275
九、公司 B 交换机的管理地址配置 ……………………………………… 277
十、路由器 R1 与三层交换机 L3SW 互通配置 ………………………… 278
难点分析 …………………………………………………………………… 281
习题 ………………………………………………………………………… 281
习题参考答案 …………………………………………………………………… 283
参考文献 ………………………………………………………………………… 290

引 言

虽然近30年来我国交通信息化有了很大发展,但与我国路网工程高速发展、水陆交通手段多元化、短途、长途分流化、高端、低端层次化相比,信息系统的支撑还显得不足。尤其是近年来智慧交通的出现,物联网真正走进了交通领域,信息量呈几何级数增长,信息的传输与信息的处理显得更加重要。信息的处理离不开业务平台,业务平台的处理一般采用集中式布置,也有采用省中心+地市中心的分级平台处理,但要求平台布置在业务相对集中的地方。然而由于现实中信息的采集点一般很分散,如ETC的信息采集点、市内交通控制点、公交站点、货物稽查点等,因此怎样有效地将分散的信息采集点与信息处理平台连接就显得极其重要,本书着重解决交通系统中信息的传输问题。

在交通系统内部,建设和使用好传输通道必须要解决好两个方面的问题,一个是传输通道,如铜缆、光缆等通信介质,另一个是将通信介质连接的通信设备。通信介质一般可采用租用的方式,并且目前介质的可靠性已经很高,一般很难出现问题。通常,网络在物理层以上也会提供一定的冗余备份来减少介质失效带来的风险。因此,交通系统传输通道建设和使用过程中重要的是解决好通信设备的安装与维护,尤其是维护工作。

交通系统的传输通信设备过去主要采用SDH(MSTP)+路由器+交换机的形式,SDH(MSTP)主要解决距离问题,路由器解决寻路和转发问题,交换机负责业务的汇聚与转发。随着通信技术的发展,SDH(MSTP)作为传输最底层设备显得越来越多余,主要是其端口内存不大、业务支持不灵活。而交通系统内部各种应用不断出现,大量业务都是以基于IP的,即"everything on IP",IP技术以其高达400G的管道内存、灵活的业务组织形式以及低廉的成本受到各行各业的追捧。而路由器与交换机是天然支持IP的设备,其成为交通系统传输通信设备也就变成了事实上的标准。随着路由器和交换机IP光口的出现,以及思科推出类似于DWDM的彩光接口,路由器对长距离的支持也已经不是问题,因此,可以预见未来交通传输通信的形式必然采用路由器+交换机这种更扁平的网络形式,以提高传送效率和节省每比特传送成本。

本书正是从这一现实需求出发,着重介绍路由器与交换机的原理和配置,通过项目案例布置,让学生可以全过程地掌握路由器与交换机的安装、配置、调试和维护。让学生能真正掌握路由器和交换机实施的技能,为交通系统通信网络建设准备必要的知识基础。

模块一　IP 网络导入

学习目标

了解上网时会涉及哪些知识;掌握网络结构、网络参考模型、IP 地址及 DNS 的作用。

任务要求

1. 通过域名、IP 地址进行网站访问。
2. 了解局域网接入与 ADSL 接入的不同技术实现。
3. 了解不同拓扑结构在网络中的应用。
4. 理解网络参考模型中的 OSI 模型与 TCP/IP 模型。
5. 知道 IP 地址的分类及使用。
6. 知道 DNS 在网络中的作用。

相关知识点

一、通过不同的方式访问网站

1. 通过域名访问网站

在浏览器地址栏中输入"https://www.baidu.com/",就会在屏幕上出现百度网站的首页。

2. 通过域名找到网站的 IP 地址

从计算机上的"开始"菜单中进入命令行,并输入"tracert www.baidu.com"找到百度网站对应的 IP 地址"14.215.177.37",如:

C:\Users\admin > tracert www.baidu.com

通过最多 30 个跃点跟踪

到 www.a.shifen.com [14.215.177.37] 的路由:

1	1 ms	1 ms	1 ms	192.168.1.1
2	2 ms	1 ms	1 ms	202.197.67.254
3	2 ms	32 ms	3 ms	202.197.48.5
4	1 ms	1 ms	1 ms	202.197.48.33
*	*	*	*	*
32	28 ms	28 ms	28 ms	14.215.177.37

跟踪完成。

C:\Users\admin >

3. 通过 IP 地址访问网站

在浏览器地址栏中输入"https:// 14.215.177.37/",屏幕上也会出现百度网站的首页。可见访问网站时,IP 地址与域名是等效的,它们之间存在着某种对应关系。

4. 计算机网络组成

计算机网络由终端设备、网络设备、服务器和连接线路组成。通过计算机网络可以将各种应用平台与资源统一起来,从而实现信息的共享与实时通信。

图 1-1 是一个典型的计算机网络结构体系。

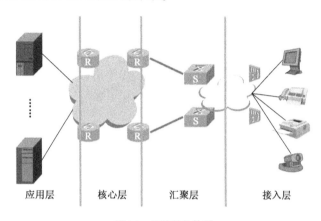

图 1-1 网络结构体系

1) 终端设备

在计算机网络中,能够输入、输出信息的位于网络边缘的设备称为终端设备,如计算机、电话、电视机、传真机等。

终端设备一般位于接入层。在信息技术时代,它是人机对话的界面,网络中的信息是由终端设备输入的,如电话的语音、扫描仪的图片、计算机的文档等。在物联网时代,除了上述信息的输入外,还存在大量的终端自身感知的信息输入网络,如传感器收到的压力信息、温度信息、气味信息等自然量,也有 RFID 等输入的数字信息。

2) 网络设备

网络设备是连接到网络中的物理实体,用于将各种终端接入网络中,网络设备主要包含路由器、交换机、集线器等。

(1) 路由器

路由器位于 OSI 参考模型的第三层,即网络层,它主要用于连接不同的网络(图 1-2)。目前的互联网上有大量的路由器存在。其主要功能是路由发现和数据转发。当数据从一个网络传输到另一个网络时,可通过路由器的路由功能来完成。因此,路由器具有判断网络地址和选择 IP 路径的功能,它能在多网络互联环境中,建立灵活的连接,可用完全不同的数据分组和介质访问方法连接各种子网。

如图 1-2 所示,路由器有 2 个端口,E0 和 E1。E0 连接着左边的网络,它和 S1 及左边 3 台计算机构成了广播域 1,即左边圆圈内的任一设备发出一个广播包,在这个域内的所有设备都会收到这个数据包。

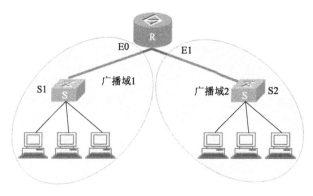

图 1-2 路由器网络

(2)交换机

交换机位于 OSI 参考模型的第二层,即数据链路层。它主要用于连接同一个局域网络。其主要功能是转发数据,交换机启动后,会根据与其相连的设备的通信建立一张转发表,并实时地维护这张表的有效性和准确性,当数据到来时,它根据转发表来交换数据。

(3)网桥

网桥位于 OSI 参考模型的第二层,即数据链路层。它主要用于连接两个物理网段。其主要功能是转发数据,网桥启动后也会建立一张转发表,当数据到来时,它根据转发表交换数据。

(4)集线器

集线器位于 OSI 参考模型的第一层,即物理层。其主要功能是对接收到的信号进行再生整形放大,以扩大网络的传输距离,同时把所有节点集中在以它为中心的节点上。它只是简单地从一个端口接收数据,然后将这个数据转发到其他所有端口上,因此,集线器的传输效率很低,同时只能有两个端口进行通信。

3)服务器

服务器,也称伺服器,是提供计算服务的设备。由于服务器需要响应服务请求,并进行处理,因此一般来说服务器应具备承担服务并且保障服务的能力。

服务器的构成包括处理器、硬盘、内存、系统总线等,和通用的计算机架构类似,但是由于需要提供高可靠的服务,因此在处理能力、稳定性、可靠性、安全性、可扩展性、可管理性等方面要求较高。在网络环境下,根据服务器提供的服务类型不同,分为文件服务器、数据库服务器、应用程序服务器和 WEB 服务器等。

4)线缆

在计算机网络中,各种终端、网络设备和服务器都是通过不同的线缆连接在一起的,目前常用的线缆主要是光纤和双绞线。

(1)光纤

光纤是一种以二氧化硅为原料制成的光导纤维,它具有衰减小、传输距离远、带宽大、成本低等优点。单模光纤已被广泛应用于工程中。单模光纤平均衰减为 0.20dB/km,传输速度达 300Tb/s。

(2)双绞线

双绞线是以铜线为原料制成的,目前用得最多的是五类线,这种线衰减较大,传输距离一般在 100m 以内。五类线 100m 的衰减约为 24dB,传输速度为 100Mb/s。

二、网络的接入方式

网络的接入方式很多,常用的三种接入方式是光纤接入、LAN(局域网)接入和 xDSL 接入。光纤接入是目前提升带宽、减少成本的一种主要接入方式,很多高端小区都采用这种接入方式;LAN 是一种居民小区和企业内部网络常采用的方式;xDSL 一般为电话线的接入方式,通过它既能接入传统电话,又能接入宽带。

1. 光纤接入方式

光纤接入主要采用 PON 技术,家庭的光网络单元(ONU)设备通过光纤连接到上一级光分配网络(ODN)设备,再通过光纤接入局端的光线路终端(OLT)设备,最终接入 IP 公共网络。

1) PON 的基本结构

PON 是一种采用点到多点(P2MP)结构的单纤双向光接入网络。PON 系统由局端的光线路终端、光分配网络和用户侧的光网络单元组成,为单纤双向系统。在下行方向(OLT 到 ONU),OLT 发送的信号通过 ODN 到达各个 ONU。在上行方向(ONU 到 OLT),ONU 发送的信号只会到达 OLT,而不会到达其他 ONU。为了避免数据冲突并提高网络效率,上行方向采用 TDMA 多址接入方式,并对各 ONU 的数据发送进行管理。ODN 在 OLT 和 ONU 间提供光通道。PON 的参考结构如图 1-3 所示。

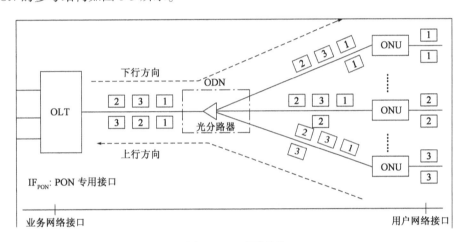

图 1-3　PON 网络结构

OLT 位于网络侧,放在中心局端,它可以是一个 L2 交换机或 L3 路由器,提供网络集中和接入,能完成光/电转换、带宽分配和控制各信道的连接,并有实时监控、管理及维护功能。ONU 位于用户侧,实现各种电信号的处理与维护管理,提供用户侧接口。OLT 与 ONU 之间通过无源光分路器连接,光分路器用于分发下行数据和集中上行数据。除了终端设备,PON 系统中无须电器件,因此是无源的。

PON 在单根光纤上采用下行 1490nm、上行 1310nm 波长组合的波分复用技术(WDM),上行方向是点到点方式,下行方向是广播方式。在下行方向,OLT 将数据分组以广播的方式传输给所有的 ONU,每个分组携带一个具有传输到目的地 ONU 标识符的信头。当数据分组到达 ONU 时,由 ONU 的 MAC 层进行地址解析,提取出属于自己的数据分组,丢弃其他的数据分组。上行方向使用时分复用技术(TDM),多个 ONU 的上行信息组成一个 TDM 信息流传送到 OLT。

2）光线路终端

光线路终端的作用是提供业务网络与ODN之间的光接口,提供各种手段来传递各种业务,OLT内部由核心层、业务层和公共层组成。业务层主要提供业务端口,支持多种业务;核心层提供交叉连接、复用、传输;公共层提供供电、维护管理功能。

3）光分配网络

光分配网络为OLT与ONU之间提供光传输手段,其主要功能是完成OLT与ONU之间的信息传输和分发作用,建立ONU与OLT之间的端到端的信息传送通道。

ODN的配置通常为点到多点方式,即多个ONU通过一个ODN与一个OLT相连,这样,多个ONU可以共享OLT到ODN之间的光传输媒质和OLT的光电设备。

（1）ODN的组成

组成ODN的主要无源器件有:单模光纤和光缆、连接器、无源光分路器(OBD)、无源光衰减器、光纤接头。

（2）ODN的拓扑结构

ODN网络的拓扑结构通常是点到多点的结构,可分为星形、树形、总线型和环形等。

（3）主备保护的设置

ODN网络的主备保护设置主要是对其传输的光信号设置两个光传输波道,当主信道发生故障时则可自动转换到备用信道来传输光信号,包括光纤、OLT、ONU和传输光纤的主备保护设置。主备传输光纤可以处于同一光缆中,也可以处于不同的光缆中,更可以将主备光缆安装设置在不同的管道中,这样其保护性能更好。

4）光网络单元

光网络单元位于ODN和用户设备之间,向上提供与ODN之间的光接口,向下提供与用房设备的电接口,实现不同类型信号间的处理与维护。ONU内部由核心层、业务层和公共层组成。业务层主要指用户端口;核心层提供复用、光接口;公共层提供供电、维护管理。

2. LAN接入方式

LAN接入采用网线和局端交换机相连,网线一般采用五类线,提供100Mb/s的传输速度,交换机一般采用二层交换机。

3. xDSL接入方式

xDSL接入采用电话线和局端xDSL设备相连,电话线一般能提供低于20Mb/s的传输速度,xDSL设备向上与交换机相连。

三、网络的拓扑结构

在网络中,一般根据数据的重要性来组建不同的网络拓扑,目前使用较多的网络结构为星形网络、环形网络和网状网络。

1. 星形网络

星形拓扑结构中,中央节点为网络设备,其他外围节点为服务器或工作站;通信介质为双绞线或光纤。

星形拓扑结构被广泛地应用于网络中,主要集中于中央节点的场合。由于所有节点的往外传输都必须经过中央节点来处理,因此,对中央节点的要求比较高。

该结构的信息发送过程为:某一工作站有信息发送时,将向中央节点申请,中央节点响应该工作站,并将该工作站与目的工作站或服务器建立会话。此时,就可以进行无延时的会话了。

星形拓扑结构的优点如下。

①方便服务。中央节点和终端设备距离一般不远,组网快捷方便。

②故障容易诊断。如果网络中的节点或者通信介质出现问题,只会影响该节点或者与通信介质相连的节点,不会涉及整个网络,从而比较容易判断故障的位置。

星形拓扑结构缺点如下。

①扩展困难、安装费用高。增加网络新节点时,无论有多远,都需要与中央节点直接连接,布线困难且费用高。

②对中央节点的依赖性强。星形拓扑结构网络中的外围节点对中央节点的依赖性强,如果中央节点出现故障,则全部网络不能正常工作。

③可靠性低。在星形拓扑结构中,每个连接只与一个设备相连,因此,单个连接的故障只影响一个设备,不会影响全网。

目前的数据网络中,星形结构一般用于接入网络中(图1-4)。

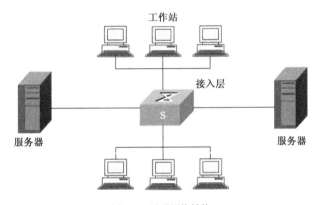

图1-4 星形网络结构

2.环形网络

环形拓扑结构是一个像环一样的闭合链路,在链路上有网络设备,它们通过光纤这种高速链路相连,一般链路容量都在 GE 以上,网络设备下面一般带有数量众多的接入层设备。

如图1-5所示,汇聚层的网络设备 A 下面挂着众多的接入层设备,接入层设备下又分别挂着众多的终端设备。正常情况下,A 点的业务直接流向 D 点,如果设备 A→D 方向的链路出现故障,业务将会倒换到 A→B→C→D 方向,这样业务不会发生中断。当链路 A→D 恢复通信后,业务再从 A→B→C→D 方向倒回来,从而从网络层面保证了业务的可靠性。

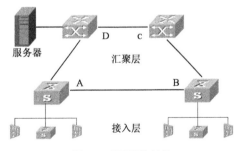

图1-5 环形网络结构

环形拓扑结构具有以下优点。

①业务生存能力强。环形网络业务可以定义不同级别的保护,高级的业务保护能力强,低级的业务保护能力相对较差,但相对于接入层而言,环形网业务有更高的业务生存能力。

②链路容量大。环形网络一般节点的距离都较长,都采用光纤作为传输介质,光纤的传输

容量很大,目前能使用的容量在4T左右。

环形拓扑结构的缺点如下。

①成本较高。由于引入了保护机制,网络设备的配置一般会较高,另外在线路上要构造一个环网,成本也相应提高。

②故障诊断困难。设备比较复杂,线路距离长,要定位故障有较大的难度,一般要借助网管的告警系统和线路维护设备。

③调整网络比较困难。要调整网络中的配置,例如扩大或缩小网络规模,都是比较困难的。

3. 网状网络

网状网络(Mesh Network)是一种在网络节点间采用全互联办法构造的网络,即如果有 N 个节点,其中的任意一个节点都有链路与另外的 $N-1$ 个节点相连。当其中的一个节点的一条链路失效时,它可以有 $N-1$ 种选择来传送目前的业务。因此这阵网络的可靠性很高,主要用在核心层网络上。如我国 CN2 网络的核心层就采用了这种架构。

如图1-6所示,A节点的业务本来是通过A→F这条链路进行传送的,这是一条最优的路由。如果因为设备或链路故障导致这条路由失效,A节点就会寻找其他次优的路由来替换原来的路由,如 A→B 链路;如果 A→B 链路失效,A节点会找优先级再次之的路由来替换原路由,这种情况可以一直延续下去,直到用完所有可能的路由,也就是说,A 节点可以防止 $N-1$ 次网络中断,可见,网状网络的防网络失效能力很强。当网络维护人员恢复网络时,这些业务还是自动恢复到 A→F链路上,保证网络流量和规划时一致。

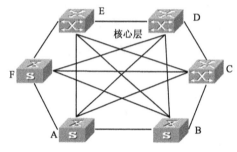

图1-6 网状网络结构

网状网络的优点如下。

①网络生存能力强。每个节点都有 $N-1$ 条链路与其他节点相连,信息传输线路有较多冗余,其抗失效能力强。

②业务的实时性较好。每个节点都与其他节点相连,对不同的业务,设备能选择最好的路由去传送,这样,业务的时延、抖动都比较小。

网状网络的缺点如下。

①配置复杂。拓扑结构复杂,要将业务最优的配置在这个网络上有一定难度。另外,对维护人员的技能要求也较高,其安装和配置也比较复杂。

②故障诊断较难。由于网络硬件和软件都比较复杂,要求维护人员比较专业,且故障处理能力要强,并且要借助网管与线路监测设备进行业务的维护。

③对线路的要求高。设备到不同方向去的光纤要求走不同的物理位置,这样一旦由于施工等原因造成一个方向光纤断裂,其他方向的光纤还是会正常工作。

四、网络参考模型

不同结构的网络要进行通信,必须采用一致的规范,这个规范称为网络参考模型,全世界的通信设备厂商都要按这个规范来生产设备。在通信领域最重要的网络参考模型有两个,它们是国际标准化组织(ISO)制定的 ISO 模型与国际互联网任务工作组(IETF)制定的 TCP/IP 模型。

1. OSI 模型

OSI(Open System Interconnect),即开放式系统互联。一般都叫 OSI 参考模型,是国际标准化组织(ISO)于 1985 年研究出的网络互联模型。该体系结构标准定义了网络互连的七层框架(物理层、数据链路层、网络层、传输层、会话层、表示层和应用层),即 ISO 开放系统互联参考模型。在这一框架下进一步详细规定了每层的功能,以实现开放系统环境中的互连性、互操作性和应用的可移植性。

1)简介

OSI 标准定制过程中所采用的方法是将庞大而复杂的问题划分为若干个容易处理的小问题,即分层的体系结构方法。在 OSI 中,采用了三级抽象,即体系结构、服务定义和协议规定说明。

OSI 参考模型定义了开放系统的层次结构、层次之间的相互关系及各层所包含的可能的服务。它是作为一个框架来协调和组织各层协议的制定,也是对网络内部结构最精练的概括与描述进行整体修改。

OSI 的服务定义详细说明了各层所提供的服务,它通过接口提供给更高一层。各层所提供的服务与这些服务是怎么实现的无关。同时,各种服务定义还定义了层与层之间的接口和各层所使用的原语,但是不涉及接口是怎么实现的。

OSI 标准中的各种协议精确定义了应当发送什么样的控制信息,以及应当用什么样的过程来解释这个控制信息。协议的规程说明具有最严格的约束。

ISO 参考模型并没有提供一个可以实现的方法。ISO 参考模型只是描述了一些概念,用来协调进程间通信标准的制定。在 OSI 范围内,只有各种产品的协议和 OSI 的协议相一致时,产品间才能互连。这也就是说,OSI 参考模型并不是一个标准,而只是一个在制定标准时所使用的概念性的框架。

从历史上来看,在制定计算机网络标准方面起着很大作用的两大国际组织是国际电话与电报顾问委员会 CCITT 和国际标准化组织。CCITT 与 ISO TC97 的工作领域是不同的,CCITT 主要是从通信角度考虑一些标准的制定,而 ISOTC97 则关心信息的处理与网络体系结构。但是随着科学技术的发展,通信与信息处理的界限变得比较模糊。于是,通信与信息处理成了 CCITT 与 TC97 共同关心的领域。CCITT 的建议书 X.200 就是开放系统互联的基本参考模型,它和 ISO 7498 基本是相同的。早期网络刚刚出现时,很多大型的公司都拥有了网络,公司内部计算机可以相互连接,却不能与其他公司连接。因为没有一个统一的规范。计算机之间相互传输的信息对方不能理解,所以不能互联。

2)OSI 参考模型划分原则

为了更好地使网络应用普及,就推出了 OSI 参考模型。其含义就是推荐所有网络均使用这个规范来进行控制。这样所有网络都使用相同的规范,从而实现网络互联。由于提供各种网络服务功能的计算机网络系统是非常复杂的,根据分而治之的原则,ISO 将整个通信功能划分为 7 个层次,划分原则如下。

①网路中各节点都有相同的层次。
②不同节点的同等层具有相同的功能。
③同一节点内相邻层之间通过接口通信。
④每层使用下层提供的服务,并向其上层提供服务。
⑤不同节点的同等层按照协议实现对等层之间的通信。

⑥根据功能需要进行分层,每层应当实现定义明确的功能。
⑦向应用程序提供服务。

3) OSI 参考模型分层

分层的好处是利用层次结构可以把开放系统的信息交换问题分解到一系列容易控制的软硬件模块(层)中,而各层可以根据需要独立进行修改或扩充功能,同时,有利于不同制造厂家的设备互连,也有利于用户学习、理解数据通信网络。

OSI 参考模型中不同层完成不同的功能,各层相互配合,通过标准的接口进行通信。

(1) 第七层应用层

应用层为 OSI 中的最高层。为特定类型的网络应用提供访问 OSI 环境的手段。应用层确定进程之间通信的性质,以满足用户的需要。应用层不仅要提供应用进程所需要的信息交换和远程操作,而且还要作为应用进程的用户代理,来完成一些为进行信息交换所必需的功能。这些功能包括:文件传送访问和管理(FTAM)、虚拟终端(VT)、事务处理(TP)、远程数据库访问(RDA)、制造报文规范(MMS)、目录服务(DS)等;应用层能与应用程序界面沟通,以达到展示给用户的目的。常见的协议有:HTTP、HTTPS、FTP、TELNET、SSH、SMTP、POP3 等。

(2) 第六层表示层

表示层主要用于处理两个通信系统交换信息的表示方式,为上层用户解决用户信息的语法问题。它包括数据格式交换、数据加密与解密、数据压缩与终端类型的转换。

(3) 第五层会话层

会话层主要是在两个节点之间建立端连接。为端系统的应用程序之间提供对话控制机制。此服务包括建立连接是以全双工还是以半双工的方式进行设置、会话层管理登入和注销过程。它具体管理两个用户和进程之间的对话。如果在某一时刻只允许一个用户执行一项特定的操作,会话层协议就会管理这些操作,如阻止两个用户同时更新数据库中的同一组数据。

(4) 第四层传输层

传输层面向连接或无连接常规数据递送。为会话层用户提供一个端到端的可靠、透明和优化的数据传输服务机制。主要包括全双工或半双工、流控制和错误恢复服务;传输层把消息分成若干个分组,并在接收端对它们进行重组。不同的分组可以通过不同的连接传送到主机。这样既能获得较高的带宽,又不影响会话层。在建立连接时传输层可以请求服务质量,该服务质量指定可接受的误码率、延迟量、安全性等参数,还可以实现基于端到端的流量控制功能。

(5) 第三层网络层

本层通过寻址来建立两个节点之间的连接,为源端的运输层送来的分组选择合适的路由和交换节点,正确无误地按照地址传送给目的端的运输层。它包括通过互联网络来路由和中继数据;除了选择路由之外,网络层还负责建立和维护连接,控制网络上的拥塞以及在必要的时候生成计费信息。

(6) 第二层数据链路层

在此层将数据分帧,并处理流控制。屏蔽物理层,为网络层提供一个数据链路的连接,在一条有可能出差错的物理连接上,进行几乎无差错的数据传输(差错控制)。本层指定拓扑结构并提供硬件寻址。常用设备有网卡、网桥、交换机。

(7)第一层物理层

物理层处于OSI参考模型的最低层。物理层的主要功能是利用物理传输介质为数据链路层提供物理连接,以便透明地传送比特流。常用设备有(各种物理设备)集线器、中继器、调制解调器、网线、双绞线、同轴电缆。数据发送时,从第七层传到第一层,接收数据则相反。

上三层总称为应用层,用来控制软件方面;下四层总称为数据流层,用来管理硬件。除了物理层之外其他层都是用软件实现的。数据在发送至数据流层时将被拆分。在传输层的数据叫段,网络层叫包,数据链路层叫帧,物理层叫比特流,这样的叫法叫PDU(协议数据单元)。

4) OSI参考模型各层功能

(1)物理层(Physical Layer)

物理层是OSI参考模型的最低层,它利用传输介质为数据链路层提供物理连接。它主要关心的是通过物理链路从一个节点向另一个节点传送比特流,物理链路可能是铜线、卫星、微波或其他的通信媒介。它关心的问题有:多少伏电压代表1、多少伏电压代表0、时钟速率是多少、采用全双工还是半双工传输。总的来说物理层关心的是链路的机械、电气、功能和规程特性。

(2)数据链路层(Data Link Layer)

数据链路层是为网络层提供服务的,解决两个相邻结点之间的通信问题,传送的协议数据单元称为数据帧。数据帧中包含物理地址(又称MAC地址)、控制码、数据及校验码等信息。该层的主要作用是通过校验、确认和反馈重发等手段,将不可靠的物理链路转换成对网络层来说无差错的数据链路。此外,数据链路层还要协调收发双方的数据传输速率,即进行流量控制,以防止接收方因来不及处理发送方发来的高速数据而导致缓冲器溢出及线路阻塞。

(3)网络层(Network Layer)

网络层是为传输层提供服务的,传送的协议数据单元称为数据包或分组。该层的主要作用是解决如何使数据包通过各节点传送的问题,即通过路径选择算法(路由)将数据包送到目的地。另外,为避免通信子网中出现过多的数据包而造成网络阻塞,需要对流入的数据包数量进行控制(拥塞控制)。当数据包要跨越多个通信子网才能到达目的地时,还要解决网际互联的问题。

(4)传输层(Transport Layer)

传输层的作用是为上层协议提供端到端的可靠和透明的数据传输服务,包括处理差错控制和流量控制等问题。该层向高层屏蔽了下层数据通信的细节,使高层用户看到的只是在两个传输实体间的一条主机到主机的、可由用户控制和设定的、可靠的数据通路。

传输层传送的协议数据单元称为段或报文。

(5)会话层(Session Layer)

会话层主要功能是管理和协调不同主机上各种进程之间的通信(对话),即负责建立、管理和终止应用程序之间的会话。会话层得名的原因是它类似于两个实体间的会话概念。例如,一个交互的用户会话以登录到计算机开始,以注销结束。

(6)表示层(Presentation Layer)

表示层处理流经节点的数据编码的表示方式问题,以保证一个系统应用层发出的信息可被另一系统的应用层读出。如有必要,该层可提供一种标准表示形式,用于将计算机内部的多种数据表示格式转换成网络通信中采用的标准表示形式。数据压缩和加密也是表示层可提供的转换功能之一。

（7）应用层（Application Layer）

应用层是 OSI 参考模型的最高层，是用户与网络的接口。该层通过应用程序来完成网络用户的应用需求，如文件传输、收发电子邮件等。

5）OSI 参考模型数据封装过程

OSI 参考模型中每个层次接收到上层传递过来的数据后都要将本层次的控制信息加入数据单元的头部，一些层次还要将校验和等信息附加到数据单元的尾部，这个过程叫作封装（图1-7）。每层封装后的数据单元的叫法不同，在应用层、表示层、会话层的协议数据单元统称为数据（data），在传输层协议数据单元称为数据段（segment），在网络层的数据称为数据包（packet），数据链路层协议数据单元称为数据帧（frame），在物理层的数据叫作比特流（bits）。

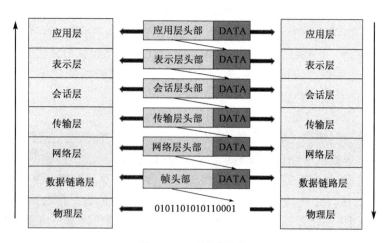

图 1-7　OSI 的数据封装

当数据到达接收端时，每层读取相应的控制信息，根据控制信息中的内容向上层传递数据单元，在向上层传递之前去掉本层的控制头部信息和尾部信息（如果有的话）。此过程叫作解封装。这个过程逐层执行直至将对端应用层产生的数据发送给本端的相应的应用进程。

以用户浏览网站为例说明数据的封装、解封装过程，如图 1-8 所示。

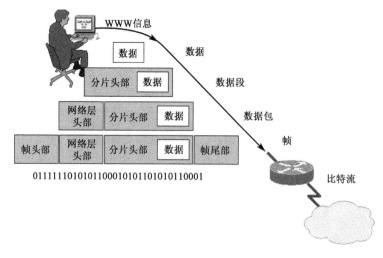

图 1-8　数据封装

当用户输入要浏览的网站信息后就由应用层产生相关的数据,通过表示层转换成为计算机可识别的 ASCII 码,再由会话层产生相应的主机进程传给传输层。传输层将以上信息作为数据并加上相应的端口号信息以便目的主机辨别此报文,得知具体应由本机的哪个任务来处理;在网络层加上 IP 地址使报文能确认应到达具体某个主机,再在数据链路层加上 MAC 地址,转成比特流信息,从而在网络上传输。报文在网络上被各主机接收,通过检查报文的目的 MAC 地址判断是否是自己需要处理的报文,如果发现 MAC 地址与自己需要的不一致,则丢弃该报文;若一致就去掉 MAC 信息送给网络层判断其 IP 地址;然后根据报文的目的端口号确定是由本机的哪个进程来处理,从而完成报文的解封装过程。

> **知识链接**
>
> OSI 参考模型比喻(图 1-9)
> 7 应用层:老板
> 6 表示层:相当于公司中演示文稿、替老板写信的助理
> 5 会话层:相当于公司中收寄信、写信封与拆信封的秘书
> 4 传输层:相当于公司中跑邮局的送信职员
> 3 网络层:相当于邮局中的排序工人
> 2 数据链路层:相当于邮局中的装拆箱工人
> 1 物理层:相当于邮局中的搬运工人
>
>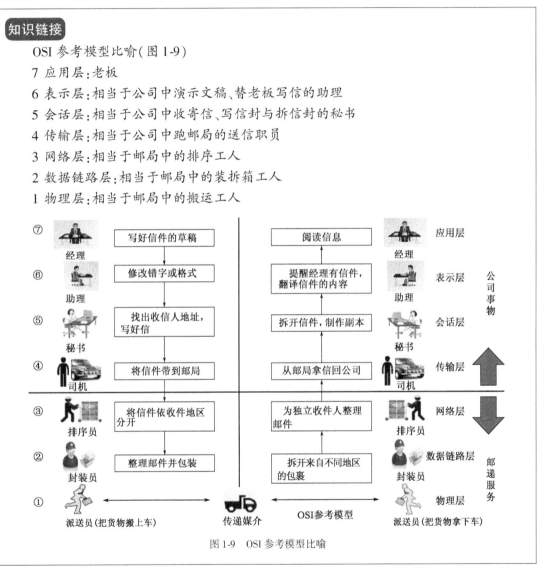
>
> 图 1-9 OSI 参考模型比喻

6)模型用途

OSI 模型用途相当广泛。交换机、集线器、路由器等很多网络设备的设计都是参照 OSI 模型设计的。

为了方便起见,实际应用中常常把上面的 7 个层次分为低层与高层。低层为 1~4 层,是面向通信的;高层为 5~7 层,是面向信息处理的。

OSI是一个定义良好的协议规范集,并有许多可选部分完成类似的任务。它定义了开放系统的层次结构、层次之间的相互关系以及各层所包括的可能的任务,是作为一个框架来协调和组织各层所提供的服务的。OSI参考模型并没有提供一个可以实现的方法,而是描述了一些概念,用来协调进程间通信标准的制定。即OSI参考模型并不是一个标准,而是一个在制定标准时所使用的概念性框架。

2. TCP/IP模型

TCP/IP参考模型是计算机网络的"鼻祖"ARPAnet和其后继的互联网(Internet)使用的参考模型。ARPAnet是由美国国防部DoD(U.S. Department of Defense)赞助的研究网络,后逐渐通过租用的电话线联结了数百所大学和政府部门。当无线网络和卫星出现以后,现有的协议在与它们相连时则出现了问题,所以需要一种新的参考体系结构。这个体系结构在它的两个主要协议出现以后,被称为TCP/IP参考模型(TCP/IP reference model)。

1)模型简介

由于美国国防部担心其一些重要的主机、路由器和互联网关可能会突然崩溃,所以网络必须实现的另一目标是网络不受子网硬件损坏的影响,已经建立的会话不会被取消,而且整个体系结构必须相当灵活。

2)TCP/IP参考模型四层协议

TCP/IP是一组用于实现网络互连的通信协议。Internet网络体系结构以TCP/IP为核心。基于TCP/IP的参考模型将协议分成4个层次,它们分别是:网络访问层、网际互联层、传输层(主机到主机)和应用层。

(1)应用层

应用层对应于OSI参考模型的高层,为用户提供所需要的各种服务,例如FTP、Telnet、DNS、SMTP等。

(2)传输层

传输层对应于OSI参考模型的传输层,为应用层实体提供端到端的通信功能,保证了数据包的顺序传送及数据的完整性。该层定义了两个主要的协议:传输控制协议(TCP)和用户数据报协议(UDP)。

TCP协议提供的是一种可靠的、通过"三次握手"来连接的数据传输服务;而UDP协议提供的则是不保证可靠的(并不是不可靠)、无连接的数据传输服务。

(3)网际互联层

网际互联层对应于OSI参考模型的网络层,主要解决主机到主机的通信问题。它所包含的协议设计数据包在整个网络上逻辑传输。注重重新赋予主机一个IP地址来完成对主机的寻址,它还负责数据包在多种网络中的路由。该层有三个主要协议:网际协议(IP)、互联网组管理协议(IGMP)和互联网控制报文协议(ICMP)。

IP协议是网际互联层最重要的协议,它提供的是一个可靠的、无连接的数据包传递服务。

(4)网络接入层(即主机—网络层)

网络接入层与OSI参考模型中的物理层和数据链路层相对应。它负责监视数据在主机和网络之间的交换。事实上,TCP/IP本身并未定义该层的协议,而是由参与互连的各网络使用自己的物理层和数据链路层协议,然后与TCP/IP的网络接入层进行连接。地址解析协议(ARP)工作在此层,即OSI参考模型的数据链路层。

3）TCP/IP 与 OSI 参考模型比较

（1）共同点

①OSI 参考模型和 TCP/IP 参考模型都采用了层次结构的概念。

②都能够提供面向连接和无连接两种通信服务机制。

（2）不同点

①OSI 采用的是 7 层模型，而 TCP/IP 是 4 层结构。

②TCP/IP 参考模型的网络接口层实际上并没有真正的定义，只是一些概念性的描述。而 OSI 参考模型不仅分了两层，而且每层的功能都很详尽，甚至在数据链路层又分出一个介质访问子层，专门解决局域网的共享介质问题。

③OSI 模型是在协议开发前设计的，具有通用性。TCP/IP 是先有协议集然后建立模型，不适用于非 TCP/IP 网络。

④OSI 参考模型与 TCP/IP 参考模型的传输层功能基本相似，都是负责为用户提供真正的端对端的通信服务，也对高层屏蔽了低层网络的实现细节。所不同的是 TCP/IP 参考模型的传输层是建立在网络互联层基础之上的，而网络互联层只提供无连接的网络服务，所以面向连接的功能完全在 TCP 协议中实现，当然 TCP/IP 的传输层还提供无连接的服务，如 UDP。相反，OSI 参考模型的传输层是建立在网络层基础之上的，网络层既提供面向连接的服务，又提供无连接的服务，但传输层只提供面向连接的服务。

⑤OSI 参考模型的抽象能力高，适合于描述各种网络；而 TCP/IP 是先有了协议，后制定 TCP/IP 模型的。

⑥OSI 参考模型的概念划分清晰，但过于复杂；而 TCP/IP 参考模型在服务、接口和协议的区别上不清楚，功能描述和实现细节混在一起。

⑦TCP/IP 参考模型的网络接口层并不是真正的一层；OSI 参考模型的缺点是层次过多，划分意义不大，且增加了复杂性。

⑧OSI 参考模型虽然被看好，由于没把握好时机，技术不成熟，实现困难；相反，TCP/IP 参考模型虽然有许多不尽人意的地方，但还是比较成功的。

五、IP 地址简介

IP 地址是指互联网协议地址（Internet Protocol Address，又译为网际协议地址），是 IP Address 的缩写。IP 地址是 IP 协议提供的一种统一的地址格式，它为互联网上的每个网络和每台主机分配一个逻辑地址，以此来屏蔽物理地址的差异。

1. 如何标示一台主机

在计算机"开始"菜单内输入"CMD"，进入命令行模式，再在命令行中输入"ipconfig /all"，观察所得结果如下。

C:\Users\admin > ipconfig /all
Windows IP 配置
无线局域网适配器 无线网络连接：
连接特定的 DNS 后缀 . . . . :
本地链接 IPv6 地址. . . . . : fe80::347c:b3b0:17ca:a73d%13
IPv4 地址 . . . . : 192.168.1.107
子网掩码 . . . . : 255.255.255.0

默认网关. . . . . : 192.168.1.1
物理地址. . . . . : 3C-97-0E-5C-0D-4F

通过以上显示可以看到这台计算机分配的 IP 地址、子网掩码、默认网关和物理地址。通过在多台计算机上分别进行上述操作,从中可以发现每台计算机的 IP 地址都是不一样的,网络中就是通过不同的 IP 地址来区分不同的计算机的。

2. IP 地址的分类

一个 IP 地址由 32 个二进制数字组成,通常被分割为 4 段,每段 8 位(1 个字节),IP 地址的表示方法如图 1-10 所示:aaa. bbb. ccc. ddd,每段(aaa、bbb、ccc 或 ddd)的取值范围为 0 ~ 255,段与段之间由圆点分开。

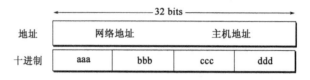

图 1-10　IP 地址结构

IP 地址从功能上看由两部分组成,一部分标识网络,叫网络地址(Network);另一部分标识主机,叫主机地址(Host)。

基于这种编码规则,从理论上可以定义 255×255×255×255 共约 42 亿台计算机,但实际上,部分地址为广播使用(即主机地址全为"1"的 IP 地址,用于向网上所有主机同时发送消息,称为广播);部分地址用于标识网络(主机段全"0"的地址);部分地址为保留地址,以备将来使用。

IP 地址分为五类(A、B、C、D、E),A、B、C 类地址一般用于普通的单播网络中,D 类地址用于组播网络中,E 类地址保留给将来使用。

1) A 类地址

这类地址特点是由一个网络段和三个主机段组成(图 1-11),网络段为 aaa,共 8bits,其中第一个二进制比特为 0,其取值范围为 0 ~ 127,主机段为 bbb. ccc. ddd,共 24bits,因此一个 A 类网段可以标识 $2^{24}-2$ 台主机。A 类地址共 2^{31} 个,占整个 IP 地址数的 50%。

图 1-11　A 类 IP 地址

其中,网络地址段不能全为"0"或全为"1",因此 0 和 127 均不能作为网络号,因此 A 类地址中,真正能用的网络号范围是 1 ~ 126。

127. bbb. ccc. ddd 这类地址主要用于环回测试。

10.0.0.0 ~ 10.255.255.255 作为私有地址,不能出现在公网上。

2) B 类地址

这类地址的特点是由2个网络段和2个主机段组成(图1-12),网络段为 aaa.bbb,共16bits,其中前两个二进制比特为10,其取值范围为128~191,主机段为 ccc.ddd,共16bits,因此一个B类网段可以标识$2^{16}-2$台主机。B类地址共2^{30}个,占整个IP地址数的25%。

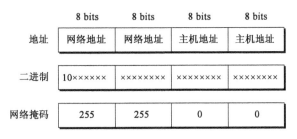

图1-12　B类IP地址

其中,网络地址段不能全为"0"或全为"1",因此128.0和191.255均不能作为网络号,因此B类地址中,真正能用的网络号个数是8190个。

172.16.0.0~172.31.255.255作为私有地址,不能出现在公网上。

3)C类地址

这类地址的特点是由3个网络段和1个主机段组成(图1-13),网络段为 aaa.bbb.ccc,共24bits,其中前三个二进制比特为110,其取值范围为192~223,主机段为 ddd,共8bits,因此一个C类网段可以标识2^8-2台主机。C类地址共2^{29}个,占整个IP地址数的12.5%。

其中,网络地址段不能全为"0"或全为"1",因此192.0.0和223.255.255均不能作为网络号,因此C类地址中,真正能用的网络号个数是2097150。

192.168.0.0~192.168.255.255作为私有地址,不能出现在公网上。

地址	8 bits	8 bits	8 bits	8 bits
	网络地址	网络地址	网络地址	主机地址
二进制	110×××××	××××××××	××××××××	××××××××
网络掩码	255	255	255	0

图1-13　C类IP地址

4)D类地址

如图1-14所示,这类地址的特点是前四个二进制比特为1110,其取值范围为224.0.0.0~239.255.255.255,D类地址不区分网段,也没有子网掩码。D类地址共2^{28}个,占整个IP地址数的6.25%。

地址开始	8 bits	8 bits	8 bits	8 bits
	224	0	0	0
二进制	1110××××	××××××××	××××××××	××××××××
地址结束	239	255	255	255

图1-14　D类IP地址

D类地址目前主要用于组播业务。

5）E类地址

如图1-15所示,这类地址的特点是前四个二进制比特为1111。其取值范围为240.0.0.0～255.255.255.255,E类地址不区分网段,也没有子网掩码。E类地址共2^{28}个,占整个IP地址数的6.25%。

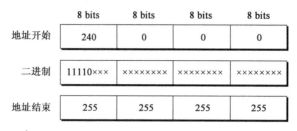

图1-15　E类IP地址

E类地址为保留地址。

6）特殊地址

IP地址网络地址不能全部设置为"1"或"0"。

IP地址子网地址不能全部设置为"1"或"0"。

IP地址主机地址不能全部设置为"1"或"0"。

网络地址:127.＊.＊.＊不能作为网络地址,默认作为本机的环回地址。

0.0.0.0地址作为缺省路由。

255.255.255.255地址代表所有主机。

3. IP地址的使用

IP地址用来标识网络上的节点,具有唯一性。一般IP地址配置时,要与之相应的配置网络掩码或子网掩码,图1-16为一台计算机的配置实例。

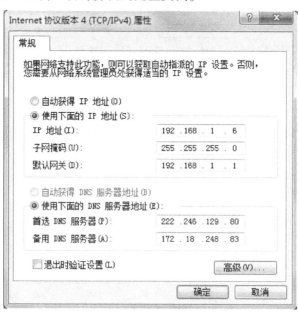

图1-16　计算机IP地址配置

在网络中,要确保相同网段的 IP 地址配置在同一个局域网中,否则局域网无法进行通信,图 1-17 是一个路由器网络的配置案例。路由器的 E0 端口配置的是 B 类网段 172.16.0.0/16,路由器的 E1 端口配置的是 A 类网段 10.0.0.0/8,E0 与 E1 都是连着一个局域网,各局域网内部通信没有问题。

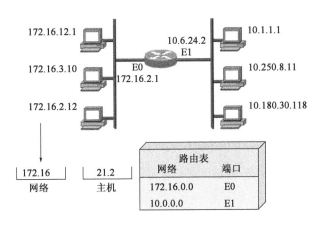

图 1-17 局域网 IP 地址

六、IP 地址困境及解决方案

互联网的最早雏形出现在 20 世纪 60 年代末,美国国防部高级研究计划局(ARPA)主持研制了 ARPAnet 网络,这个网络在 1969 年投入使用时只连接了 4 台计算机。IPv4 是互联网协议(Internet Protocol,IP)的第四版,也是第一个被广泛使用,构成现今互联网技术的基石的协议。1981 年 Jon Postel 在 RFC791 中定义了 IP,IPv4 可以运行在各种各样的低层网络上,比如端对端的串行数据链路(PPP 协议和 SLIP 协议)、卫星链路等。局域网中最常用的是以太网。IP 地址设计之初只考虑了 32 位空间,当时是一个天文数字,但随着互联网快速发展,地址资源显得非常紧张。

1. IP 地址困境

IP 地址分类,将网络地址分为网络地址与主机地址,构造层次化网络,有利于网络的规划和管理。但是定义的 A、B、C 类网络都存在网络数量少、主机地址空间大的缺点,不好分配给具体的单位使用。这样会导致分到 IP 地址的单位,IP 地址用不完,相反还有大量的单位拿不到 IP 地址,IP 地址资源缺乏成了不可避免的矛盾。为了缓解这个矛盾,固定长度子网掩码和可变长度子网掩码应运而生。

2. 固定长度子网掩码

固定长度子网掩码,又称 FLSM,它是在原有网络掩码的基础上再将主机地址划一部分作为网络地址,从而将一个大的网络划分成若干个较小的网络。

> **思考**
>
> 如图 1-18 所示,给定一个 B 类网段 172.16.0.0,将它分配给一个单位,能组成什么样的网络?

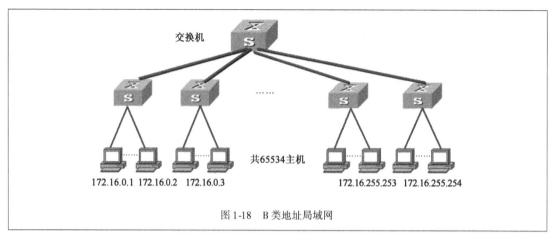

图 1-18 B 类地址局域网

由于整个 B 类网段只能用于一个局域网中,只能通过交机将这些计算机连在同一个广播域中,一旦哪台计算机发广播包,则整个网络上都会收到这个广播包,这种网络不好管理,并且,也很少有单位需要这么多 IP 地址。

因此考虑将主机地址中的前 8 位拿出来做子网网络地址,网络数从 1 个 B 类网段变为 254 个 C 类网段,单个网络的主机空间从 65534 个变为 254 个。

这时,可以从图 1-19 中看出,所产生的子网网络掩码都是 24 位的,称为固定长度子网掩码。

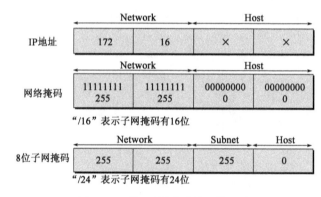

图 1-19 B 类 IP 地址细分为 C 类 IP 地址

可将不同的 C 类网段应用于不同的局域网中,如图 1-20 所示。

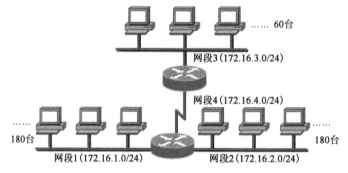

图 1-20 C 类 IP 地址网络

通过固定长度子网掩码的布置,原来的地址空间大部分被节省出来,地址利用率有所提高。

3. 可变长度子网掩码

可变长度子网掩码,又称 VLSM,它是在原有固定长度子网掩码的基础上,再将若干子网进一步划分成更小的子网,从而将一个大的网络划分成若干个较小的网络,这些网络的子网掩码长度并不一样长。

>
> 　　接案例 1,将 C 类网段 172.16.3.0/24 进一步细分成两个更小的网段,一个分给网段 3,另一个分给网段 4,如何将 C 类网段 172.16.4.0 节省出来?

经分析发现,网段 3 和网段 4 可共用一个 C 类网段,但他们又位于不同的网络中,因此需将这个 C 类网段进一步细分,若将网段 172.16.3.0/24 分成两个网络,需要从主机位 8 位中再拿出 2 位做网络地址。这样就得到了 172.16.3.64/26 和 172.16.3.128/26 两个网络,每个网络的地址空间是 62 个,能够满足需求(图 1-21)。

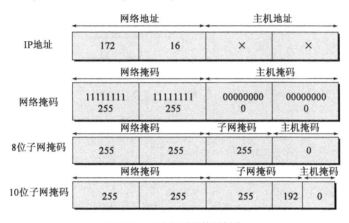

图 1-21 可变长子网掩码划分

在这个例子中,即有 24 位的子网掩码,又有 26 位的子网掩码,称为变长子网掩码。通过变长子网掩码,进一步充分利用了地址空间。

4. IPv6

随着物联网时代的到来,需要 IP 地址的节点会成倍增长,IPv4 无论怎么节省也无法满足应用的需求,IPv4 必然成为历史。

一种终极的解决方案是由 IPv6 来替代 IPv4,地址位也相应地由现在的 32 位扩展到 128 位,这样地址空间就能达到一个天文数字。

七、小结

随着网络技术的不断发展,目前已进入到 IP 网络时代,大量数据来自于 TCP/IP 网络,网络始终是为数据服务的。在网络建设中,一般是根据数据的重要性来选用不同的网络拓扑结构,目前使用较多的网络结构为星形网络、环形网络和网状网络。网络的主要连接设备是路由器和交换机,路由器工作在网络层,交换机工作在数据链路层,二者相互配合构成整个互联网。IPv4 仍然是网络地址主要来源,其资源日渐枯竭,因此,目前使用可变长度子网掩码来划分原来的大类 IP 地址,将来 IP 地址可一步步过渡到 IPv6,以满足日益增长的应用需求。

习题

一、填空题

1. 网络访问即可以通过_____方式,又可以通过_____方式,二者是等效的。
2. 计算机网络一般由哪 4 层组成,它们分别是_____、_____、_____、_____。
3. 路由器工作在 OSI 参考模型的_____,主要功能是_____和_____。交换机工作在 OSI 参考模型的_____,主要功能是_____和_____。
4. 局域网的接入方式有_____、_____和_____。
5. 网络的拓扑结构主要有_____、_____和_____。其中_____一般用在核心层,其中_____一般用在接入层。
6. 经典的网络参考模型有两种,它们是_____和_____。
7. OSI 参考模型共分为 7 层,它们是_____、_____、_____、_____、_____、_____和_____。
8. TCP/IP 参考模型共分为 4 层,它们是_____、_____、_____和_____。
9. IP 地址共分两段,最前面的段是_____,后面的段是_____。
10. IP 地址共分 5 类,它们是_____、_____、_____、_____和_____。
11. 子网掩码可以分为_____和_____两类。

二、简答题

1. 什么是 OSI 参考模型。
2. 比较固定长度子网掩码与可变长度子网掩码的区别。
3. 路由器与交换机的功能各是什么?

模块二 路由器的功能结构及基本命令

学习目标

掌握路由器功能结构;掌握路由器的启动方法、启动模式及基本的配置命令;了解路由器的日常维护功能。

任务要求

1. 连接计算机与路由器。
2. 知道路由器的各个组成部分及其相应的功能。
3. 知道路由器的结构,熟悉不同的端口在路由器上的位置。
4. 知道怎样连接路由器与个人计算机。
5. 知道路由器的具体启动过程。
6. 掌握路由器几种工作模式及其转化关系。
7. 知道路由器的常用配置命令。
8. 知道路由器的备份及维护。

相关知识点

一、路由器的组成及功能

路由器的组成、结构及功能是相辅相成的,其组成决定了功能,路由器的结构会影响其功能。反过来,路由器的功能对路由器的组成及结构有一系列的要求。

1. 路由器的组成

本书实例中使用的路由器型号 C2801,是美国思科(Cisco)公司一种多业务路由器,数据传输能力为 10/100Mb/s,系统带局域网接口 2 个,支持广域网接口,设备带有各种内存,内置中央处理器(CPU),支持 Qos 和 VPN。

路由器 C2801 主要包括机箱、主板、中央处理器(CPU)、随机存储器(RAM)、闪存(Flash)、非易失性随机存储器(NVRAM)、只读存储器(ROM)及各种接口,如 Console 口、Auxiliary 口及 Interfaces 口。其结构如图 2-1 所示。

机箱、主板、Console 和 Auxiliary 一般是厂家根据产品的设计确定,没有可选的余地,但其他参数是可供选择的。

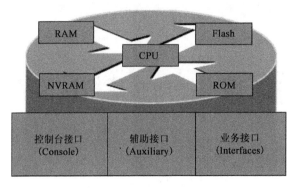

图 2-1 路由器的结构

路由器中可能有多种内存,例如闪存(Flash)、动态内存(DRAM)等。内存用作存储配置、路由器操作系统、路由协议软件等。在中低端路由器中,路由表可能存储在内存中。通常来说路由器内存越大越好(不考虑价格)。但是与 CPU 能力类似,内存同样不直接反映路由器性能与能力。因为高效的算法与优秀的软件可大大节约内存。

1) 中央处理器(CPU)

(1) 中央处理器的性能参数

中央处理器的性能直接影响路由器的性能,路由器的所有计算工作都是在 CPU 上完成。反映路由器处理器的性能参数除了其主频频率外,还包括其总线宽度、Cache 容量、内部总线结构、运算模式等。一般而言,处理器主频在 1GHz 或以下的属于较低主频,1~1.5GHz 为中等,1.5GHz 以上属于较高主频。

(2) 处理器的内核

路由器处理器的内核至关重要,常见的路由器所采用的处理器内核多为 80186、ARM7、ARM9、MIPS、Intel Xscale、PowerPC。而 80186、ARM7 内核处理器是第一代宽带路由器的典型配置,由于性能低,主流厂商均已停止生产。ARM9、MIPS 内核处理器一般用于中低端产品中。Intel Xscale、PowerPC 架构的处理器是高级网络处理器,一般用于高端产品。

2) 只读存储器(ROM)

只读存储器在 Cisco 路由器中的功能与计算机中的 ROM 相似,主要用于系统初始化等功能,包含:

①系统加电自检代码(POST):用于检测路由器中各硬件部分是否完好;

②系统引导区代码(Boot Strap):用于启动路由器并载入 IOS 操作系统;

③备份 IOS 操作系统:以便在原有 IOS 操作系统被删除或破坏时使用。ROM 是只读存储器,其中存放的代码是不能被修改的,如要进行升级,则只能更换 ROM 芯片。

3) 闪存(Flash)

闪存就是一种可读可写的存储器,在系统重新启动或关机之后仍能保存数据。Flash 中存放着当前使用中的 IOS。事实上,如果闪存容量足够大,甚至可以存放多个操作系统,这在进行 IOS 升级时十分有用。当不知道新版 IOS 是否稳定时,可在升级后仍保留旧版 IOS,当出现问题时可迅速退回到旧版操作系统,从而避免长时间的网路故障。

4) 非易失性随机存储器(NVRAM)

非易失性随机存储器(Nonvolatile RAM,NVRAM)是一种可读可写的存储器,在系统重新启动或关机之后仍能保存数据。由于 NVRAM 仅用于保存启动配置文件(Startup-Config),故其容量较小，通常在路由器上只配置 32～128KB 大小的 NVRAM。同时，NVRAM 的速度较快，成本也比较高。

5）随机存储器（RAM）

RAM 也是一种可读可写的存储器，其中存储的内容在系统重启或关机后将被清除。和计算机中的 RAM 一样，Cisco 路由器中 RAM 的作用也是运行期间暂时存放操作系统和数据的存储器，让路由器能迅速访问这些信息。RAM 的存取速度快于前面所提到的 3 种内存的存取速度。

运行期间，RAM 中包含路由表项目、ARP 缓冲项目、日志项目和队列中排队等待发送的分组。除此之外，还包括运行配置文件（Running-config）、正在执行的代码、IOS 操作系统程序和一些临时数据信息。

路由器的类型不同，IOS 代码的读取方式也不同。如 Cisco 2500 系列路由器只在需要时才从闪存中读入部分 IOS；而 Cisco 4000 系列路由器整个 IOS 必须先全部装入 RAM 才能运行。因此，前者称为 Flash 运行设备（Run from Flash），后者称为 RAM 运行设备（Run from RAM）。

6）业务接口（Interfaces）

Cisco 2801 路由器主要用于业务的接入层，因此接口种类繁多，有支持快速以太网的 NM-1FE-FX 和 NM-1FE-TX；也有支持串口的 WIC-1T 和 WIC-2T；还有支持语音、E1、PRI、3G、ATM 等的各种接口。在本书中主要讲解 FE 及串口的配置。

2. 路由器的结构

1）主板的结构

与计算机的结构相似，路由器也是通过机箱来封装，主要功能模块全部集成在主板上的一种设备。主板上各主要芯片如图 2-2 所示。

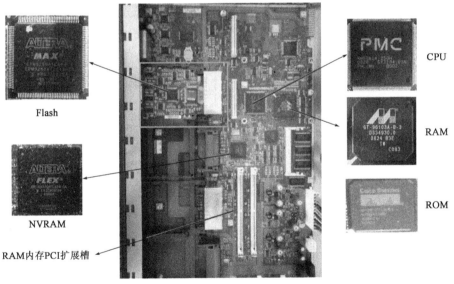

图 2-2　路由器主板结构

2）前后面板的结构

路由器的前后面板如图 2-3 所示。图 2-3a）所示为后面板，主要有一个电源插口与一个电源开关。图 2-3b）所示为前面板，主要有 1 个 USB 接口、2 个快速以太网接口、1 个 Console 接口、1 个辅助接口和 4 个业务接口。USB 接口用于第三方安全认证、Console 接口用于设备初始配置、辅助接口用于远程设备配置、2 个快速以太网口是业务接口，支持 10/100M 以太网业务，其中接口FE0/0比较特殊，用于IOS及配置文件的备份及恢复时与TFTP服务器对接。4个业务接口可以根据需要插入不同的业务板卡。

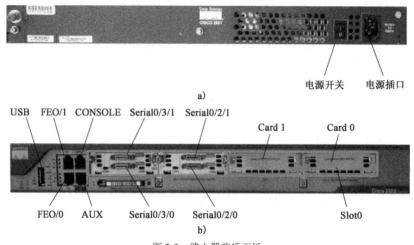

图2-3 路由器前后面板

3）业务接口的结构

对于思科的设备，每种设备按"业务类型(slot/card/interface)"来区分各个不同的接口。思科设备接口命名的顺序是从右到左、从下到上来进行的，从"0"开始。最大的单位叫"slot"，即"槽位"的意思，如图2-3中，C2801路由器只有一个槽位，即slot0。其次是"card"，即"板卡"的意思，如图2-3中的"card0"，即"slot0"的第一块板卡。最后是"interface"，即"接口"的意思，如图2-3中的"Serial 0/2/0"，即第一号槽位、第三块板卡、第一个串行接口。

4）业务接口的命名

思科路由器有两种主要接口，即"串口"和"快速以太网口"，分别用"S"和"FE"来进行表示。

"S"为Serial的缩写，表示串行接口的意思，这是一种低速率的接口。

"FE"为Fast Ethernet的缩写，即快速以太网接口的意思，这是一种高速率的接口。

二、路由器的启动过程

路由器的启动过程与计算机的启动过程相似，都要检测硬件设备、引导操作系统，并加载配置文件。但是路由器的启动又与计算机启动稍有区别，路由器是一种网络设备，功能比较单一，其功能是寻找网络路径与转发数据包，因此操作系统启动较快。

1. 启动准备

路由器看上去只是一个机箱，既没有显示器，也没有鼠标，更没有键盘，无法完成信息的输入与检测。因此，要想顺利启动路由器，要做一系列的准备工作。

1）硬件的准备与连接

①找到一台具有DB9接口的台式机。将台式机的DB9接口通过配置线与路由器的Console接口对接。

②将计算机与路由器分别接上交流电。

2）软件的准备与连接

①启动计算机操作系统。

②启动超级终端软件，并设置合适的参数，使软件可正常访问路由器，详细操作如下所述：

a. 鼠标依次点击"开始→附件→通讯→超级终端"。

b. 填写新建连接的名字"test"。

c. 填写"连接到"视窗内容。

"国家(地区)"、"区号"、"电话号码"、"连接时使用"等项,其中只需要对"电话号码"、"连接时使用"两项内容进行添加/选择,在"电话号码"中输入任意的数字即可,而在"连接时使用"中则需要选用相应的 COM 口,这里选择 COM1 口。在"连接到"视窗中填入相应内容后,点击"确定"。

d. 选择端口的比特率为"9600",并点击"确定",超级终端与路由器连接成功,显示路由器运行界面。

2. 启动过程

开启路由器的电源开关,会看到路由器的指示灯不停地闪烁,这是路由器在检测系统的硬件是否正常工作,如果不能正常工作,系统会报错,如果能正常工作,系统开始引导操作系统。所有这些也可以通过超级终端观察。

下述英文信息(中文为注释)是从超级终端上显示的路由器启动的全过程。

* *

System Bootstrap, Version 12.4(13r)T, RELEASE SOFTWARE (fc1)

//系统引导程序,12.4 版本(13 r)T,发布软件(fc1)

Technical Support: http://www.cisco.com/techsupport

//技术支持:http://www.cisco.com/techsupport

Copyright (c) 2006 by cisco Systems, Inc.

//思科系统公司版权(c)2006

PLD version 0x10

//可编程逻辑版本 0 x10

GIO ASIC version 0x127

//GIO ASIC 版本 0x127

c2801 platform with 131072 Kbytes of main memory

//c2801 平台内存为 131072KB

Main memory is configured to 64 bit mode with parity disabled

//主内存配置为 64 位模式无奇偶校验

Readonly ROMMON initialized

//只读的 ROMMON 初始化

program load complete, entry point: 0x8000f000, size: 0xcb80

//程序加载完成,入口点:0 x8000f000,大小 0xcb80

Self decompressing the image : ### [OK]

自动解压映像文件:################## [OK]

Smart Init is enabled

//智能初始化启用

smartinit is sizing iomem

//智能初始化正在计算输入输出存储器的大小

ID   MEMORY_REQ TYPE

0X003AA110	public buffer pools
0X00211000	public particle pools
0X0013	0X00035000 Card in slot 3
0X000021B8	Onboard USB

If any of the above Memory Requirements are "UNKNOWN", you may be using an unsupported configuration or there is a software problem and system operation may
be compromised.
//如果上面的内存需求"未知",你可能正在使用不支持的配置文件或存在软件问题,系统操作会中止。

Allocating additional 8331715 bytes to IO Memory.
PMem allocated: 117440512 bytes; IOMem allocated: 16777216 bytes
//上述为内存分配

Restricted Rights Legend

Use, duplication, or disclosure by the Government is Rights clause at FAR sec. 52.227-19 and subparagraph(c)(1)(ii) of the Rights in Technical Data and Computer Software clause at DFARS sec. 252.227-7013.

cisco Systems, Inc.
170 West Tasman Drive ,San Jose, California 95134-1706

Cisco IOS Software, 2801 Software (C2801-IPBASE-M), Version 12.4(18b), RELEASE SOFTWARE (fc2)
Technical Support: http://www.cisco.com/techsupport
Copyright (c) 1986-2008 by Cisco Systems, Inc.
Compiled Mon 19-May-08 17:02 by prod_rel_team
Image text-base: 0x6007A5C0, data-base: 0x61383560

Cisco 2801 (revision 7.0) with 114688K/16384K bytes of memory.
Processor board ID FHK1237F0RD
2 FastEthernet interfaces
2 Low-speed serial(sync/async) interfaces
DRAM configuration is 64 bits wide with parity disabled.
191K bytes of NVRAM.
62720K bytes of ATA CompactFlash (Read/Write)
//上面为系统的版权,硬件配置,软件版本信息

---System Configuration Dialog---
Would you like to enter the initial configuration dialog? [yes/no]: n
//你想进入初始配置对话框吗?(是/否):n,注意,对新路由器来说,选"YES"进入对话配置模式,选"NO"进入客户配置模式。

Press RETURN to get started!

*Mar 1 00:00:02.907: %ENVMON-4-RTC: The Real Time Clock may have battery problem or it has not been set to the current time

*Jan 1 00:00:45.883: %LINK-3-UPDOWN: Interface Serial0/3/0, changed state to down
*Jan 1 00:00:45.887: %LINK-3-UPDOWN: Interface Serial0/3/1, changed state to down
*Jan 1 00:00:47.059: %LINEPROTO-5-UPDOWN: Line protocol on Interface Serial0/3/0, changed state to down
*Jan 1 00:00:47.059: %LINEPROTO-5-UPDOWN: Line protocol on Interface Serial0/3/1, changed state to down
*Jan 1 00:00:54.487: %LINEPROTO-5-UPDOWN: Line protocol on Interface FastEthernet0/1, changed state to down
*Jan 1 00:00:54.683: %LINEPROTO-5-UPDOWN: Line protocol on Interface FastEthernet0/0, changed state to down
*Jan 1 00:01:17.955: %SYS-5-RESTART: System restarted--
Cisco IOS Software, 2801 Software (C2801-IPBASE-M), Version 12.4(18b), RELEASE SOFTWARE (fc2)
Technical Support: http://www.cisco.com/techsupport
Copyright (c) 1986-2008 by Cisco Systems, Inc.
Compiled Mon 19-May-08 17:02 by prod_rel_team
*Jan 1 00:01:17.959: %SNMP-5-COLDSTART: SNMP agent on host Router is undergoing a cold start
*Jan 1 00:01:19.475: %LINK-5-CHANGED: Interface FastEthernet0/0, changed state to administratively down
*Jan 1 00:01:19.479: %LINK-5-CHANGED: Interface FastEthernet0/1, changed state to administratively down
*Jan 1 00:01:19.479: %LINK-5-CHANGED: Interface Serial0/3/0, changed state to administratively down
*Jan 1 00:01:19.479: %LINK-5-CHANGED: Interface Serial0/3/1, changed state to administratively down
//以上信息显示目前系统的配置情况
Router >
//路由器已处于用户模式,可正常使用
* *

　　至此路由器已被正确启动,系统停留在命令行模式,使用者可以输入相应的命令进行路由器的操作。如果路由器在没有进入到这个模式就中断或挂起,就要注意路由器给出的提示信息,根据提示信息进行相应的处理,进一步启动路由器。

　　3.路由器工作模式转换
　　路由器有一系列工作模式,各个模式的作用不同,不同模式下可进行不同的操作。路由器的工作模式主要有6种:用户模式、特权模式、设置模式、全局配置模式、其他配置模式和RX-BOOT模式。
　　1)工作模式介绍
　　(1)用户模式(user EXEC)
　　当通过Console或Telnet方式登录到路由器时,只要输入的密码正确,路由器就可以直接进入用户模式,它是个只读模式。在用户模式下,用户只可以对路由器做一些简单的操作,有限度地查看路由器的相关信息,但是不能对路由器的配置做任何修改,也不能查看路由器的配置信息。在用户模式下可以执行的操作有 ping、telnet、show、version 等。

路由器正常启动后进入用户模式,它的提示符是:Router>。

(2)特权模式(Privileged EXEC)

在用户模式下,输入"enable"命令和超级用户密码,就可以进入特权模式。特权模式可以管理系统时钟、进行错误检测、查看和保存配置文件、清理闪存、处理并完成路由器的冷启动等操作。在特权模式下还可以进入全局配置模式,以便对路由器进行配置。

进入特权模式的方法及提示符是:

Router>enable

Password:###

Router#

(3)设置模式(Setup)

当通过 Console 接口进入一台刚出厂的没有任何配置的路由器时,控制台就会进入设置模式。在设置模式下,会有一个交互式的对话界面,它协助用户建立第一次的配置文件。系统会提示用户选择是否进入这个对话框,如果选"no",就不进入设置模式,而直接进入用户模式;如果选"yes",系统就会在设置模式下,一步一步地提示用户,完成路由器的配置。

(4)全局配置模式(Global Configuration)

在特权模式下,输入"configure terminal"命令,就可以进入全局配置模式。在全局配置模式下,有功能强大的单行命令,用户可以配置路由器的主机名、超级用户口令、TFTP 服务器、静态路由、访问控制列表、多点广播、IP 记账等。在全局配置模式下,可以进入路由配置子模式及接口配置子模式等其他配置模式。

在特权模式下,进入全局配置模式的方法及提示符是:

Router#configure terminal

Enter configuration commands,one per line. End with CNTL/Z.

Router(config)#

(5)全局模式下的子模式

在全局配置模式下,输入一些命令,就可以进入其他配置模式,如接口配置模式、虚拟终端配置模式和路由配置模式等。它有多行配置命令,能提供更多更详细的配置,如接口的各种配置、不同路由协议的详细配置等。进入其他配置模式的方法及提示符如下。

①在全局配置模式下,进入接口配置模式:

Router(config)#int f0/1

Router(config-if)#

②在全局配置模式下,进入虚拟终端配置模式:

Router(config)#line vty 0 15

Router(config-line)#

③在全局配置模式下,进入 RIP 路由协议配置模式:

Router(config)#router rip Router

(config-router)#

（6）RXBOOT 模式

RXBOOT 模式是路由器的维护模式。在密码丢失时,可以进入 RXBOOT 模式,以恢复密码。

2）工作模式切换

（1）用户模式到特权模式

Router ＞enable

Router #

（2）特权模式到用户模式

Route#disable

Route ＞

（3）特权模式到全局模式

Route#configure terminal

Route（config）#

（4）全局模式到特权模式

Route（config）#exit

Router #

（5）全局模式到接口模式

Router（config）#int f0/0

Router（config-if）#

（6）接口模式到全局模式

Router（config-if）#exit

Router（config）#

（7）全局模式到线路模式

Router（config）#line vty 0 4

Router（config-line）#

（8）线路模式到全局模式

Route（config-line）#exit

Router（config）#

（9）全局模式到路由模式

Router（config）# router rip

Router（config-router）#

（10）路由模式到全局模式

Route（config-router）#exit

Router（config）#

（11）进入 Rommon 模式

重启路由器后,立即按 Ctrl-Break 键中断路由器的启动,进入 Rommon 模式。

Rommon 1#

（12）进入 RXBOOT 模式

在 Rommon 模式下,设置配置寄存器的值为 0x2101 时会进入 RXBOOT 模式。这个模式实际上加载的是 Mini IOS,相当于 Windows 操作系统中的安全模式。

```
Rommon 1#confreg 0x2101
Rommon 2#i
Router(boot)#
```

4. 路由器的常用配置命令

拿到一个路由器,首先要对路由器进行一系列基本的配置,具体操作如下。

1) 路由器的命名

```
Router#
*Mar  1 00:01:31.555: %SYS-5-CONFIG_I: Configured from console by console
Router#conf t
Enter configuration commands, one per line.  End with CNTL/Z.
Router(config)#hostname hy
hy(config)#
```

2) 路由器的时间设置

```
hy#clock set 19:28:00 9 February 2017
hy#
*Feb  9 19:28:00.000: %SYS-6-CLOCKUPDATE: System clock has been updated from 00:08:07 UTC Fri Mar 1 2002 to 19:28:00 UTC Thu Feb 9 2017, configured from console by console.
hy#show clock
19:28:21.327 UTC Thu Feb 9 2017
hy#
```

3) 路由器的登录信息

```
hy#
hy#conf t
Enter configuration commands, one per line.  End with CNTL/Z.
hy(config)#banner motd # ZNJT department's gateway PhoneNum.:0731-88886666 #
hy(config)#
```

4) 路由器的登录密码设置

```
hy#conf t
Enter configuration commands, one per line.  End with CNTL/Z.
hy(config)#line console 0              //进入控制台接口模式
hy(config-line)#password hy1           //设置密码
hy(config-line)#login                  //进入用户模式也需要密码
hy(config-line)#end
hy#
Feb  9 19:48:45.915: %SYS-5-CONFIG_I: Configured from console by console
hy#logout                              //从路由器退出,重新登录
hy con0 is now available
Press RETURN to get started.
ZNJT department gateway                //登录路由器用语
User Access Verification
```

Password:hy1   //登录用户模式需要密码
hy＞

5)路由器的进入特权模式的明文密码

hy#conf t
Enter configuration commands, one per line. End with CNTL/Z.
hy(config)#enable password hy2   //为进入特权模式设置明文密码
hy(config)#end
hy#disable
hy＞enable
Password:hy2   //进入特权模式时密码 hy2 起作用
hy#

6)路由器的进入特权模式的密文密码

hy#
hy#conf t
Enter configuration commands, one per line. End with CNTL/Z.
hy(config)#enable secret hy3   //为进入特权模式设置密文密码
hy(config)#end
hy#
Feb 9 20:12:25.315: %SYS-5-CONFIG_I: Configured from console by console
hy#disable
hy＞enable
Password:hy2   //进入特权模式时密码 hy2 不起作用
Password:hy3   //进入特权模式时密码 hy3 起作用
hy#

7)路由器的远程登录密码

hy#conf t
Enter configuration commands, one per line. End with CNTL/Z.
hy(config)#line vty 0 4   //最多允许 5 个用户远程登录
hy(config-line)#password hy6   //登录密码为 hy6
hy(config-line)#login   //远程进入路由器需要登录过程
hy(config-line)#end
hy#

8)路由器的 FE 接口配置

hy#conf t
Enter configuration commands, one per line. End with CNTL/Z.
hy(config)#int f0/0   //进入快速以太网接口
hy(config-if)#description this port is connected to wlw   //端口描述
hy(config-if)#ip add 192.168.1.1 255.255.255.0   //指定接口 IP 地址
hy(config-if)#no shut   //启用端口
hy(config-if)#

Feb 9 20:45:33.991: %LINK-3-UPDOWN: Interface FastEthernet0/0, changed state to up //接口启用
Feb 9 20:45:34.991: %LINEPROTO-5-UPDOWN: Line protocol on Interface FastEthernet0/0, changed state to up   //协议启用
hy(config-if)#

9)路由器的串行接口配置

hy#conf t
Enter configuration commands, one per line. End with CNTL/Z.
hy(config)#int f0/0
hy(config-if)#ip add 192.168.1.1 255.255.255.0
hy(config-if)#no shut
hy(config-if)#
Feb 9 20:45:33.991: %LINK-3-UPDOWN: Interface FastEthernet0/0, changed state to up
Feb 9 20:45:34.991: %LINEPROTO-5-UPDOWN: Line protocol on Interface FastEthernet0/0, changed state to up
hy(config-if)#
hy#conf t
Enter configuration commands, one per line. End with CNTL/Z.
hy(config)#int s3/0   //进入串行接口
hy(config-if)#ip add 192.168.2.1 255.255.255.0   //指定接口 IP 地址
hy(config-if)#no shut   //启用端口
Feb 9 20:49:17.767: %LINK-3-UPDOWN: Interface Serial3/0, changed state to up //接口启用
Feb 9 20:49:18.771: %LINEPROTO-5-UPDOWN: Line protocol on Interface Serial3/0, changed state to up   //协议启用
hy(config-if)#clock rate 64000   //定义时钟频率
hy(config-if)#

10)"Tab"键使用

hy#con[Tab]   //有多个命令以 con 打头,无法自动补齐这条命令
hy#conf[Tab]   //只有一个命令以 conf 打头,自动补齐这条命令
hy#configure t[Tab]
hy#configure terminal
Enter configuration commands, one per line. End with CNTL/Z.
hy(config)#
"Tab"键主要使用场景是知道这条命令,但不想输入太多的字符,用这个键自动补全命令。

11)"?"键使用

hy#
hy#con?   //不知道这个命令的全名,用"?"查询
configure   connect   //系统提示有 2 个候选项
hy#configure t?

terminal

hy#configure terminal

Enter configuration commands, one per line. End with CNTL/Z.

hy(config)#

12）减少错误命令扣的等待时间

hy#conf t

Enter configuration commands, one per line. End with CNTL/Z.

hy(config)#no ip domain-lookup　　//不进行域内查询

hy(config)#

13）调试信息的控制

（1）重定向调试信息

路由器的调试信息一般会在控制台（console）显示，如果远程登录则无法看到调试信息。以下命令将使调试信息传送到非控制台的终端上。

hy#terminal monitor

（2）调试信息开启

hy# debug{all|{protocol-name|function-name}[debug-option]}　　//调试命令标准格式

hy# debug all　　//调试所有系统信息

hy#debug broadcast　　//调试广播信息

（3）调试信息关闭

hy# no debug{all|{protocol-name|function-name}[debug-option]}　　//调试命令关闭标准格式

hy# no debug all or undebug all　　//关闭所有调试信息

hy#no debug broadcast　　//关闭调试广播信息

（4）制止调试信息干扰

当路由器开启调试信息时，无法正常地输入配置命令，可以通过下述方法来防止干扰。

hy#conf t

hy(config)#line console 0

hy(config-line)#logging synchronizing

14）查看命令

（1）show version　　//显示硬件配置、软件版本、配置文件名称等

hy#show version

//下面信息为操作系统的名称、版本

Cisco IOS Software, 3600 Software (C3640-A3JS-M), Version 12.4(25d), RELEASE SOFTWARE (fc1)

Technical Support: http://www.cisco.com/techsupport

Copyright (c) 1986-2010 by Cisco Systems, Inc.

Compiled Wed 18-Aug-10 06:58 by prod_rel_team

ROM: ROMMON Emulation Microcode

ROM: 3600 Software (C3640-A3JS-M), Version 12.4(25d), RELEASE SOFTWARE (fc1)

hy uptime is 3 hours, 3 minutes

System returned to ROM by unknown reload cause-suspect boot_data[BOOT_COUNT] 0x0, BOOT_

COUNT 0, BOOTDATA 19
System restarted at 19:19:53 UTC Thu Feb 9 2017
System image file is "tftp://255.255.255.255/unknown"
//下面信息为硬件参数
Cisco 3640 (R4700) processor (revision 0xFF) with 124928K/6144K bytes of memory.
Processor board ID FF1045C5
R4700 CPU at 100MHz, Implementation 33, Rev 1.2
3 FastEthernet interfaces
4 Serial interfaces
DRAM configuration is 64 bits wide with parity enabled.
125K bytes of NVRAM.
8192K bytes of processor board System flash (Read/Write)
Configuration register is 0x2102
hy#

  (2) show flash　　//显示闪存中的内容
hy#show flash
System flash directory:
No files in System flash
[0 bytes used, 8388604 available, 8388604 total]
8192K bytes of processor board System flash (Read/Write)
hy#

  (3) show running-config　　//显示 RAM 中的配置文件
hy#show running-config
Building configuration...

Current configuration : 1461 bytes !　　　//配置文件大小
Last configuration change at 22:22:46 UTC Thu Feb 9 2017
NVRAM config last updated at 22:28:50 UTC Thu Feb 9 2017
version 12.4
service timestamps debug datetime msec
service timestamps log datetime msec
no service password-encryption
hostname hy　　//主机名
boot-start-marker
boot-end-marker
enable secret 5 1wPNp$2NGlpltHkJx6gtk87ilR6/　　　　//密文密码
enable password hy2　　　//明文密码
no aaa new-model
memory-size iomem 5
no ip icmp rate-limit unreachable
ip cef

no ip domain lookup
ip tcp synwait-time 5
interface FastEthernet0/0   //接口配置信息
description this port is connected to wlw
ip address 192.168.1.1 255.255.255.0
duplex auto
speed auto!
interface Serial3/0
ip address 192.168.2.1 255.255.255.0
serial restart-delay 0
clock rate 64000
no ip http server
ip forward-protocol nd
control-plane!
banner motd ^C ZNJT department gateway ^C!   //主机信息
line con 0
exec-timeout 0 0
privilege level 15
password hy1   //登录主机用户模式密码
logging synchronous   //防调试信息干扰
login
line aux 0
exec-timeout 0 0
privilege level 15
logging synchronous
line vty 0 4   //定义5个远程登录用户
password hy6   //telnet 用户密码
login
end
  (4)show startup-config   //显示 NVRAM 中的配置文件
  (5)show interfaces   //显示路由器接口统计信息
  (6)show ip interfaces brief   //显示路由器简要端口信息
  (7)show protocols   //显示路由器配置的协议
  (8)show memory   //显示路由器内存的统计信息
  (9)show interfaces   //显示路由器接口统计信息
  (10)show stacks   //显示进程和终端所使用的堆栈
  (11)show protocols   //显示路由器配置的协议
  (12)show buffers   //显示路由器缓冲区的统计信息
  15)编辑命令
在输入路由器的命令时,有时命令行会很长,为了提高编辑效率,IOS 提供的一些快捷编辑命令如表 2-1 所示。

另外，编辑命令也可以开启或关闭，也可以调整命令缓冲区的大小，如表 2-2 所示。

IOS 编 辑 命 令　　　　　　　　　　　　　　表 2-1

快捷编辑命令	功　能	快捷编辑命令	功　能
Ctrl + A	移动光标到命令行的开头	Ctrl + F	光标前移一个字母（可按多次）
Ctrl + E	移动光标到命令行的末尾	Ctrl + B	光标后移一个字母（可按多次）
Ctrl + P 或 ↑	重复上一条命令（可按多次）	Esc + F	光标前移一个词（可按多次）
Ctrl + N 或 ↓	重复下一条命令（可按多次）	Esc + b	光标后移一个词（可按多次）

IOS 编辑命令和调整命令　　　　　　　　　　表 2-2

命　令	功　能
hy#show history	查看先前输入的命令（默认 10 个）
hy#terminal history size [size number]	改变历史缓存的大小（最大 256）
hy# terminal editing	启用编辑特性
hy# terminal no editing	禁用编辑特性

三、路由器维护

路由器一经安装入网后，一般要求 7×24h 在线，不能随便关闭，因此，路由器的维护就显得非常重要。路由器与一台装有简单文件传输协议的服务器的网络拓扑结构如图 2-4 所示。

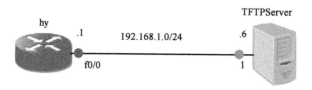

图 2-4　路由器与 TFTP 服务器连接

1. 备份路由器的 IOS 及配置文件

路由器中的 IOS 及配置文件对路由器来说是两个非常重要的文件。没有 IOS，路由器就无法正常启动；没有配置文件，路由器就无法正常转发数据。因此，要经常备份 IOS 及配置文件。

1）路由器中 IOS 及配置文件的存储

路由器中不同的文件存储的位置各不相同，如表 2-3 所示。IOS 一般是存储在 Flash 中，也可备份到 TFTP 服务器。正在运行的配置文件保存在 RAM 中，但这个文件在关机后丢失，因此，路由器做完新的配置后一定要存储，存储后的配置文件在 NVRAM 中，这个文件在关机后不丢失，重启路由器后，配置文件也会被加载，同样，配置文件也可备份到 TFTP 服务器。

路由器不同文件存储位置指示　　　　　　　　表 2-3

序　号	设　备	文　件	序　号	设　备	文　件
1	Flash、TFTP	IOS	3	NVRAM、TFTP	Startup-config
2	RAM	Running-config			

2）IOS 及配置文件的操作命令

（1）IOS 从 Flash 中拷到 TFTP 服务器中

hy#copy flash tftp

(2)IOS 从 TFTP 服务器中拷到 Flash 中
hy#copy tftp flash
(3)配置文件从 RAM 中拷到 NVRAM 中
hy#copy running-config startup-config
(4)配置文件从 NVRAM 中拷到 RAM 中
hy#copy startup-config running-config
(5)配置文件从 NVRAM 中拷到 TFTP 中
hy#copy startup-config TFTP
(6)配置文件从 TFTP 中拷到 NVRAM 中
hy#copy TFTP startup-config
3)IOS 及配置文件备份到 TFTP 服务器上
(1)查询 IOS 文件名
hy#show flash： 　　//查看当前 IOS 版本及文件名
(2)备份 IOS
hy#copy flash：tftp：
Source filename［ ］? c2800nm-advipservicesk9-mz.151-4.M4.bin——待备份的 IOS 文件名［Address or name of remote host ［ ］? 192.168.1.2——tftp 服务器地址

2．路由器的口令恢复
①正确连接路由器的 RJ45 口到 TFTP RJ45 口。
②用 show version 命令显示并记录配置寄存器的值,通常为 0x2102。
③关闭路由器的电源,然后再打开。
④在启动的前 60 秒内按 Break 键,你将会看到"〉"提示符(无路由器名),如果没有看到"〉"提示符,说明你没有正确发出 Break 信号,这时可检查终端或仿真终端的设置。
⑤在"〉"提示符下键入 o/r 0x2142,从 Flash memory 中引导。
⑥在"〉"提示符下键入 i,路由器将重新启动而忽略它保存的配置。
⑦在设置中的所有问题都回答"no"。
⑧在 Router〉提示符下键入 enable,进入特权用户 Router#提示。
⑨拷贝原配置文件到 RAM 中。
Router#copy startup-config running-config
⑩拷贝原配置文件到 RAM 中。
Router#copy startup-config running-config
⑪查看原配置中的密码设置。
Router#show running-config
⑫重置所有密码。
⑬将配置寄存器的值修改为 0x2102。
Router#config-register 0x2102
⑭保存设置。
Router#write
⑮重启路由器。
Router#reload

3. 路由器的 IOS 恢复

路由器的 IOS 被删除或发生错误后无法正常启动,最好的办法是从 TFTP 服务器上恢复 IOS,让路由器重新开始工作。

1)连接要求

一定要让路由器的 FE0/0 接口与 TFTP 服务器的网络接口相连。

2)恢复过程

①Router#show flash：   //查看 flash 中的 IOS 的文件名
②Router#erase flash：   // 删除 flash 中的 IOS
③Router#reload   // 重启路由器
④Rommon1 >   //路由器自动进入维护模式
⑤Rommon1 > IP_ADDRESS = 192.168.1.1；   //指定路由器的 IP 地址
⑥Rommon2 > IP_SUBNET_MASK = 255.255.255.0   //指定路由器的子网掩码
⑦Rommon3 > DEFAULT_GATEWAY = 192.168.1.8   // 可任意设定,但不能为空
⑧Rommon4 > TFTP_SERVER = 192.168.1.6   //指定 TFTP 服务器的 IP 地址
⑨Rommon5 > TFTP_FILE = c2800nm-advipservicesk9-mz.124-15.T1.bin   //指定 IOS
⑩Rommon6 > tftpdnld

//下面是在超级终端上看到的信息,开始从 TFTP 服务器下载 IOS,并存储在路由器的 flash 上

IP_ADDRESS:192.168.1.1
IP_SUBNET_MASK:255.255.255.0
DEFAULT_GATEWAY:192.168.1.8
TFTP_SERVER:192.168.1.6
TFTP_FILE:c2800nm-advipservicesk9-mz.124-15.T1.bin
Invoke this command for disaster recovery only.
WARNING: all existing data in all partitions on flash will be lost!
Do you wish to continue? y/n：[n]：y
Receiving c2800nm-advipservicesk9-mz.124-15.T1.bin from 192.168.1.6 !!!!!!!!!!!!!!!!
    program flash location 0×63070000
    program flash location 0×63080000
    program flash location 0×63090000
File reception completed.
Copying file c2800nm-advipservicesk9-mz.124-15.T1.bin to flash.

⑪Rommon7 > reload   //重启路由器

难点分析

路由器的功能和结构是相互关联的,二者要相互结合起来理解,一定要弄清楚什么文件放在什么样的设备中,如何放进去的。路由器的配置命令很多,一些基本的命令要求能够记住,很多命令是在使用过程中学会的,在使用过程中,要灵活地使用"?"和"TAB"2 个键,以提高命令输入效率;另外,在输入命令的过程中要不断地验证与查看,不要等所有配置都做完了再统

一验证。

1. 路由器重要文件的位置

正常情况下在 Flash 中,也可在 ROM 与 TFTP 服务器中。

运行的配置文件在 RAM 中,长期保存的配置文件在 NVRAM 或 TFTP 服务器中。

2. 配置过程中的注意事项

①"?"与"TAB"键有助于操作人员提高输入命令的效率。"?"用于查询命令,"TAB"用于补全命令。

②完成一个小的功能单元配置要做一次验证,保证这个功能单元正确。

③分析问题与解决问题的方法与思路也很重要。

习题

一、填空题

1. 路由器是由_____、_____、_____、_____、_____、_____、_____ 和 _____ 构成的。

2. "S"接口代表 _____,"FE"接口代表 _____。

3. 配置路由器时,要求路由器的 _____ 接口与计算机的 _____ 接口相连。

4. 在配置路由器的过程中,用来监督路由器的软件叫 _____,思科路由器要求软件设置的比特率为 _____。

5. 路由器的工作模式有 _____、_____、_____、_____ 和 _____。其中全局模式又分为 _____、_____ 和 _____。

6. 用户模式输入 _____ 命令进入 _____。

7. 重启路由器后,立即按 _____ 键中断路由器的启动,进入 _____。

8. _____ 键的作用是补齐命令的名字,_____ 的作用是提示应该输入的命令参数。

9. _____ 命令可以减少错误命令等待时间。

10. 路由器的调试信息一般会在 _____ 显示,如果远程登录则无法看到调试信息。_____ 命令将使调试信息传送到非控制台的终端上。

11. 路由器的 IOS 一般存储在路由器的 _____ 上,路由器的配置文件一般保存在路由器的 _____ 上。

12. _____ 命令将 IOS 从 Flash 中拷到 TFTP 服务器中,_____ 命令将 IOS 从 TFTP 服务器中到 Flash 中。

二、简答题

1. 详述路由器的密码恢复过程。

2. 详述路由器的 IOS 恢复过程。

模块三　GNS3 安装使用

学习目标

在 Windows 操作系统下安装 GNS3 软件,并用这个软件仿真网络实验。GNS 运行界面如图 3-1 所示。

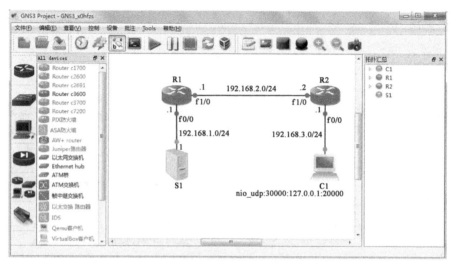

图 3-1　GNS3 运行界面

任务要求

1. 在计算机上安装网络仿真软件 GNS3,并安装 Cisco IOS。
2. 使用 GNS3 进行简单的网络配置。

相关知识点

GNS3 软件介绍

GNS3 是一款具有图形化界面可以运行在多平台(包括 Windows、Linux 和 MacOS 等)的网络虚拟软件。Cisco 网络设备管理员或是想要通过 CCNA、CCNP、CCIE 等 Cisco 认证考试的相关人士可以通过它来完成相关的实验模拟操作。同时它也可以用于虚拟体验 Cisco 网际操作系统 IOS 或者是检验将要在真实的路由器上部署实施的相关配置。它集成了一系列软件,如

Wireshark、Dynamips、Qemu、Pemu、VPCS、GNS3、SuperPutty、Translations 等。

1. 集成软件的功能

1) GNS3

简单来说,它是 Dynamips 的一个图形前端,相比直接使用 Dynamips 这样的虚拟软件要更容易掌握更具有可操作性。

2) Dynamips

Dynamips 是一个基于虚拟化技术的模拟器(emulator),用于模拟思科(Cisco)的路由器。Dynamips 的原始名称为 Cisco 7200 Simulator,其目的是在传统的个人计算机上模拟(emulate) Cisco 的 7200 路由器。

后经发展,该模拟器已经能够支持 Cisco 的 3600 系列(包括 3620、3640、3660)、3700 系列(包括 3725、3745)和 2600 系列(包括 2610 到 2650XM,2691)路由器平台。使用真实的 Cisco IOS 操作系统构建一个学习和培训的平台,可让人们更加熟悉 Cisco 的设备,以及领略 Cisco 作为全世界计算机网络技术的领跑者的风采;测试和实验 Cisco IOS 操作系统中数量众多、功能强大的特性;迅速地构建路由器的配置以便在真实的路由器上完成部署。然而,Dynamips 毕竟只是个模拟器,它不能取代真实的路由器,以 NPE-100 为例,在 PC 机上只能获得约 1kb/s 的带宽(这还要取决于你的机器性能),这与实际中 NPE-100 所能产生 100kb/s(仅是最旧的 NPE 模式)是远不能相比的。

所以,Dynamips 仅是作为思科网络实验室管理员的一个补充性的工具,或者作为希望通过 CCNA/CCNP/CCIE 考试的人们的辅助工具。

3) Dynagen

这是 Dynamips 的文字显示前端软件。

4) VPCS

它是一个 GNS3 中模拟客户端的工具,需要安装。

5) Wireshark

这是一个功能非常强大的网络数据包分析软件。使用该软件可以抓取本机网卡甚至远程主机网卡接收到的数据包,并可以利用该软件对这些数据包进行分析,从而帮助网络管理员分析网络状况,例如网络是否拥挤、是否有网络攻击等。

它能够捕获不同类型的数据包(TCP、UDP、ICMP 等),不仅有助于对不同网络协议的认识,也有助于对计算机网络的理解和认识。Wireshark(前称 Ethereal)是一个网络封包分析软件,其功能是撷取网络封包,并尽可能显示出最为详细的网络封包资料。Wireshark 使用 WinPCAP 作为接口,直接与网卡进行数据报文交换。

在过去,网络封包分析软件是非常昂贵的,Ethereal 的出现改变了这一切。在 GNUGPL 通用许可证的保障范围下,使用者可以免费取得软件与其源代码,并拥有针对其源代码修改及定制化的权利。Ethereal 是目前全世界应用最广泛的网络封包分析软件之一。

6) SupperPutty

它是一款 GNS3 自带的终端工具软件,是可选软件。

7) Qemu

这是一个通用的、开源的仿真器和虚拟器。

8) Pemu

Pemu 是一个基于开源的 Qemu 模拟器的思科防火墙模拟器和虚拟机。

Pemu 是基于 Qemu 的,Qemu 是一个类似 Vmware 的模拟器。可以这样理解,qemu + compiled src + FLASH + bios + Finesse = pixemu = pemu。(编者注:①pemu 的最初称谓叫 pixemu;②finesse 是思科防火墙 OS 的名称;③在 2008-03-03 版的 pemu 里,bios 文件已经被集成到了可执行文件里)

因为 Pemu 最初只有 Iinux 版本的,所以官方曾有句"PEMU-Pix Emulator on Linux"的说法。

9) Translations

Translations 为一个汉化模块。

2. 要求的软件

本书主要讨论 Windows 操作系统下的网络仿真,使用的软件有:Windows7 操作系统、GNS3-0.8.6-all-in-one.exe 和网络操作系统 c3640-js-mz.122-13b.bin(图 3-2)。

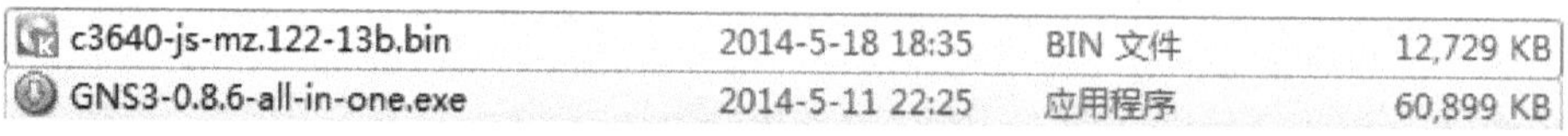

```
c3640-js-mz.122-13b.bin        2014-5-18 18:35    BIN 文件    12,729 KB
GNS3-0.8.6-all-in-one.exe      2014-5-11 22:25    应用程序    60,899 KB
```

图 3-2 GNS3 安装所需软件

任务实施

一、在 Windows 上安装 GNS3

以 Windows7 为例,安装好 Windows7 后,再在操作系统上安装 GNS3 网络仿真软件。

①选择同意安装条款(图 3-3),继续安装。

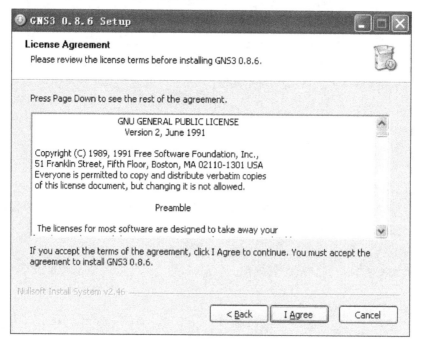

图 3-3 软件安装条款

②选择"开始"菜单文件夹,如图 3-4 所示。

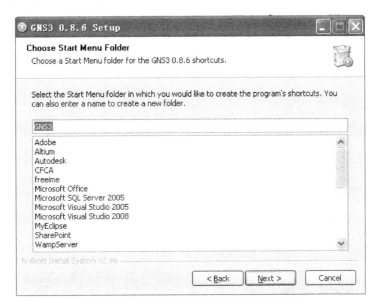

图 3-4　选择"开始"菜单位置

③选择安装组件,如图 3-5 所示。组件可以根据需求来选择,建议选择 WinPacp、Wireshark、Dynamips、VPCS、GNS3。

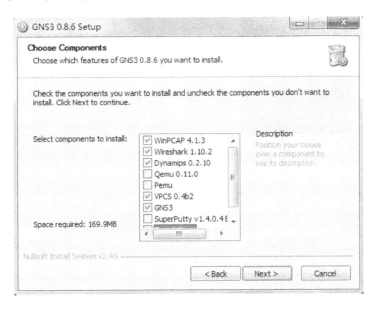

图 3-5　软件包含模块

④选择安装目录,如图 3-6 所示。建议不要安装在 C 盘。

⑤GNS3 安装完成,界面如图 3-7 所示。

⑥启动 GNS3,进入 GNS3 界面,在"编辑"菜单中选择"IOS 和 Hypervisors",如图 3-8 所示。

⑦添加 C3640 的 IOS,如图 3-9 所示。

⑧进入 GNS3 主界面,如图 3-10 所示。

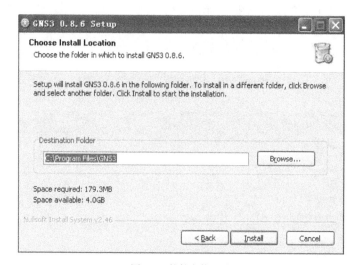

图 3-6 软件安装目录

图 3-7 软件安装完成

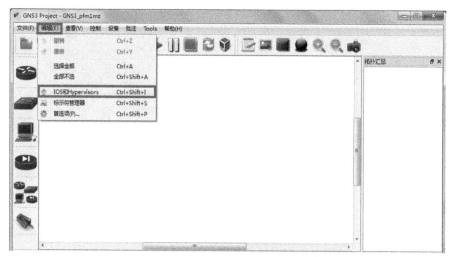

图 3-8 IOS 选择

图 3-9　IOS 加载

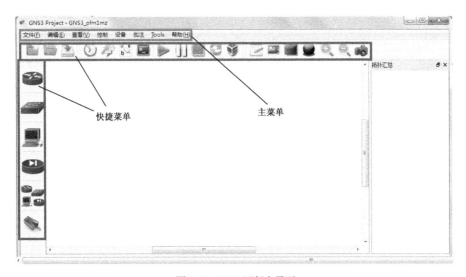

图 3-10　GNS3 运行主界面

二、使用 GNS3 进行网络仿真

在 GNS3 界面上，建立网络拓扑、进行网络配置，完成指定的网络功能。

①选择路由器，并新建实例。

按住路由器的图标，将图标拖入工作区域，如图 3-11 所示。

②右键单击路由器，在弹出的菜单中选择"配置"，如图 3-12 所示。

③单击 R1，选择插槽，前三个插槽设置成 FE 口，第四个插槽设置成串口，如图 3-13 所示。

④单击连线，将 R1 与 R2 进行连接，如图 3-14 所示。连接后的界面显示如图 3-15 所示。同样方法可以安装服务器与客户端。

⑤单击"开始"启动整个网络，可以看到整个网络节点都变绿色，说明整个网络已启用，如图 3-16 所示。这时可以对网络设备进行配置。

⑥右键单击 R1，选择"Idle PC"，计算最佳值，如图 3-17 所示。

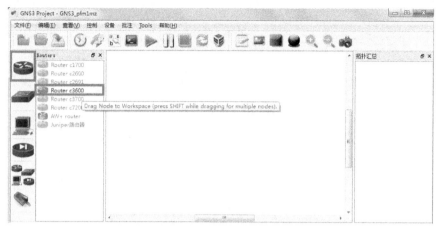

图 3-11　取用路由器设备

图 3-12　配置路由器设备

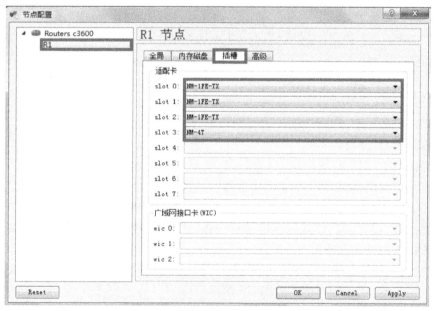

图 3-13　选择路由器业务插槽

48

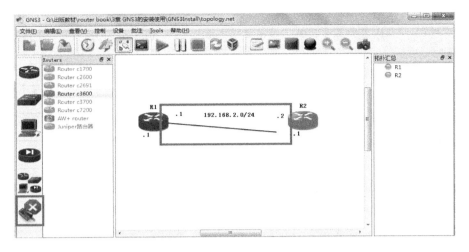

图 3-14　跳线的使用

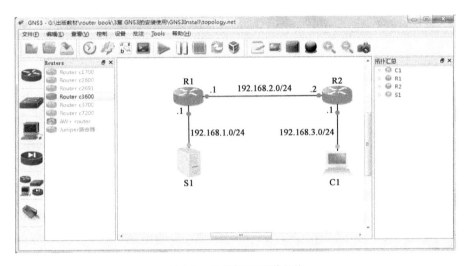

图 3-15　连接完整的网络拓扑

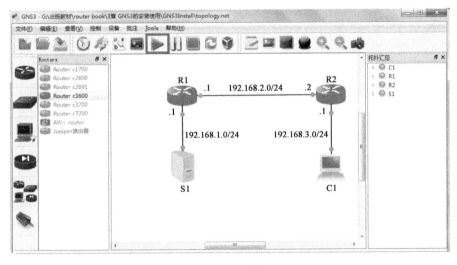

图 3-16　启用网络拓扑

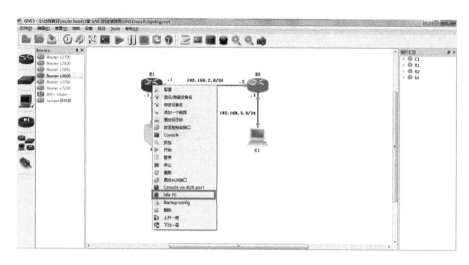

图3-17 计算idle PC值

Idle pc 是著名的 Cisco 路由器模拟平台 Dynamips 的一项功能,其作用是降低模拟器对 CPU 的消耗。

⑦右键单击 R1,选择"Idle PC",计算最佳值,如图 3-18 所示。

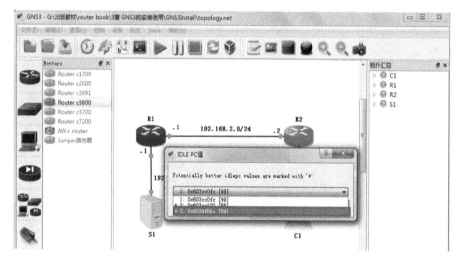

图3-18 应用 Idle PC 值

选择带星号,或是系统推荐使用的,或是直接选择最大的 Idle 值。

难点分析

GNS3 软件是一个软件集合体,每个软件功能各不相同,使用者可以根据自己的需求选择相应的软件模块。另外,在网络仿真中,对 CPU 的占用率较高,建议配用内存 8GB 以上以及 i5CPU 配置以上的计算机。

1. 软件模块的选择

本课程的学习过程中,必须安装的软件模块有以下 4 个。

①GNS3:图形界面。
②Dynamips:网络仿真。
③Wireshark:网络分析。
④VPCS:终端仿真。

2. CPU 占用率的降低

普通 2GB 内存的计算机,如果操作系统是 Windows XP,在使用 4 台路由器后,实验性能会明显下降,甚至使实验无法继续。因此,需要通过两种方法解决 CPU 的问题,一个是提高硬件的配置,另一个是从软件性能上来解决。本书是采用后者。

习题

填空题

1. GNS3 是一款具有图形化界面可以运行在_____、_____和_____等多平台的网络虚拟软件。

2. GNS3 一般集成了_____、_____、_____、_____、_____等软件模块。

3. GNS3 软件安装好后,一般要求计算机 Idle PC 值,这可节省消耗计算机_____资源,提高计算机的仿真效率。

模块四 静态路由与默认路由

学习目标

按要求配置如图 4-1 所示网络,掌握静态路由协议的基本原理、特征、配置。

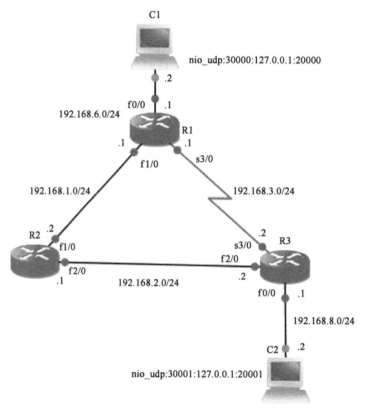

图 4-1 静态路由拓扑

任务要求

1. 路由器为 Router C3600,都配置有 3 个 FE 口中(slot1～slot3)、4 个串口(slot4),终端为普通的台式机。
2. R1、R2 通过快速以太网相连,R2、R3 通过快速以太网相连,R1、R3 通过串口相连。
3. 在 R1、R3 上配置静态路由网络,使 C1 与 C2 正常通信。
4. 在 R2、R3 上配置默认路由网络,使 R2 与 C2 正常通信。

5. 在 R2、R1 上配置静态路由网络,使 R2 与 C1 正常通信。

6. 配置浮动路由网络,使 R2 与 R1 间一条路由中断后,另一条路由能正常通信,最终保持整个网络的畅通。

相关知识点

静态路由介绍

静态路由是一种需要管理员手动配置的特殊路由,最终形成一张路由表,这张表是用来转发数据包的。数据包在到达一个路由器后,需要查看路由表中是否有要去的地址。静态路由在不同网络环境中有不同的用途:当网络结构比较简单时,只需配置静态路由就可以使网络正常工作。在复杂网络环境中,适当配置静态路由可以改进网络的性能,并可为重要的应用保证带宽。

1. 静态路由的特点

1)手动配置

静态路由不能自动生成,必须手动配置,这就要求网络配置人员对网络的逻辑结构非常清楚,考虑路由要十分全面,否则会导致一部分路由不可达。另外,手动配置也限制了静态路由不能使用在大型网络上,以避免配置和维护工作量太大。

2)路径固定

静态路由一旦配置好,数据包的转发方向是不变的,即使这条路径非常拥塞也不会调整。

3)不可通告

静态路由不会被通告给其他路由器,因此路由器自身的路由不会被别人知道。但管理员可以在本地设备的动态路由中引入静态路由,然后以对应动态协议路由进行通告。

4)单向性

仅为数据提供沿着下一跳的方向行进的路由,不提供反向路由。如果要与源节点域目标网络进行双向通信,必须同时配置回程静态路由。

5)接力性

如果某条静态路由中间经过的跳数大于1(路由要经过3个或3个以上路由节点),则必须在除最后一个路由器外的其他路由器上依次配置到达相同目的节点或目的网络的静态路由。

最后一台路由器各端口上直连的各个网络都是直连互通的,因此默认是直连路由,因此无须另外配置路由。

2. 使用情景

根据不同的使用方式,静态路由可以分为以下三类:普通静态路由、默认路由和浮动路由。

普通静态路由主要用在网络非常简单的情况下,总的配置工作量不会很大,主要用在一些小型企业网中。

默认路由是一种特殊的静态路由,当路由表中路由条目与数据包的目的地址之间没有匹配的表项时,路由器会选择丢弃该数据包。如果有默认路由,路由器会将该数据包发往下一跳。一般使用在网络的末梢,这样做可以省去很多配置,节省路由表,加强路由器的转发能力。

浮动路由一般用于1+1备份的情况下,如果路由相同,路由器只会将优先级最高的路由装入路由表,也就是说路由器只会使用优先级最高的路由,会忽略优先级低的路由。只有当优先级高的路由断开时,优先级低的路由才会被装入路由表。

3. 配置命令

静态路由的配置命令如下:

Router(config)#ip route *network prefix* [*mask*] {next hop *address* |*interface*} [administrate distance]

(1) ip route

静态路由配置命令,这是必选项。

(2) network prefix

目标网络,这是一个数据包要去的网络地址的网络号,只对默认路由无效,对静态路由和浮动路由都有效。在默认路由中这里用 0.0.0.0 来代替。

(3) mask

网络号对应的子网掩码,这个子网掩码为必选项。

(4) next hop address or interface

数据包转发的下一跳地址,如果用对端来表示,则用对端端口的 IP 地址;如果用自己来表示,则用自己发送数据的端口号。

(5) administrate distance

管理距离,在默认情况下,静态路由的管理距离是 1,但是为了人为地调整一些链路的优先级,可以设置不同的管理距离。

具体配置情况如图 4-2 所示。

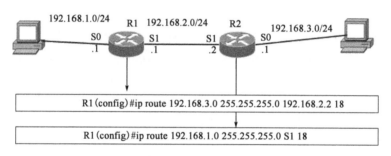

图 4-2　静态路由配置

任务实施

一、在 R1、R3 上配置静态路由网络,使 C1 与 C2 正常通信

在 C1 和 C2 之间能正常通信,通常使用 ping 命令进行验证,这种命令要求来回通路正确建立才能正常通信。

1) 只做 R1、R3 基本配置

(1) 目标

先关注 C1、R1、R3 和 C2 这 4 台设备,先不进行任何静态路由配置,查看具体情况,如图 4-3 所示。

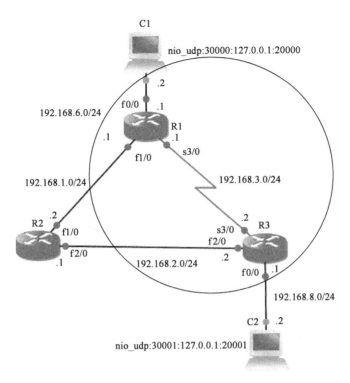

图4-3　配置 R1 及 R3

（2）配置

R1#conf t

R1(config)#int f0/0

R1(config-if)#ip add 192.168.6.1 255.255.255.0

R1(config-if)#no shut

R1(config-if)#int s3/0

R1(config-if)#ip add 192.168.3.1 255.255.255.0

R1(config-if)#no shut

R1(config-if)#clock rate

R1(config-if)#clock rate 64000

R1(config-if)#end

R1#write

Building configuration...

[OK]

R1#

R3#conf t

R3(config)#int f0/0

R3(config-if)#ip add 192.168.8.1 255.255.255.0

R3(config-if)#no shut

R3(config-if)#int s3/0

R3(config-if)#ip add 192.168.3.2 255.255.255.0

R3(config-if)#no shut
R3(config-if)#ip clock
R3(config-if)#clock rate 64000
R3(config-if)#end
R3#write
[OK]
R3#

(3)检验

①查看路由器的路由表

R1#show ip route
C   192.168.6.0/24 is directly connected, FastEthernet0/0
C   192.168.3.0/24 is directly connected, Serial3/0
R1#
R3#show ip route
C   192.168.8.0/24 is directly connected, FastEthernet0/0
C   192.168.3.0/24 is directly connected, Serial3/0
R3#

R1、R3 的路由表只有各自的直连路由。

②观察终端是否连通

VPCS[1] > ip 192.168.6.2/24 192.168.6.1
Checking for duplicate address...
PC1 : 192.168.6.2 255.255.255.0 gateway 192.168.6.1
VPCS[1] > 2
VPCS[2] > ip 192.168.8.2/24 192.168.8.1
Checking for duplicate address...
PC2 : 192.168.8.2 255.255.255.0 gateway 192.168.8.1
VPCS[2] > 1
VPCS[1] > ping 192.168.3.1
192.168.3.1 icmp_seq=1 ttl=255 time=46.800 ms
192.168.3.1 icmp_seq=2 ttl=255 time=31.200 ms
192.168.3.1 icmp_seq=3 ttl=255 time=31.200 ms
VPCS[1] > ping 192.168.3.2
192.168.3.2 icmp_seq=1 timeout
192.168.3.2 icmp_seq=2 timeout
192.168.3.2 icmp_seq=3 timeout

(4)结论

C1 只能 ping 通 R1,无法与 R3 进行正常的通信。

(5)问题分析

①如果不配静态路由,每台路由器路由表中只有自己的直连网段。

②分析 C1 与 R3 通信的过程发现,发往 192.168.3.2 的测试数据包先发给 R1,R1 查看路

由表后立即转发给 R3,但 R3 要给 C1 回信时发现,他根本不知道如何到 C1 那里,因此无法发送确认数据包,导致通信的单向性。

2)考虑在 R3 上配置静态路由

(1)配置

R3#conf t

R3(config)#ip route 192.168.6.0 255.255.255.0 192.168.3.1

R3(config)#end

R3#write

Building configuration...

[OK]

R3#R3#

(2)检验

①查看路由器的路由表

R3#show ip route

C   192.168.8.0/24 is directly connected,FastEthernet0/0

S   192.168.6.0/24 [1/0] via 192.168.3.1

C   192.168.3.0/24 is directly connected,Serial3/0

R3#

R3 的路由表中既有直连路由,还有 1 条静态路由,指示去往 192.168.6.0 网段的数据包该往 R1 发送。

②观察终端是否连通

VPCS[1] > ping 192.168.3.2

192.168.3.2 icmp_seq=1 ttl=254 time=78.001 ms

192.168.3.2 icmp_seq=2 ttl=254 time=109.201 ms

192.168.3.2 icmp_seq=3 ttl=254 time=62.400 ms

VPCS[1] > ping 192.168.8.2

*192.168.6.1 icmp_seq=1 ttl=255 host unreachable)

*192.168.6.1 icmp_seq=2 ttl=255 host unreachable)

*192.168.6.1 icmp_seq=3 ttl=255 host unreachable)

VPCS[1] > ping 192.168.8.1

*192.168.6.1 icmp_seq=1 ttl=255 host unreachable)

*192.168.6.1 icmp_seq=2 ttl=255 host unreachable)

*192.168.6.1 icmp_seq=3 ttl=255 host unreachable)

(3)结论

C1 能与 R3 进行正常的通信,但 C1 不能与 C2 通信。

(4)问题分析

路由器 R1 的路由表中只有自己的直连网段,没有到 192.168.8.0 这个网段去的路由,也就是当 C1 发数据给 C2 时,数据包到达 R1 就会被丢弃。

3)考虑在 R1 上配置静态路由

(1)配置

R1#conf t

Enter configuration commands, one per line. End with CNTL/Z.

R1(config)#ip route 192.168.8.0 255.255.255.0 S3/0

R1(config)#end

R1#write

Building configuration...

[OK]

(2)检验

①查看路由器的路由表

R1#show ip route

S   192.168.8.0/24 is directly connected, Serial3/0

C   192.168.6.0/24 is directly connected, FastEthernet0/0

C   192.168.3.0/24 is directly connected, Serial3/0

R1#

R1 的路由表中既有直连路由,又有 1 条静态路由,指示去往 192.168.8.0 网段的数据包该往 R3 发送。

②观察终端是否连通

VPCS[1] > ping 192.168.8.1

192.168.8.1 icmp_seq=1 ttl=254 time=109.201 ms

192.168.8.1 icmp_seq=2 ttl=254 time=93.601 ms

192.168.8.1 icmp_seq=3 ttl=254 time=62.400 ms

VPCS[1] > ping 192.168.8.2

192.168.8.2 icmp_seq=1 timeout

192.168.8.2 icmp_seq=2 ttl=62 time=93.600 ms

192.168.8.2 icmp_seq=3 ttl=62 time=109.200 ms

(3)结论

通过在 R1 和 R3 上配置静态路由,C1 能与 C2 通信。

二、在 R2、R3 上配置默认路由网络,使 R2 与 C2 正常通信

(1)目标

如图 4-4 所示,对 R2、R3 和 C2 3 台设备,利用上述方法做好基本配置和静态路由配置,查看具体情况。

(2)配置

R2#conf t

R2(config)#int f2/0

R2(config-if)#ip add 192.168.2.1 255.255.255.0

R2(config-if)#no shut

R2(config-if)#exit

R2(config)#ip route 0.0.0.0 0.0.0.0 192.168.2.2   //配置默认路由
R3#conf t
R3(config)#int f2/0
R3(config-if)#ip add 192.168.2.2 255.255.255.0
R3(config-if)#no shut

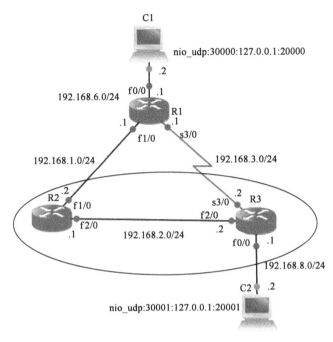

图 4-4　配置 R2 及 R3

(3)检验

①查看路由器的路由表

R2#show ip route

S*　　0.0.0.0/0 [1/0] via 192.168.2.2   //路由表中的默认路由

C　　192.168.2.0/24 is directly connected, FastEthernet2/0

R2#

R2 的路由表中既有直连路由,又有 1 条静态路由,指示去往 192.168.8.0 网段的数据包该往 R3 发送。

②观察终端是否连通

R2#ping 192.168.8.2

Type escape sequence to abort.

Sending 5, 100-byte ICMP Echos to 192.168.8.2, timeout is 2 seconds:

!!!!!

Success rate is 100 percent (5/5), round-trip min/avg/max = 24/32/36 ms

R2#

VPCS[1] > 2

VPCS[2] > ping 192.168.2.1

192.168.2.1 icmp_seq = 1 ttl = 254 time = 67.003 ms
192.168.2.1 icmp_seq = 2 ttl = 254 time = 62.003 ms
192.168.2.1 icmp_seq = 3 ttl = 254 time = 60.003 ms

(4)结论

通过在 R2 配置路由能与 C2 通过默认路由通信。

三、在 R2、R1 上配置静态路由网络,使 R2 与 C1 正常通信

(1)目标

如图 4-5 所示,对 R2、R1 和 C1 3 台设备,利用上述方法做好基本配置和静态路由配置,查看具体情况。

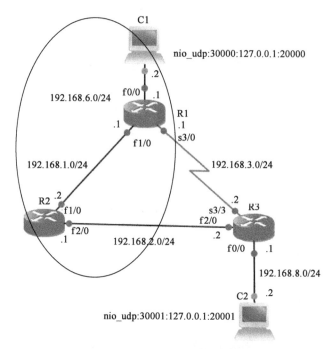

图 4-5 配置 R1 及 R2

(2)配置

R1#conf t

R1(config)#int f1/0

R1(config-if)#ip add 192.168.1.1 255.255.255.0

R1(config-if)#no shut

R1(config-if)#exit

R1(config)#ip route 192.168.2.0 255.255.255.0 192.168.1.2

R2#conf t

R2(config)#int f1/0

R2(config-if)#ip add 192.168.1.1 255.255.255.0

R2(config-if)#no shut

R2(config-if)#ip route 192.168.6.0 255.255.255.0 f1/0

(3)检验

①查看路由器的路由表

R1#show ip route

S 192.168.8.0/24 is directly connected, Serial3/0

C 192.168.6.0/24 is directly connected, FastEthernet0/0

C 192.168.1.0/24 is directly connected, FastEthernet1/0

S 192.168.2.0/24 [1/0] via 192.168.1.2

C 192.168.3.0/24 is directly connected, Serial3/0

R1#

R2#show ip route

S 192.168.6.0/24 is directly connected, FastEthernet1/0

C 192.168.1.0/24 is directly connected, FastEthernet1/0

C 192.168.2.0/24 is directly connected, FastEthernet2/0

S* 0.0.0.0/0 [1/0] via 192.168.2.2

R2#

R1 的路由表中有 5 条路由,能到达任何网段。R2 的路由表中有 4 条路由,本来不能去 192.168.3.0 和 192.168.8.0 这两个网段,但里面有一条静态路由,找不到目的网段的数据包转发到 R3 路由器,恰好 R3 路由表中有这两个网段,因此 R2 理论上也可以到达所有网段。

②观察终端是否连通

R2#ping 192.168.6.2

Type escape sequence to abort.

Sending 5, 100-byte ICMP Echos to 192.168.6.2, timeout is 2 seconds:

!!!!!

Success rate is 100 percent (5/5), round-trip min/avg/max = 28/37/64 ms

R2#

VPCS[2] > 1

VPCS[1] > ping 192.168.2.1

192.168.2.1 icmp_seq=1 ttl=254 time=50.003 ms

192.168.2.1 icmp_seq=2 ttl=254 time=31.002 ms

192.168.2.1 icmp_seq=3 ttl=254 time=33.002 ms

VPCS[1] >

(4)结论

通过在 R2 配置路由能与 C1 通过静态路由通信。

四、配置浮动路由网络

(1)目标

如图 4-6 所示,对 R2、R1 和 C1 3 台设备,在 R1 与 R2 之间增加一条串行链路,优先级为 11,利用上述方法做好基本配置和静态路由配置,查看具体情况。使 R2 与 R1 间一条路由中断后,另一条路由能正常通信。

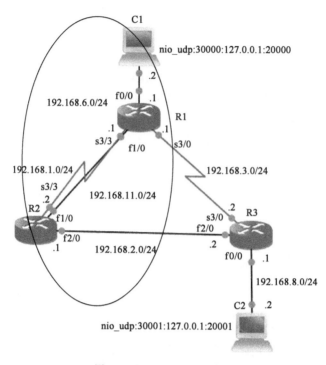

图 4-6 配置 R1 及 R2 间浮动路由

（2）配置

R1#conf t

R1(config)#int s3/3

R1(config-if)#ip add 192.168.11.1 255.255.255.0

R1(config-if)#no shut

R1(config-if)#clock rate 64000

R1(config-if)#exit

R1(config)#ip route 192.168.2.0 255.255.255.0 192.168.11.2 11　　//配置静态路由时，给出路径代价

R2#

R2#conf t

R2(config)#int s3/3

R2(config-if)#ip add 192.168.11.2 255.255.255.0

R2(config-if)#no shut

R2(config-if)#clock rate 64000

R2(config-if)#exit

R2(config)#ip route 192.168.6.0 255.255.255.0 S3/3 11

（3）检验

①查看路由器的路由表

R1#show ip route

S　　192.168.8.0/24 is directly connected, Serial3/0

C　　192.168.11.0/24 is directly connected, Serial3/3

C   192.168.6.0/24 is directly connected, FastEthernet0/0
C   192.168.1.0/24 is directly connected, FastEthernet1/0
S   192.168.2.0/24 [1/0] via 192.168.1.2
C   192.168.3.0/24 is directly connected, Serial3/0
R1#
R2#show ip route
C   192.168.11.0/24 is directly connected, Serial3/3
S   192.168.6.0/24 is directly connected, FastEthernet1/0
C   192.168.1.0/24 is directly connected, FastEthernet1/0
C   192.168.2.0/24 is directly connected, FastEthernet2/0
S*   0.0.0.0/0 [1/0] via 192.168.2.2
R2#

R1 的路由表中有 6 条路由,能到达任何网段。R2 的路由表中有 5 条路由,本来不能去 192.168.3.0 和 192.168.8.0 这两个网段,但里面有一条静态路由,找不到目的网段的数据包转发到 R3 路由器,恰好 R3 路由表中有这两个网段,因此 R2 理论上也可以到达所有网段。注意上面 R2 与 C1 互通是通过快速以太网 f1/0 ~ f1/0 互通的,而不是通过 s3/3 ~ s3/3。

②观察终端是否连通
R2#ping 192.168.6.2
Type escape sequence to abort.
Sending 5, 100-byte ICMP Echos to 192.168.6.2, timeout is 2 seconds:
!!!!!
Success rate is 100 percent (5/5), round-trip min/avg/max = 28/34/48 ms
R2#
VPCS[1] > ping 192.168.2.1
192.168.2.1 icmp_seq=1 ttl=254 time=34.002 ms
192.168.2.1 icmp_seq=2 ttl=254 time=28.002 ms
192.168.2.1 icmp_seq=3 ttl=254 time=29.001 ms

(4)结论

由于快速以太网的优先级为 1,比串口的优先级 11 高,因此正常情况下数据包都是通过快速以太网转发。

(5)中断快速以太网口 f1/0,再观察 R1 与 R2 的路由表
R2#
R2#conf t
Enter configuration commands, one per line. End with CNTL/Z.
R2(config)#int f1/0
R2(config-if)#shut   //f1/0 口中断

(6)再次检验
①查看路由器的路由表
R1#show ip route

S   192.168.8.0/24 is directly connected, Serial3/0
C   192.168.11.0/24 is directly connected, Serial3/3
C   192.168.6.0/24 is directly connected, FastEthernet0/0
S   192.168.2.0/24 [11/0] via 192.168.11.2
C   192.168.3.0/24 is directly connected, Serial3/0
R1#
R2#show ip route
C   192.168.11.0/24 is directly connected, Serial3/3
S   192.168.6.0/24 is directly connected, Serial3/3
C   192.168.2.0/24 is directly connected, FastEthernet2/0
S*   0.0.0.0/0 [1/0] via 192.168.2.2
R2#

上面 R2 与 C1 互通是通过 s3/3 ~ s3/3，说明串口代替快速以太网口进行通信，路由从 F0/1 浮动为 S3/3。

②观察终端是否连通

R2#ping 192.168.6.2

Type escape sequence to abort.
Sending 5, 100-byte ICMP Echos to 192.168.6.2, timeout is 2 seconds:
!!!!!
Success rate is 100 percent (5/5), round-trip min/avg/max = 28/40/56 ms
R2#
VPCS[1] > ping 192.168.2.1
192.168.2.1 icmp_seq = 1 ttl = 254 time = 45.003 ms
192.168.2.1 icmp_seq = 2 ttl = 254 time = 30.002 ms
192.168.2.1 icmp_seq = 3 ttl = 254 time = 27.002 ms

(7)再次检验结论

当优先级高的快速以太网断开时，优先级低的串口出现在路由表中并承担通信功能。同理，当恢复快速以太网通信时，串口将中止通信，路由表中又出现快速以太网通信(学生自己验证)。这个实验中相当于快速以太网口不停地出现与消失，称为浮动路由。

难点分析

静态路由是最简单的路由设置方式，它揭示了路由器工作的原理，这节内容中静态路由的配置命令中各参数非常重要。另外，要从数据包的转发过程验证网络逻辑是否已通。

1. 静态路由命令中的参数

network prefix：目标网络的前缀，即网络号。

submask：目标网络的子网掩码。

next hop：对端路由器的 IP 地址或者自身的输出端口。

Administrate Distance：管理距离，越小越优先。

2. 网络的逻辑结构

网络的逻辑结构体现在路由表中,因此,只要检查路由表就可以看出网络是否已全通,但是这项工作随着路由器的数量增加变得无法进行。静态路由只建议用在规模很小的网络中,或者只用作动态路由的补充。

 习题

一、填空题

1. 静态路由的特点有_____、_____、_____、_____和_____。

2. 静态路由可以分为_____、_____和_____。

二、简答题

写出静态路由的标准命令,并详细解释各个参数的含义。

模块五　路由协议与路由器的选择

学习目标

知道路由网络的基本结构，清晰地了解网络的层次，各层设备上采用什么类型的设备，对设备的性能要求是什么，各设备上可采用什么协议、保护方式，怎样选择路由协议。本模块以某公司的网络为例进行讲解，其网络结构如图 5-1 所示。

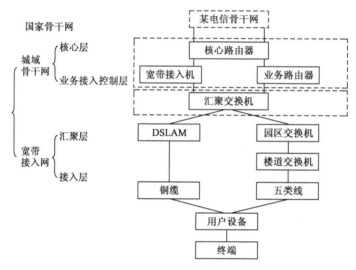

图 5-1　某公司的网络结构

任务要求

1. 骨干核心层采用网状网全连接，核心层与汇聚层呈口袋状连接，接入层与汇聚层呈口袋状连接，国干内部相连采用 IS-IS，与外部相连采用 BGP。

2. 城域骨干网是业务接入控制点（包括 BRAS 和业务路由器）及控制点以上的城域网核心路由器组成的三层路由网络，划分为核心层和业务接入控制层两层。核心层由核心路由器组成，负责对业务接入控制点设备进行汇接并提供 IP 城域网到骨干网的出口。核心路由器可级联为两级。其中，出口路由器双路挂接在国家骨干路由器的接入路由器上，提供 IP 城域网到骨干网的出口；其他核心路由器上联出口路由器，完成业务接入控制点的分片汇接。业务接入控制层由宽带接入服务器（BRAS）与业务路由器（SR）两种业务接入控制点组成，主要负责业务接入与控制。

BRAS 主要实现拨号和专线接入互联网网关、组播网关功能，也可实现 MPLS PE 功能；SR

主要实现大客户专线接入互联网网关、MPLS PE 和组播网关功能。在启用了 MPLS VPN 的城域网,SR 中的两台需作为 ASBR 直接连接 CN2 SR,实现 MPLS VPN 的跨域互通。

城域网内部采用 OSPF 功能。

3. 宽带接入网由园区交换机、DSLAM、楼道交换机等设备组成。

相关知识点

一、动态路由协议

动态路由是与静态路由相对的一个概念,指路由器能够根据路由器之间交换的特定路由信息自动地建立自己的路由表,并且能够根据链路和节点的变化适时地进行自动调整。当网络中节点或节点间的链路发生故障,或存在其他可用路由时,动态路由可以自行选择最佳的可用路由并继续转发报文。

路由协议主要运行于路由器上,它是用来寻找并确定数据包转发路径的,起到地图导航的作用,工作在网络层。

动态路由机制的动作依赖路由器的两个基本功能:路由器之间适时的路由信息交换和对路由表的维护。

①路由器之间适时交换路由信息。动态路由之所以能根据网络的情况自动计算路由、选择转发路径,是由于当网络发生变化时,路由器之间彼此交换的路由信息会告知对方网络的这种变化,通过信息扩散使所有路由器都能得知网络变化。

②路由算法。路由器根据某种路由算法(不同的动态路由协议算法不同)把收集到的路由信息加工成路由表,供路由器在转发 IP 报文时查阅。

在网络发生变化时,收集到最新的路由信息后,路由算法重新计算,从而可以得到最新的路由表。

需要说明的是,路由器之间的路由信息交换在不同的路由协议中的过程和原则是不同的。交换路由信息的最终目的在于通过路由表找到一条转发 IP 报文的"最佳"路径。每种路由算法都有其衡量"最佳"的一套原则,大多是在综合多个特性的基础上进行计算,这些特性有:路径所包含的路由器结点数(hop count)、网络传输费用(cost)、带宽(bandwidth)、延迟(delay)、负载(load)、可靠性(reliability)和最大传输单元 MTU(maximum transmission unit)。

常见的动态路由协议有:RIP、OSPF、IS-IS、BGP、IGRP/EIGRP。每种路由协议的工作方式、选路原则等都有所不同。

路由协议作为 TCP/IP 协议族中重要成员之一,其选路过程实现得好坏会影响整个互联网的效率。路由协议分类方式很多,主要按以下几种情况分类。

1. 按应用范围分类

1)自治系统(AS)内协议

在一个 AS(Autonomous System,自治系统)内工作的路由协议称为内部网关协议(Interior Gateway Protocol)。整个互联网是一个非常巨大的网络,它可划分为许多较小的网络单位(AS)。这些小的网络有权自主地决定在本系统中应采用何种路由选择协议。

目前常用的内部网关路由协议有以下几种:RIP-1、RIP-2、IGRP、EIGRP、IS-IS 和 OSPF。其中前4种路由协议采用的是距离向量算法,IS-IS和OSPF采用的是链路状态算法。

对于小型网络,采用基于距离向量算法的路由协议易于配置和管理,应用较为广泛,但在面对大型网络时,不但其固有的环路问题变得更难解决,所占用的带宽也迅速增加,以至于网络无法承受。因此对于大型网络,采用链路状态算法IS-IS和OSPF较为有效,并且得到了广泛的应用。

IS-IS与OSPF在质量和性能上的差别并不大,但OSPF更适用于IP,较IS-IS更具有活力。IETF始终在致力于OSPF的改进工作,其修改节奏要比IS-IS快得多。这使得OSPF正在成为应用广泛的一种路由协议。

目前,不论是传统的路由器设计,还是多协议标记交换(MPLS),均将OSPF视为必不可少的路由协议。

2)自治系统(AS)间路由协议

AS之间的路由协议称为外部网关协议(Exterior Gateway Protocol)。外部网关协议最初采用的是EGP。EGP是为一个简单的树形拓扑结构设计的,随着越来越多的用户和网络加入互联网,给EGP带来了很多的局限性。为了摆脱EGP的局限性,IETF边界网关协议工作组制定了标准的边界网关协议——BGP。

2. 按照路由表生成方式分类

1)链路层发现路由

它是指直连路由,是由链路层协议发现的。它一般指去往路由器的接口地址所在网段的路径。直连路由无须手工配置,只要接口配置网络层协议地址,同时管理状态、物理状态和链路协议均为UP(开启)时,路由器能够自动感知该链路存在,接口上配置的IP网段地址会自动出现在路由表中且与接口关联,并动态随接口状态变化在路由表中自动出现或消失。

2)静态路由

静态路由是由网络管理员根据网络拓扑,使用命令行在路由器上配置的路由,这些静态路由信息指导报文发送。静态路由方式也无须路由器进行计算,但它完全依赖于网络管理员的手动配置。网络状况发生变化,如路由器的一个端口不工作,静态路由不会灵活地做出调整,如果网络较大,路由表的大小会急剧增大,手动配置的工作量非常大。因此,静态路由只适合于非常小的网络。

另外,默认路由是一种特殊的静态路由,网络管理员手动配置了默认路由后,当路由表中与目的地址之间没有匹配的表项时,路由器会把数据包发送给默认网关。

3)动态路由

动态路由是指路由器能够自动地建立自己的路由表,且能根据网络拓扑状态变化进行动态调整。动态路由机制依赖于对路由表的维护以及路由器间动态的路由信息交换。路由器间的路由信息交换是基于路由协议实现的,交换路由信息的最终目的是通过路由表找到"最佳"路由。常见的动态路由协议有RIP、OSPF、ISIS及BGP。

值得注意的是,上述三类路由同时出现时,如果路由目标地址一样,三类路由中只有管理距离最小的出现在路由表中。

3. 按IP地址类型分类

1)有类路由

路由信息在传递的过程中,只携带主类网络的掩码,如255.0.0.0(A类掩码)、255.255.0.0

(B类掩码)和255.255.255.0(C类掩码),不会携带子网掩码,如255.128.0.0(A类下面细分的子网掩码),这样路由学习的结果是同一大类网络下的子网必须连续,否则路由收敛后会发生路由错误。因此有类路由网络规划起来不方便。典型的有类路由是RIP V1。

并且,有类路由寻址方式是:路由器首先匹配主网络号,如果主网络号存在,就继续匹配子网号,不会考虑缺省路由,如果子网无法匹配,丢弃数据包(在分类路由下,路由器认为知道所有主网络下的全部子网),并使用ICMP返回一个不可达回应。如果主网络号不存在,使用缺省路由(缺省路由存在前提)。

例如:某路由器上运行的路由协议为RIP(有类的路由协议),路由表如下:

R 10.1.0.0/16 via 1.1.1.1

R 10.2.0.0/26 via 1.1.1.2

R* 0.0.0.0/0 via 1.1.1.3

现在假设有3个IP报文,报文A的目标IP是10.1.1.1、报文B的目标IP是10.3.1.1、报文C的目标IP是11.11.1.1。

有类路由协议查找路由表的行为如下:

首先查找目标IP所在的主网络,若路由表中有该主网络的任何一个子网路由,就必须精确匹配其中的子网路由;如果没有找到精确匹配的子网路由,它不会选择最后的缺省路由,而是丢弃报文。若路由表中不存在该主网络的任何一个子网路由,则最终选择缺省路由。

报文A:目标IP为10.1.1.1,所在的主网络为10.0.0.0,目前的路由表中存在10.0.0.0的子网路由,此时路由器要进一步查找子网路由,看是否能够精确匹配。这里10.1.0.0/16可以匹配目标地址,所以报文A根据这条路由进行转发。

报文B:目标IP为10.3.1.1,所在的主网络为10.0.0.0,目前的路由表中存在10.0.0.0的子网路由,此时路由器要进一步查找子网路由,看是否能够精确匹配。这里路由表中的两条子网路由10.1.0.0/16和10.2.0.0/16均不能匹配目标地址,根据有类路由协议的原则,它不会选择缺省路由,所以报文B被路由器丢弃。

报文C:目标IP为11.1.1.1,所在的主网络为11.0.0.0,目前的路由表中不存在11.0.0.0的子网路由,此时路由器直接采用缺省路由,所以路由器采用缺省路由对报文C进行转发。

2)无类路由

路由信息在传递的过程中,携带子网掩码,如255.128.0.0(A类下面细分的子网掩码),这样路由学习的结果是只要网络上子网地址不重复,路由表就能正确地建立起来。因此无类路由网络规划方便。典型的无类路由是RIP V2、IGRP、EIGRP、OSPF、ISIS和BGP。

并且,无类路由寻址方式是:先按最长子网匹配路由,如果无法找到正确路由,则按默认路由进行匹配。

上述网络中,报文A(目标地址是10.1.1.1)会按R 10.1.0.0/16 via 1.1.1.1来转发报文;报文B(目标地址是10.3.1.1)和报文C(目标IP是11.11.1.1)则会按R* 0.0.0.0/0 via 1.1.1.3来转发报文。

4. 按协议算法分类

1)距离矢量路由协议

距离矢量路由协议中,路由器周期性(默认每隔30s)地进行路由更新,每次更新整个路由表,路由更新中只包括子网和各自的距离(即到达目的子网的度量值)。

路由器只和邻居交换路由,除了邻居路由之外,路由器不了解网络拓扑的细节。

如果到相同的子网有多条路由时,路由器选择最低度量值的路由,如果度量值相同时,就选择多条路由。

典型的距离矢量路由协议包括RIP、IGRP、BGP。

2)链路状态路由协议

路由器使用链路状态路由协议时,每台路由创建自己的LSA(链路状态通告),并在路由更新中泛洪(将网络的所有细节通告给其他的所有路由器)LSA给其他的所有路由器。泛洪LSA就是路由器将LSA发给邻居,邻居再将它转发给他的邻居,直到所有的路由器都收到这个LSA,路由器相连的子网也会创建并泛洪链路LSA,最后每台路由器都有所有路由器的LSA和所有链路LSA,并将它们存储在LSDB中,并建立拓扑数据库。然后,路由器再以拓扑数据库为基础,以自己为拓扑树的根,运行SPF协议,算出最佳路由。

开始启动路由时,路由器泛洪LSA,当LSA不变化时,默认经过30min更新一次,但是当LSA改变时,立即泛洪LSA。链路状态路由协议通过立即泛洪LSA和运行SPF算法,收敛速度比距离矢量快。链路状态路由协议比距离矢量协议消耗更多的内存和CPU,由于每个LSA中包含着更多的信息(相比距离矢量协议),链路状态协议会消耗更多的带宽。

典型的链路状态数据库协议有OSPF、ISIS。

3)混合型路由协议

混合型路由协议既有距离矢量路由的特性(从邻居得到更新、自动汇总),也有链路状态路由协议特性(保存完整的拓扑表)。典型协议有EIGRP。

二、路由器分类

1)按性能档次分

(1)高端路由器

通常将路由器吞吐量大于40Gb/s/槽位的路由器称为高端路由器。如思科公司的CRS系列、GSR系列被认为是高端路由器。

(2)中端路由器

通常将路由器吞吐量大于10Gb/s/槽位的路由器称为中档路由器。如思科公司的Cisco7000系列路由器。

(3)低端路由器

而将低于10Gb/s/槽位的被称为低档路由器。如思科公司的Cisco2800系列、Cisco3800系列路由器。

2)按结构分

(1)模块化路由器

主要是指该路由器的接口类型及部分扩展功能是可以根据用户的实际需求配置的,这些路由器在出厂时一般只提供最基本的路由功能,用户可以根据所要连接的网络类型来选择相应的模块,不同的模块可以提供不同的连接和管理功能。例如,绝大多数模块化路由器可以允许用户选择网络接口类型,有些模块化路由器可以提供VPN等功能模块,有些模块化路由器还提供防火墙的功能,等等。目前的多数路由器都是模块化路由器。

(2)非模块化路由器

这类路由器一般为低端路由器,平时家用的即为这类非模块化路由器。该类路由器主要用于连接家庭或ISP内的小型企业客户。它不仅提供SLIP或PPP连接,还支持诸如PPTP和

IPSec 等虚拟私有网络协议。这些协议要能在每个端口上运行。诸如 ADSL 等技术将很快提高各家庭的可用宽带,这将进一步增加接入路由器的负担。由于这些趋势,该类路由器将来会支持许多异构和高速端口,并在各个端口能够运行多种协议,同时还要避开电话交换网。

3) 按功能分

可将路由器分为骨干级路由器、企业级路由器和接入级路由器。

(1) 骨干级路由器

这类路由器是实现企业级网络互连的关键设备,它数据吞吐量较大,非常重要。对骨干级路由器的基本性能要求是高速度和高可靠性。为了获得高可靠性,网络系统普遍采用诸如热备份、双电源、双数据通路等传统冗余技术,从而使得骨干路由器的可靠性一般不成问题。

(2) 企业级路由器

这类路由器连接许多终端系统,连接对象较多,但系统相对简单,且数据流量较小,对这类路由器的要求是以尽量便宜的方法实现尽可能多的端点互连,同时还要求能够支持不同的服务质量。

(3) 接入级路由器

这类路由器主要应用于连接家庭或 ISP 内的小型企业客户群体。

4) 按所处网络位置分

通常把路由器划分为边界路由器和中间节点路由器。

(1) 边界路由器

边界路由器处于网络边缘,用于不同网络路由器的连接,但是边界路由器由于它可能要同时接受来自许多不同网络路由器发来的数据,所以这就要求这种边界路由器的背板带宽要足够宽。当然这也要与边界路由器所处的网络环境而定。

(2) 中间节点路由器

中间节点路由器处于网络的中间,通常用于连接不同网络,起到一个数据转发的桥梁作用。由于各自所处的网络位置有所不同,其主要性能也就有相应的侧重,如中间节点路由器因为要面对各种各样的网络。如何识别这些网络中的各节点呢?靠的就是这些中间节点路由器的 MAC 地址记忆功能。基于上述原因,选择中间节点路由器时就需要在 MAC 地址记忆功能更加注重,也就是要求选择缓存更大,MAC 地址记忆能力较强的路由器。

5) 按性能分

可分为线速路由器以及非线速路由器。

(1) 线速路由器

所谓线速路由器就是完全可以按传输介质带宽进行通畅传输,基本上没有间断和延时。通常线速路由器是高端路由器,具有非常高的端口带宽和数据转发能力,能以媒体速率转发数据包。

(2) 非线速路由器

中低端路由器是非线速路由器。但是一些新的宽带接入路由器也有线速转发能力。

三、路由设备的选用

随着网络信息化的普及,企业对网络的依赖也在不断地增强,网络已成为企业日常办公不可缺少的平台。企业网络的核心,是连接企业内部局域网和外部世界的枢纽设备——路由器。

路由器的好坏直接影响着整个企业的通信效率和网络安全。因此,选择路由器产品就是要选择适合企业实际需求的设备。

在选购企业路由器时,选购策略一般需要考虑以下四个方面。

1)产品的硬件平台

电信级路由器产品高、中、低三档的硬件配置如表5-1所示。

表5-1 路由器的主要硬件参数

项 目	高档硬件	中档硬件	低档硬件
CPU 主频	1.5GHz	1.5GHz	1GHz
Boot ROM	8MB	8MB	1MB
SDRAM	2GB	2GB	2GB
NVRAM	4MB	4MB	512KB
Flash	32MB	32MB	32MB
CF 卡	2GB	2GB	1GB
交换容量(双向)	2.56Tb/s	1.44Tb/s	1.08Tb/s
端口容量(双向)	1.28Tb/s	640Gb/s	240Gb/s
线路板插槽数目	16	8	3
主控板插槽数目	2	2	2
交换板插槽数目	4	1	0(与主控板合1)

(1) CPU

中央处理器的性能直接影响路由器的性能,路由器的所有计算都是由 CPU 完成的。对于路由器的中央处理器,除了要关注其主频频率外,还必须了解其总线宽度、Cache 容量、内部总线结构、运算模式等,这些都会极大地影响中央处理器的性能。一般而言,处理器主频在 1GHz 或以下的属于较低主频,1~1.5GHz 中等,1.5GHz 以上属于较高主频。

(2) 处理器的内核

路由器处理器的内核至关重要,现在市面上的路由器所采用的处理器内核多为:80186、ARM7、ARM9、MIPS、Intel Xscale、PowerPC。80186、ARM7 内核处理器是第一代宽带路由器的典型配置,性能低,主流厂商均已停止使用。ARM9、MIPS 内核处理器一般用于中、低端产品中。Intel Xscale、PowerPC 架构的处理器是高级网络处理器,一般用于高端产品。

(3) 内存容量

路由器的处理器内存是用来存放运算过程中的所有数据,因此路由器内存的容量大小对处理器的处理能力有着很大的影响。一般来说,500MB 属于较小,1GB 属于中等,2GB 或以上属于较大。另外需要特别注意的是,很多经销商甚至厂商在提到内存时只说是多少 GB,这时一定要了解清楚是 Byte 还是 Bit。内存可以用 Byte(字节)做单位,也可以用 Bit(位)做单位,两者相差 8 倍(1Byte = 8Bit)。通常用大写 B 表示 Byte,小写 b 表示 Bit。

(4) 非易失存储器

路由器的配置文件一般都保存在 NVRAM 中,这种存储器在掉电情况下并不会丢失保存的数据,且运行的速度很快。一般高端路由器配置 4MB,中端配置 2MB,低端配置 512KB。

(5)交换容量

路由器交换容量对路由器的转发能力有很大的影响,一般高端路由器都采用 M-C-M(共享存储-交叉网络-共享存储)的交换方式(图5-2)。

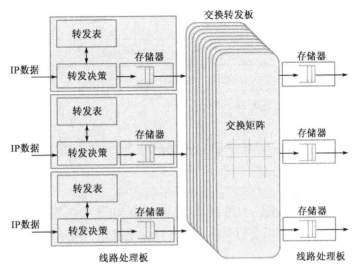

图5-2 路由器的交换结构

(6)端口

路由器的端口多种多样,主要有 40GE、10GE、1GE、100M、STM64、STM16、STM4、STM1、E1、串口等。路由器具体采用什么样的端口取决于它在网络中的位置及其业务量的大小。目前最主流的接口是 40GE、10GE、GE/100M。

2)产品的性能

高性能的路由器一般放在重要的位置上,如网络的骨干层、出口路由器等,低性能的路由器一般放在网络的边缘。

(1)线速转发能力

选用路由器,一般要求线速转发,即进入路由器的数据包无延时地快速转发出去,要做到这一点,设备必须具有以下性能,以高、中、低档路由器为例进行描述。由表5-2中可见,背板带宽一定要大于交换容量,交换容量一定要大于端口容量。转发性能指的是路由器最大的包转发能力,它以 IEEE802.3 最短以太网帧 64 字节作为衡量标准,对应的吞吐率(以高档路由器为例)为 $1600Mb/s * (12 + 8 + 64) \times 8 = 1.0752Tb/s$,这个值应小于端口容量。

路由器的带宽硬件参数表　　　　表5-2

项　　目	高档路由器	中档路由器	低档路由器
背板带宽	30Tb/s	15Tb/s	1.35Tb/s
交换容量	2.56Tb/s	1.44Tb/s	1.08Tb/s
端口容量	1.28Tb/s	640Gb/s	640Gb/s
转发性能	1600Mp/s	800Mp/s	300Mp/s

(2)路由支持能力

另外,路由器对路由表的大小要求也很重要。表5-3列出高中低三档路由器的路由表支持能力。

路由器的路由能力表　　　　　　　　　　　　　　表 5-3

项　目	高档路由器	中档路由器	低档路由器
OSPF 路由数目	10 万	6 万	1 万
IS-IS 路由数目	10 万	6 万	1 万
BGP 会话/路由数目/路径数目	2000\300 万\900 万	1000\100 万\600 万	100\20 万\60 万

3）产品的功能

选购企业级路由器需注意是否具备以下特点。

（1）配置简单

配置简单、人性化的全中文配置界面，企业用户可独立的快速配置设备，即刻发挥路由器的性能，满足企业对网络的需求。

（2）高性能防火墙

具备网络自防御体系，能够防 ARP 病毒、地址扫描、DOS 攻击等多种网络入侵和病毒侵扰；即使内网存在恶意流量，网络自防御体系也可以杜绝网络风险的扩散，保证其他主机和网络整体的正常使用。

（3）智能多 WAN 均衡

智能多 WAN 均衡，针对复杂的网络接入方式，产品能够根据企业接入需求，动态配置内外网和内网端口。在实现"电信数据走电信、联通数据走联通"或"线路绑定"的基础上，负载均衡模块能够动态识别不同业务，自动完成身份绑定和第二重优化路由，进一步优化带宽运用，提供完美的接入服务。

（4）内网分析

高速网络流量采集和分析技术，实时统计每个 IP 的累计流量、实时速度、网络连接数等关键指标。全面分析每个 IP 的网络连接详情，能轻松掌控网络资源的分配情况，网络问题的定位易如反掌。

（5）智能过滤

对于企业网络管理，智能过滤至关重要。

①过滤有害信息网站，加强内网网络安全。

②基于应用的智能过滤机制，有效管制 BT、酷狗、迅雷、QQ、MSN 等应用。

（6）VPN 应用

很多企业现在对 VPN 的应用需求越来越多，要求也越来越高。因此需要选用一款实用安全的带 VPN 功能的设备。

（7）端口镜像

简单地说，端口镜像就是把交换机一个（数个）端口（源端口）的流量完全拷贝一份，从另外一个端口（目的端口）发出去，以便网络管理人员从目的端口通过分析源端口的流量来找出网络存在问题的原因。

CISCO 的端口镜像叫作 Switched Port Analyzer，简称 SPAN（仅在 IOS 系统中，下同），因此，端口镜像仅适用于以太网交换端口。CISCO 的 SPAN 分成三种，SPAN、RSPAN 和 VSPAN，简单地说，SPAN 是指源和目的端口都在同一台机器上，RSPAN 指目的和源不在同一交换机上，VSPAN 可以镜像整个或数个 VLAN 到一个目的端口。

(8) DHCP

DHCP(Dynamic Host Configuration Protocol),意思为动态主机配置协议,即计算机用来获得配置信息的协议。DHCP 容许给某一计算机赋以 IP 地址而不需要管理者在服务器数据中配置有关该计算机信息。

DHCP 作用就是给 PC 分配一个 IP。在一个局域网里面,若路由器具有这个功能的话,则它就会把 PC 的 MAC 地址记住,给这个 PC 分配一个 IP 地址,然后这个 MAC 地址的 PC 以后就可以用这个 IP 地址上网。其目的是可以防止外来 PC 上网和避免 IP 地址重复使用造成的错误。

4) 产品的质量和服务

(1) 设备尺寸

路由器从外观尺寸上,企业应更多考虑相对可靠性较高的标准 19 英寸机架式路由器,从而极大的满足企业标准化网络结构管理。

(2) 外壳材质

路由器的外壳为金属材质,其金属外壳对于产品自身散热问题有着极大帮助。

(3) 内置电源

路由器作为电子/电器产品,其电源的稳定可靠工作极其重要。通常路由器的直流稳压电源一般采用开关电源,这类电源电器可靠性高、适应范围广、功耗小,效率可达 85% 左右。

四、路由协议的选用

选择某一路由协议是件复杂的事情。在选择某一路由协议时,需要考虑以下因素。
①网络的大小和复杂程度。
②网络流量等级。
③支持可变长掩码。
④安全性要求。
⑤可靠性要求。
⑥网络延时特性。
⑦组织策略。
⑧组织对未来变动的可接受程度。

在用 CISCO 路由器组成的网络中,我们可以用 Rip、Ospf、IS – IS、BGP 等路由协议来实现网络的互联,从而保证网络的安全运行。在使用动态路由协议时,要掌握每一种动态路由协议路由的算法、路由表更新方式,选择最佳路由协议。

任务实施

一、需求收集

①某石油公司网络拓扑如图 5-3 所示,在全国每个省都设有分公司(本实验模拟出 2 个省网)。现在要求各省的分公司能与总公司实现通信。公司的业务主要分为办公和生产两类。要求有高质量的传输,因此建议将网络数据流量运行在两个平面上,一个生产平面,以及一个办公平面,要求严格控制。

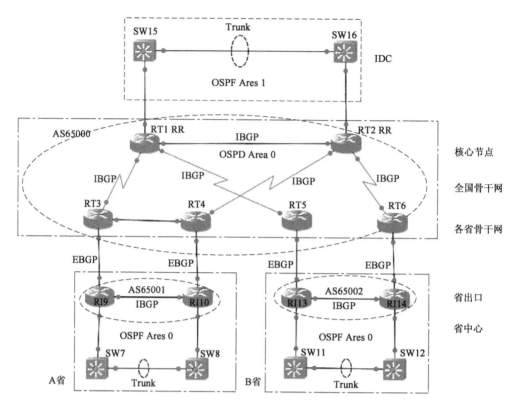

图5-3 某石油公司网络拓扑

②考虑到此公司的规模较大,将网络分为多个自治系统,每个省占一个,其中总部单独划出一个,进行全国的数据汇总,为此网络的骨干核心网络。

③每个自治系统间靠 BGP 传递路由,自治系统内运行 OSPF。

④实验拓扑如图5-3所示,其中 BGP AS 65000 为全国骨干网,最下面的两个省网从左到右分别为 A 省和 B 省。全国骨干网内部运行 OSPF 区域0和 iBGP。R1 和 R2 为同簇双 RR,分别与所有省连接点路由器建立 RRC 关系。

⑤数据中心运行 OSPF 区域1,通过 EBGP 与 RT1 和 RT2 互通。

⑥在 RT1、RT2 上,发布全国骨干网汇总的链路及网管路由到 BGP 中。

⑦AS65001 为 A 省省网,RT9、RT10 为省网出口路由器,运行 EBGP,发布 A 省省网汇总的生产、办公、链路及网管的路由,并使用 EBGP 上联全国骨干网 A 省节点 RT3、RT4;RT9、RT10 向省网发布 OSPF 缺省路由。

⑧AS65002 为 B 省省网,RT13、RT14 为省网出口路由器,运行 EBGP,发布 B 省省网汇总的生产、办公、链路及网管的路由,并使用 EBGP 上联全国骨干网 B 省节点 RT5、RT6;RT13、RT14 向省网发布 OSPF 缺省路由。

⑨数据中心、A 省、B 省网中的核心交换机运行 HSRP/VRRP,其中生产业务的主网关在左边(编号为奇数的设备 R13 和 R15),办公业务的网关在右边(编号为偶数的设备 R14 和 R16)。整网使用路由策略进行业务分流;生产业务主路径走左边,办公业务主路径走右边。

⑩OSPF 配置规范:在任何不需要形成 OSPF 邻居的接口上,配置 OSPF 被动接口,配置点对点以太网的 OSPF 网络类型为点对点,以加快收敛速度;各区域必须依据 IP 地址规划做好路由汇总。

⑪BGP配置要求:no synchronization;no auto-summary;使用loopback0建立IBGP邻居;
⑫IBGP邻居上配置next-hop-self。
⑬WAN链路都是100Mbps,平面间链路OSPF COST都修改为600。
⑭IP地址规划:

本网采用先业务后地区分配方法进行IP地址规划因为是全国性的网络我们使用10.0.0.0/8地址段进行分配,这里的业务只有生产业务和办公业务再加上互联链路及网管,只需借2位就够用,全国共有30多个省,分配6位为地区位,64个完全够用。

a.IP地址分配:业务位(2位);地区位(6位);子业务位(8位);子网位+主机位(8位)。
b.第二个8位分配情况见表5-4。

第二个8位分配　　　　　　　　　　　　　　表5-4

业务位(2位)	用　途	地区位(6位)	用　途
0	互连链路及设备网管	0	骨干
1	生产业务	1	数据中心
2	市场业务	2	上海
3	办公业务	3	A
		4	B

c.各省IP地址段分配情况见表5-5。

各省IP地址段分配　　　　　　　　　　　　表5-5

地区	IP地址段	用　途	地区	IP地址段	用　途
骨干网	10.0.0.0/16	骨干链路及网管	A	10.3.0.0/16	链路及网管
				10.67.0.0/16	生产
				10.131.0.0/16	市场
				10.195.0.0/16	办公
数据中心	10.1.0.0/16	链路及网管	B	10.4.0.0/16	链路及网管
	10.65.0.0/16	生产		10.68.0.0/16	生产
	10.129.0.0/16	市场		10.132.0.0/16	市场
	10.193.0.0/16	办公		10.196.0.0/16	办公

d.IP地址分配情况见表5-6。

各链路IP地址分配　　　　　　　　　　　　表5-6

loopback0	R1	16.0.0.1/32	R2-R4	R2	16.0.1.13/30
loopback0	R2	16.0.0.2/32		R4	16.0.1.14/30
loopback0	R3	16.0.0.3/32	R2-R6	R2	16.0.1.17/30
loopback0	R4	16.0.0.4/32		R6	16.0.1.18/30
loopback0	R5	16.0.0.5/32	R3-R4	R3	16.0.1.21/30
loopback0	R6	16.0.0.6/32		R4	16.0.1.22/30
loopback0	R7	16.3.0.1/32	R5-R6	R5	16.0.1.25/30
loopback0	R8	16.3.0.2/32		R6	16.0.1.26/30
loopback0	L3S3	16.3.0.3/32	R3-R7	R3	16.0.8.1/30
loopback0	L3S4	16.3.0.4/32		R7	16.0.8.2/30

续上表

loopback0	R9	16.4.0.1/32	R4-R8	R4	16.0.8.5/30
loopback0	R10	16.4.0.2/32		R8	16.0.8.6/30
loopback0	L3S5	16.4.0.3/32	R5-R9	R3	16.0.8.9/30
loopback0	L3S6	16.4.0.4/32		R7	16.0.8.10/30
loopback0	L3S1	16.1.0.3/32	R6-R10	R4	16.0.8.13/30
loopback0	L3S2	16.1.0.4/32		R8	16.0.8.14/30
VLAN66	L3S3	16.67.1.2/24	R7-R8	R7	16.3.1.1/30
VLAN67	L3S3	16.131.1.2/24		R8	16.3.1.2/30
VLAN68	L3S3	16.195.1.2/24	R7-L3S1	R7	16.3.1.5/30
VLAN66	L3S4	16.67.1.3/24		L3S1	16.3.1.6/30
VLAN67	L3S4	16.131.1.3/24	R8-L3S2	R8	16.3.1.9/30
VLAN68	L3S4	16.195.1.3/24		L3S2	16.3.1.10/30
VLAN66	L3S5	16.68.1.2/24	L3S1-L3S2	L3S1	16.3.1.13/30
VLAN67	L3S5	16.132.1.2/24		L3S2	16.3.1.14/30
VLAN68	L3S5	16.196.1.2/24	R9-R10	R9	16.4.1.1/30
VLAN66	L3S6	16.68.1.3/24		R10	16.4.1.2/30
VLAN67	L3S6	16.132.1.3/24	R9-L3S3	R7	16.4.1.5/30
VLAN68	L3S6	16.196.1.3/24		L3S1	16.4.1.6/30
VLAN66	L3S1	16.65.1.2/24	R10-L3S4	R8	16.4.1.9/30
VLAN67	L3S1	16.129.1.2/24		L3S2	16.4.1.10/30
VLAN68	L3S1	16.193.1.2/24	L3S3-L3S4	L3S1	16.4.1.13/30
VLAN66	L3S2	16.65.1.3/24		L3S2	16.4.1.14/30
VLAN67	L3S2	16.129.1.3/24	R1-L3S5	R7	16.1.1.5/30
VLAN68	L3S2	16.193.1.3/24		L3S1	16.1.1.6/30
R1-R2	R1	16.0.1.1/30	R2-L3S6	R8	16.1.1.9/30
	R2	16.0.1.2/30		L3S2	16.1.1.10/30
R1-R3	R1	16.0.1.5/30	L3S5-L3S6	L3S1	16.1.1.13/30
	R2	16.0.1.6/30		L3S2	16.1.1.14/30
R1-R5	R1	16.0.1.9/30			
	R2	16.0.1.10/30			

二、路由协议选择

路由选择协议分为 IGP 与 EGP 两种,IGP 用于 AS(自治系统)内部,BGP 用于 AS 之间。

1) IGP 选择

(1) 国家层面

一般采用 IS–IS 与 OSPF 路由协议,视情况而定,如果一个域内路由器很多,超过 100 台,宜采用 IS-IS。若路由器少于 100 台,可使用 OSPF 路由协议。

（2）省网层面

一般采用 OSPF 路由协议。

（3）IDC

相当于一个城域网，一般采用 OSPF 路由协议。

2）BGP 选择

（1）AS 之间

一般采用 EBGP 路由协议来传递路由，网络必须直连。也可视情况采用静态路由。

（2）AS 内部

一般采用 IBGP 路由协议来传递路由，网络不必直连，只需逻辑连接。

三、路由器选择

1. 模块化设计

路由器应采用模块化设计，不同功能集中在同一块板卡上，便于业务开通与维护，支持热插拔，支持在线升级。

2. 路由器的档次选择

路由器分高端路由器、中端路由器及低端路由器，网络不同层面选用不同档次的路由器，要求能处理相应的业务，处理能力还要有相应的富余。档次不同，路由器的价格会相差很远。不同档次路由器对应不同路由平台。

3. 路由器的硬件参数

在路由平台选定后，要选用相关的硬件参数，如 CPU、内存、FLASH、NVRAM、接口类型及数量等。

4. 路由器功能

要求能支持网络上所开的各类业务，并对未来将开的业务有一定的支撑能力。

5. 性能要求

对背板带宽、总线带宽、接口容量、包转发能力有相应的要求。一般要求线性转发，网络有较小的延时。

6. 管理要求

支持统一网管，要求可视化的管理界面。报错信息自动索源，只报引起错误的根本原因。

7. 其他要求

①选择主流厂家，如华为、中兴、华三、锐捷等。

②尽量选择较新的稳定版本产品，坚决不购买超出产品生命周期的产品。

③选用售后服务好的厂家，签订售后服务合同。

难点分析

对任务实现过程中，容易出错的地方进行深入阐述和强调。

动态路由与路由器的选择最大的问题在于：

①平衡资金、设备档次、设备配置及自身维护能力问题；
②平衡路由协议、网络功能与维护能力问题；
③售后服务问题。

1. 平衡资金、设备档次、设备配置及自身维护能力问题

①预算资金决定了设备档次，不能无限制地要求好的设备；
②预算资金决定了设备的配置，不能无原则地多配板卡；
③设备的选用一般要结合自身的维护能力；
④维护能力不够的要提前做好人员培训工作。

2. 平衡路由协议、网络功能与维护能力问题

很多功能可以用不同的路由协议实现，因此要结合自身的维护能力选用合适的路由协议。

3. 售后服务问题

一定要签署售后服务合同，针对不同的故障地点与故障类型确定不同的服务等级。

 习题

填空题

1. LAN 接入用户上网在运营商的网络中数据要经过的网络设备从下至上依次有 _____、_____、_____、_____、_____ 等。

2. 运营商的数据网络共分为 _____、_____ 和 _____ 三个层次。

3. 动态路由协议根据其作用的范围来看，主要分为 _____ 和 _____ 两种。

4. 主流的 IGP 有 _____、_____、_____，_____ 主要应用于小型网络，_____ 可用于大中型网络，_____ 可用于特大型网络。

5. 主流的 EGP 有 _____，它主要用于 _____ 互连。

6. 按照路由表生成方式分类，路由可以分为 _____、_____ 和 _____。

7. 按照 IP 地址类型分类，路由可以分为 _____ 和 _____。

8. 按照协议算法分类，路由可以分为 _____、_____ 和 _____。

9. 按照自治系统内外分类，路由可以分为 _____ 和 _____。

10. 挑选路由器时，应该从 _____、_____、_____、_____、_____、_____、_____ 等方面来综合选择。

模块六 RIP 协 议

学习目标

按要求配置如图 6-1 所示的网络,掌握 RIP 协议的基本原理、特征、配置。

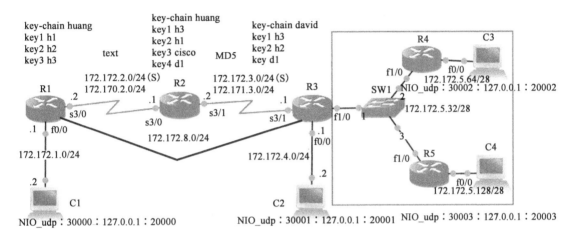

图 6-1 RIP 网络拓扑图

任务要求

1. 路由器为 Router C3600,都配置有 3 个 FE 口中(slot1~slot3)、4 个串口(slot4),交换机为普通二层交换机,终端为普通的台式机。

2. R1、R2、R3 通过串口相连,R3、R4、R5 通过快速以太网相连。

3. 配置 R1、R2、R3 成 B 类地址 172.172.0.0/16 的连续子网,路由协议为 RIP V1,网络正常通信;然后将 R2 相连的两个网段改成其他 B 类网段,并使网络正常通信。

4. R3 的 F1/0 配置成被动接口,R4、R5 配置成 RIP V1,要求 R5 能正常收到 R3、R4 的路由,R4 只能收到 R5 的理由,R3 能收到 R4、R5 的路由。

5. 用黑实线连接路由器 R1、R3 的 S3/1 接口,R1 到 R3 的路由为 R1-R3,通过调整 cost 值,使路由走 R1-R2-R3。

6. 在 R1、R2 和 R3 上了解 default RIP V1、RIP V1、RIP V2 的转换关系及互通性。

7. 在 R1、R2、R3、R4 及 R5 上配置变长子网掩码及 RIP V2,并做手工路由汇总。

8. 在 R1 及 R2 之间配置明文认证;在 R2 及 R3 之间配置 MD5 认证。

保持整个网络的畅通。

相关知识点

RIP 协议介绍

RIP（Routing Information Protocol，路由信息协议）是早期应用比较普遍的内部网关协议，是典型的距离矢量路由协议，适用于小型网络，最大的问缺点是无法在具有冗余链路的网络中有效的运用。

RIP 协议的默认管理距离是 120，RIP 所接收的路由信息都被封装在 UDP 协议的数据报中，在 UDP 的 520 端口接收来自远程路由的信息。

RIP 使用 Hop（跳）作为路径选择的度量值。最大跳数是 15，如果最大跳数大于 15，则认为该网络失效。

RIP 目前有 2 个版本，RIPv1 采用广播（255.255.255.255）更新传递路由信息，即路由器在发送路由信息时，将信息发给广播地址；RIPv2 采用组播（224.0.0.9）更新，RIP 默认每隔 30s 周期性地发送整个路由表给邻路由。

RIP V1 只支持有类路由，路由更新消息不携带子网掩码；RIP V2 支持无类路由，路由消息携带子网掩码，支持手工路由汇总和明文/密文认证。

解决 RIP 协议路由环路问题可以用水平分割（简单水平分隔和毒性逆转水平分隔）、计数到无穷大、触发更新、抑制计时器。

1. 定期更新

路由器的工作方式为定期更新，每隔 30s 会从路由器自身的各个端口发送路由更新消息（由路由器自身的路由表构成），邻居接收路由器会将接收的路由表与自身的路由表进行比对，如果收到的路由是新的路由，就将新路由加入到自己的路由表中，如果收到的路由是既有路由，则与路由表中的路由进行比对，如果路径更优，则取代原有路由，如果路径更差，则保持原有路由。

经过多次的路由信息交互，整个网络中的路由器会形成一样的路由表，并且这样的路由表包含网络中的所有网段，这时就称网络处于收敛状态。只有处于收敛状态的网络才能正确转发数据包。

定期更新拓扑如图 6-2 所示；定期更新路由表如表 6-1 所示。定期更新过程如下。

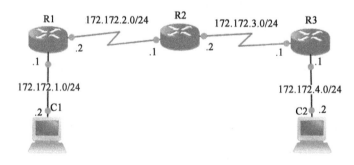

图 6-2　RIP 协议定期更新拓扑

RIP 协议定期更新路由表　　　　　　　　　表6-1

		R1			R2			R3	
	Network	next-hop	count	Network	next-hop	count	Network	next-hop	count
t0	172.172.1.0	–	0	172.172.2.0	–	0	172.172.3.0	–	0
	172.172.2.0	–	0	172.172.3.0	–	0	172.172.4.0	–	0
	Network	next-hop	count	Network	next-hop	count	Network	next-hop	count
t1	172.172.1.0	–	0	172.172.1.0	–	1	172.172.2.0	–	1
	172.172.2.0	–	0	172.172.2.0	–	0	172.172.3.0	–	0
	172.172.3.0	–	1	172.172.3.0	–	0	172.172.4.0	–	0
				172.172.4.0	–	1			
	Network	next-hop	count	Network	next-hop	count	Network	next-hop	count
t2	172.172.1.0	–	0	172.172.1.0	–	1	172.172.1.0	–	2
	172.172.2.0	–	0	172.172.2.0	–	0	172.172.2.0	–	1
	172.172.3.0	–	1	172.172.3.0	–	0	172.172.3.0	–	0
	172.172.4.0	–	2	172.172.4.0	–	1	172.172.4.0	–	0
	Network	next-hop	count	Network	next-hop	count	Network	next-hop	count
T3	172.172.1.0	–	0	172.172.1.0	–	1	172.172.1.0	–	2
	172.172.2.0	–	0	172.172.2.0	–	0	172.172.2.0	–	1
	172.172.3.0	–	1	172.172.3.0	–	0	172.172.3.0	–	0
	172.172.4.0	–	2	172.172.4.0	–	1	172.172.4.0	–	0

t0 时刻，R1、R2 和 R3 只知道自己的直连路由，没有下一跳标识，跳数也是 0 跳。

t1 时刻，R1 收到了 R2 的路由表，但是只有 172.172.3.0 是新的路由，172.172.2.0 这条路由 R1 知道，并且优于发过来的路由，因此 R1 将 172.172.3.0 这条新路由加入自己路由表。同理，R2 将 172.172.1.0、172.172.4.0 这 2 条路由加入自己的路由表；R3 将 172.172.2.0 加入自己的路由表。

t2 时刻，R1 收到了 R2 的路由表，将新路由 172.172.4.0 加入自己的路由表；R2 的路由表不发生变化；R3 收到了 R2 的路由表，将新路由 172.172.1.0 加入自己的路由表。从表 6-1 中可以看出，此时，R1、R2、R3 都得到了网络中的所有路由，他们的路由表都已经一致了，此时网络处于收敛状态。

t3 时刻，R1、R2、R3 路由表保持不变。

2. 计时器

思科路由器设有 4 个计时器，分别是更新计时器、无效计时器、刷新计时器和抑制计时器，都是在启用 RIP 开始计时设置的一个随机计时器，有效的是一个 0～4s 之间随机的时间。这些可以从配置了 rip 协议的路由器上通过 show ip protocols 看到：

R1#show ip protocols
Routing Protocol is "rip"
　Sending updates every 30 seconds, next due in 5 seconds　　　//更新计时器是30s
　Invalid after 180 seconds,　　　//无效计时器是180s
　hold down 180,　　　//抑制计时器是180s

flushed after 240   //刷新计时器是240s

1) 更新计时器

存放的是运行RIP协议的路由器向所有接口广播自己全部路由表的时间间隔。在CISCO的IOS软体中缺省时间是30s。为了避免在MA(多路访问)的网络中由于系统时延引起的更新同步,在CISCO中的实际更新时间时26～30s之间,即30s减去一个在4s内的随机值。

R1#debug ip rip

RIP protocol debugging is on

R1#

00:02:11: RIP: sending v1 update to 255.255.255.255 via FastEthernet0/0 (172.172.1.1)

00:02:11: RIP: build update entries

00:02:11:   subnet 172.172.2.0 metric 1

00:02:11:   subnet 172.172.3.0 metric 2

00:02:11:   subnet 172.172.4.0 metric 3

R1#

00:02:38: RIP: sending v1 update to 255.255.255.255 via FastEthernet0/0 (172.172.1.1)

00:02:38: RIP: build update entries

00:02:38:   subnet 172.172.2.0 metric 1

00:02:38:   subnet 172.172.3.0 metric 2

00:02:38:   subnet 172.172.4.0 metric 3   //与上个周期更新差27s

R1#

00:03:07: RIP: sending v1 update to 255.255.255.255 via FastEthernet0/0 (172.172.1.1)

00:03:07: RIP: build update entries

00:03:07:   subnet 172.172.2.0 metric 1

00:03:07:   subnet 172.172.3.0 metric 2

00:03:07:   subnet 172.172.4.0 metric 3   //与上个周期更新差29s

R1#no debug all   //停止debug

All possible debugging has been turned off

R1#

2) 无效计时器

针对路由表中的各路由条目的计时器。路由器每收到一次路由条目就把无效计器置0,也就是说路由条目每隔无效计时器规定的时间内必须收到路由条目更新报文。如果没有收到相关条目的更新报文那么无效计时器超时,路由器就认为该目的不可达,并向所有接口广播不可达更新报文。

无效计时器在IOS中缺省是180s。这就意味着在一个路由条目在180s内没有收到更新报文时,无效计时器超时。路由条目中该路由被标志为 x.x.x.x is possibly down。

将路由器R2的f1/0端口设置为shut,可以在R1上观察路由情况的变化。

R1#debug ip rip

RIP protocol debugging is on

R1#

00:08:51: RIP: sending v1 update to 255.255.255.255 via FastEthernet0/0 (172.172.1.1)

```
00:08:51: RIP: build update entries
00:08:51:          subnet 172.172.2.0 metric 1
00:08:51:          subnet 172.172.3.0 metric 2
00:08:51:          subnet 172.172.4.0 metric 3
00:12:03: RIP: sending v1 update to 255.255.255.255 via FastEthernet0/0 (172.172.1.1)
00:12:03: RIP: build update entries
00:12:03:          subnet 172.172.2.0 metric 1
00:12:03:          subnet 172.172.3.0 metric 16
00:12:03:          subnet 172.172.4.0 metric 16     //6个周期过后,相关路由条目不可达
00:12:58: RIP: sending v1 update to 255.255.255.255 via FastEthernet1/0 (172.172.2.1)
00:12:58: RIP: build update entries
00:12:58:          subnet 172.172.1.0 metric 1      //8个周期过后,相关路由条目被删除
```

3) 抑制计时器

CISCO 中刷新计时器的缺省时间是 180s。路由器如果在相同的接口上收到某个路由条目的距离比原先收到的距离大,那么将启动一个抑制计时器。在抑制计时器的时间内该目的不可到达。抑制计时器主要是在 rip 协议中用来防止路由环路,该计时器的原理是引用一个怀疑量,不管是真的还是假的路由消息,路由器先认为是假消息来避免路由环路。如果在抑制计时器超时后还接收到该消息,那么这时路由器就认为该消息时真的,用新的路由条目替代原来的路由条目。

考虑到极限情况,如果路由器一个路由条目宣布为无效路由,180s 时,收到同一个源来的度量值较大的同一条路由,进入到抑制计时器,也是 180s,那么是否路由器要等 360s 呢?答案是不会,路由器在等待 60s 后,路由条目就会被删除。

4) 刷新计时器

路由器路由条目的刷新有 2 个意思:

①如果在刷新时间内没有收到更新报文,那么该目的的路由条目将被刷掉也就是直接删除。

②如果在刷新时间内收到更新报文,那么该目的的路由条目的刷新计时器被刷新置 0。

CISCO 中刷新计时器的缺省时间是 240s,也就是是比无效计时器多了 60s。这里就意味着在一个路由条目在 240s 内没有收到更新报文时,刷新计时器超时。路由条目中该路由被删除。在 RIP 中真正删除路由条目的是刷新计时器超时。

5) 触发更新计时器

因为 RIP 是网络早期开发的,早期的广域网都是串行链路,或者说是点到点链路,所以 RIP 触发更新只支持在点到点链路上开启或关闭,对于 Frame-Relay 和以太网这样的多路访问接口中,不支持 RIP 触发更新,但是 Frame-Relay 点到点子接口被 RIP 认为是点到点链路,可以开启触发更新使用在触发更新中的一种计时器。

触发更新又叫快速更新,如果一个度量值变好或变坏,那么路由器将立即发送更新信息,而不等更新计时器超时,这样路由重新收敛的速度会比每台路由器必须等待更新周期的方式快,而且可以大大减少计数到无穷大所引发的问题。

触发更新的接口不再发送定时更新,从而节省了带宽;同时,触发更新的路由器抑制计时器会设为 0。

将 R1 与 R2 的相连的端口 S3/0 都设置成触发更新。

R1#conf t
R1(config)#int S3/0
R1(config-if)#ip rip triggered
R1(config-if)#

将 R2 的 S3/0 端口关闭，在 R1 上看路由更新信息。

R1#debug ip rip
RIP protocol debugging is on
R1#
01:11:04: %LINEPROTO-5-UPDOWN: Line protocol on Interface Serial3/0, changed state to down
R1#
01:11:06: RIP: sending v1 flash update to 255.255.255.255 via FastEthernet0/0 (172.172.1.1)
01:11:06: RIP: build flash update entries
01:11:06:   subnet 172.172.2.0 metric 16   //无须等待,R1 立即宣布 R2 的路由条目无效
01:11:06:   subnet 172.172.3.0 metric 16
01:11:06:   subnet 172.172.4.0 metric 16
R1#
01:12:04: RIP: sending v1 update to 255.255.255.255 via FastEthernet0/0 (172.172.1.1)
01:12:04: RIP: build update entries-suppressing null update   //2 个周期后,无更新,所有空的更新被抑制。

将 R2 的 S3/0 端口打开，在 R1 上看路由更新信息。

R1#debug ip rip
RIP protocol debugging is on
R1#
01:32:34: %LINEPROTO-5-UPDOWN: Line protocol on Interface Serial3/0, changed state to up
01:32:34: RIP: sending triggered request on Serial3/0 to 255.255.255.255
01:32:34: RIP: received v1 triggered update from 172.172.2.2 on Serial3/0
01:32:34: RIP: sending v1 ack to 172.172.2.2 via Serial3/0 (172.172.2.1), flush, seq# 3
01:32:34: RIP: send v1 triggered flush update to 172.172.2.2 on Serial3/0 with no route
01:32:34: RIP: start retransmit timer of 172.172.2.2
01:32:34:   172.172.3.0 in 1 hops
01:32:34:   172.172.4.0 in 2 hops
01:32:34: RIP: received v1 triggered ack from 172.172.2.2 on Serial3/0 flush seq# 1
01:32:34: RIP: send v1 triggered update to 172.172.2.2 on Serial3/0
01:32:34: RIP: build update entries
R1#
01:32:34:   route 1: subnet 172.172.1.0 metric 1
01:32:34: RIP: Update contains 1 routes, start 1, end 25

01:32:34: RIP: start retransmit timer of 172.172.2.2
01:32:34: RIP: received v1 triggered ack from 172.172.2.2 on Serial3/0   seq# 2//完成触发更新,启用触发更新的接口上不再发送定时更新消息
R1#
01:32:36: RIP: sending v1 flash update to 255.255.255.255 via FastEthernet0/0 (172.172.1.1)
01:32:36: RIP: build flash update entries
01:32:36:   subnet 172.172.2.0 metric 1
01:32:36:   subnet 172.172.3.0 metric 2
01:32:36:   subnet 172.172.4.0 metric 3
R1#
01:32:39: RIP: sending v1 update to 255.255.255.255 via FastEthernet0/0 (172.172.1.1)
01:32:39: RIP: build update entries
01:32:39:   subnet 172.172.2.0 metric 1
01:32:39:   subnet 172.172.3.0 metric 2
01:32:39:   subnet 172.172.4.0 metric 3   //只在没启用触发更新的接口上发送定时更新
R1#
01:33:05: RIP: sending v1 update to 255.255.255.255 via FastEthernet0/0 (172.172.1.1)
01:33:05: RIP: build update entries
01:33:05:   subnet 172.172.2.0 metric 1
01:33:05:   subnet 172.172.3.0 metric 2
01:33:05:   subnet 172.172.4.0 metric 3

6)计时器调整命令

注意,计时器的时间调整过长,不利于网络收敛,因此要慎重调整。

R1(config-outer)#timers basic update invalid holddown flushed sleep
例如:R1(config-router)#timers basic 30 180 180 240 30

上述命令中更新计时器时长为30s,无效计时器时长为180s,抑制计时器时长为180s,刷新计时器的时长为240s,触发更新计时器时长为30ms。

3.水平分隔

水平分隔是指从路由器某端口收到的路由条目不会再在该端口上发送出去,包括两种情况:简单水平分隔与毒性逆转水平分隔。

1)简单水平分隔

在图6-2中,R2不会把从接口f2/0收到的到达的路由172.172.3.0和172.172.4.0再从该接口发送出去,水平分割是一种防止环路的措施。

在路由器接口配置模式下可以使用下面的命令来开启(或关闭,命令前加no)水平分割:
Router(config-if)#ip split-horizon 。

2)毒性逆转水平分隔

毒性逆转的水平分割是指路由器会将从某接口上收到的路由条目从该接口发送出去,不过是将该路由的 Metric 值设为无限大(在 RIP 中为16跳)再从该接口发送出去,其意思就是,

有消息(即使是坏消息)总比没消息要好。

4. 计数到无穷大

无论是简单水平分隔还是毒性逆转水平分隔,都只是切断了邻居路由器之间的环路,但是它不能割断网络上的环路。对网络中的环路,只能计数到无穷大。

RIP 路由环路拓扑如图 6-3 所示。

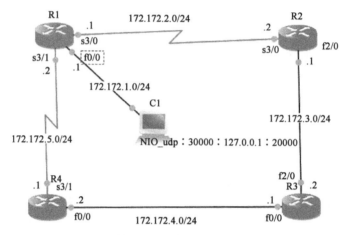

图 6-3　RIP 路由环路拓扑

整个网络配置 RIP V1 路由协议,待网络的路由收敛后,中断 R1 的 f0/0 端口,观察 R1 的路由表:

R1#show ip route　　　//路由收敛时查看路由表,5 个网段都在

  172.172.0.0/24 is subnetted, 5 subnets
C　　　172.172.1.0 is directly connected, FastEthernet0/0
C　　　172.172.2.0 is directly connected, Serial3/0
R　　　172.172.3.0 [120/1] via 172.172.2.2, 00:03:03, Serial3/0
R　　　172.172.4.0 [120/1] via 172.172.5.1, 00:00:11, Serial3/1
C　　　172.172.5.0 is directly connected, Serial3/1

R1#conf t

R1(config)#int f0/0

R1(config-if)#shut　　　//关闭 f0/0 端口

R1#show ip route　　　//R1 立即发现 172.172.1.0/24 网段丢失

  172.172.0.0/24 is subnetted, 4 subnets
C　　　172.172.2.0 is directly connected, Serial3/0
R　　　172.172.3.0 [120/1] via 172.172.2.2, 00:00:06, Serial3/0
R　　　172.172.4.0 [120/1] via 172.172.5.1, 00:00:14, Serial3/1
C　　　172.172.5.0 is directly connected, Serial3/1

R1#show ip route　　　//由于网络环路,R1 从 R4 处学到 172.172.1.0/24 网段

  172.172.0.0/24 is subnetted, 5 subnets
R　　　172.172.1.0 [120/12] via 172.172.5.1, 00:00:06, Serial3/1

C   172.172.2.0 is directly connected, Serial3/0
R   172.172.3.0 [120/1] via 172.172.2.2, 00:00:44, Serial3/0
R   172.172.4.0 [120/1] via 172.172.5.1, 00:00:26, Serial3/1
C   172.172.5.0 is directly connected, Serial3/1
R1#show ip route   //计数达到16跳，172.172.1.0/24网段从路由表中删除
    172.172.0.0/24 is subnetted, 4 subnets
C   172.172.2.0 is directly connected, Serial3/0
R   172.172.3.0 [120/1] via 172.172.2.2, 00:01:15, Serial3/0
R   172.172.4.0 [120/1] via 172.172.5.1, 00:00:01, Serial3/1
C   172.172.5.0 is directly connected, Serial3/1

任务实施

一、RIP V1 的连续子网与非连续子网

RIP V1 支持连续子网，如出现非连续子网，边界路由器将对连续子网聚合成大类网络发送。

1. RIP V1 的连续子网

1）目标

如图6-4所示，一网络由3台路由器组成，配置 RIP V1 路由协议，将 B 类地址 172.172.0.0/16 划分成 C 类地址，将子网连续地分配到各个子网，实现网络的全互联。

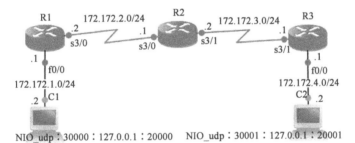

图 6-4 RIP 连续子网拓扑

2）配置

R1(config)#router rip
R1(config-router)#network 172.172.0.0
R1(config-router)#end
R1#write
Building configuration...
[OK]
R2(config)#router rip
R2(config-router)#network 172.172.0.0
R2(config-router)#end

R2#write

Building configuration...

[OK]

R3(config)#router rip

R3(config-router)#network 172.172.0.0

R3(config-router)#end

R3#write

Building configuration...

[OK]

  3)检验

  (1)查看路由器的路由表

R1#show ip route

  172.172.0.0/24 is subnetted, 3 subnets

C   172.172.1.0 is directly connected, FastEthernet0/0

C   172.172.2.0 is directly connected, Serial3/0

R   172.172.3.0 [120/1] via 172.172.2.1, 00:00:00, Serial3/0

R   172.172.4.0 [120/2] via 172.172.2.1, 00:00:04, Serial3/0

R1#

  (2)观察终端是否连通

VPCS[1] > ping 172.172.4.2

172.172.4.2 icmp_seq=1 timeout

172.172.4.2 icmp_seq=2 ttl=61 time=89.005 ms

172.172.4.2 icmp_seq=3 ttl=61 time=89.005 ms

172.172.4.2 icmp_seq=4 ttl=61 time=59.003 ms

  4)结论

  用大类网络划分的连续子网可进行网络配置。

  在路由器R1路由表中看到2个直连网段和2个通过RIP V1协议学来的路由条目,R1知道整个网络的路由走向。

  通过C1去访问C2,数据包能正常通信,由此可见,网络能正确地传递数据包。

  2. RIP V1 的不连续子网

  1)目标

  如图6-5所示,一个网络由3台路由器组成,配置RIP V1路由协议,将B类地址(172.172.0.0/16)划分成C类地址(172.172.1.0/24,172.172.4.0/24),将子网不连续地分配到各个子网,R2两端分别连上网络172.170.2.0及172.171.3.0,实现网络的全互联。

  2)配置

R1(config-if)#router rip

R1(config-router)#network 172.172.0.0

R1(config-router)#network 172.170.0.0

R2(config-if)#router rip

R2(config-router)#network 172.170.0.0
R2(config-router)#network 172.171.0.0
R3(config-if)#router rip
R3(config-router)#network 172.171.0.0
R3(config-router)#network 172.172.0.0

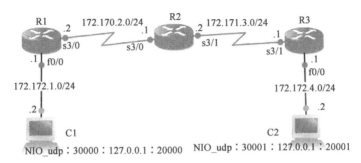

图6-5　RIP路由不连续子网拓扑

3）检验

（1）查看路由器的路由表

R1#show ip route

　　172.170.0.0/24 is subnetted, 1 subnets
C　　　172.170.2.0 is directly connected, Serial3/0　　//直连子网显示24位掩码
R　　172.171.0.0/16 [120/1] via 172.170.2.1, 00:00:03, Serial3/0　　//非直连子网进行路由汇总
　　172.172.0.0/24 is subnetted, 1 subnets
C　　　172.172.1.0 is directly connected, FastEthernet0/0　　//直连子网显示24位掩码

R2#show ip route

　　172.170.0.0/24 is subnetted, 1 subnets
C　　　172.170.2.0 is directly connected, Serial3/0　　//直连子网显示24位掩码
　　172.171.0.0/24 is subnetted, 1 subnets
C　　　172.171.3.0 is directly connected, Serial3/1　　//直连子网显示24位掩码
R　　172.172.0.0/16 [120/1] via 172.170.2.2, 00:00:03, Serial3/0
　　　　　　　　　　　[120/1] via 172.171.3.1, 00:00:04, Serial3/1　　//非直连子网进行路由汇总

（2）观察终端是否连通

VPCS[2] > ping 172.172.1.2

*172.172.4.1 icmp_seq=1 ttl=255 time=39.003 ms (ICMP type:3, code:1, Destination host unreachable)

*172.172.4.1 icmp_seq=2 ttl=255 time=5.000 ms (ICMP type:3, code:1, Destination host unreachable)

*172.172.4.1 icmp_seq=3 ttl=255 time=3.000 ms (ICMP type:3, code:1, Destination host unreachable)

VPCS[2] > save pc

……… done

4)结论

用 B 类网络划分连续 C 类子网可进行不连续网络配置。

在路由器 R1、R2 路由表中看到所有的直连网段会显示子网长度,不直连网段会进行路由汇总,尤其从 R2 看出,R1 与 R3 会进行负载分担,实际上 R1 与 R3 是连接不同网络的。

通过 C2 访问 C1,数据包不能正常通信,由此可见,网络存在故障。

二、RIP V1 的被动接口、FLSM 及 VLSM

RIP V1 支持被动接口和 FLSM(固定长度子网掩码),不支持 VLSM(可变长度子网掩码)。

1. RIP V1 不支持变长子网掩码

1)目标

如图 6-6 所示,一网络由 3 台路由器组成,配置 RIP V1 路由协议,将 B 类地址(172.172.0.0/16)划分成 C 类地址(172.172.1.0/24,172.172.4.0/24),将子网不连续地分配到各个子网,R2 两端分别连上网络 172.170.2.0 及 172.171.3.0,同时,在 R2 的两个接口上配置辅助 IP 地址,实现网络的全互联。

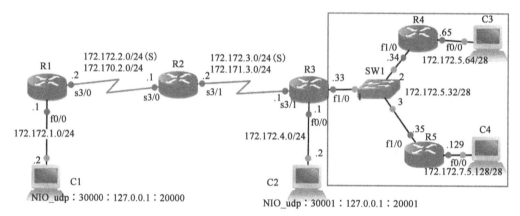

图 6-6　RIP 不支持 VLSM 网络拓扑

在方框内,R4、R5 为新增路由器,与 R3 同在子网 172.172.5.32/28 中,要求 R3、R5 知道整个网络,但是 R4 只知道 R5。

2)配置

R3#conf t

R3(config)#int f1/0

R3(config-if)#ip add 172.172.5.33 255.255.255.240

R3(config-if)#no shut

R4#conf t

R4(config)#int f1/0

R4(config-if)#ip add 172.172.5.34 255.255.255.240

R4(config-if)#no shut

R4(config-if)#int f0/0

R4(config-if)#ip add 172.172.5.65 255.255.255.240

R4(config-if)#no shut
R4(config-if)#router rip
R4(config-router)#network 172.172.0.0
R5#conf t
R5(config)#int f1/0
R5(config-if)#ip add 172.172.5.35 255.255.255.240
R5(config-if)#no shut
R5(config-if)#int f0/0
R5(config-if)#ip add 172.172.5.129 255.255.255.240
R5(config-if)#no shut
R5(config-if)#router rip
R5(config-router)#network 172.172.0.0

3)检验

(1)查看路由器的路由表

R3# show ip route
Gateway of last resort is not set
R   172.170.0.0/16 [120/1] via 172.171.3.2, 00:00:06, Serial3/1
                    [120/1] via 172.172.3.2, 00:00:06, Serial3/1
     172.171.0.0/24 is subnetted, 1 subnets
C   172.171.3.0 is directly connected, Serial3/1
     172.172.0.0/16 is variably subnetted, 8 subnets, 2 masks
R   172.172.0.0/24 [120/1] via 172.171.3.2, 00:00:06, Serial3/1
R   172.172.1.0/24 [120/2] via 172.172.3.2, 00:00:06, Serial3/1
R   172.172.2.0/24 [120/1] via 172.172.3.2, 00:00:06, Serial3/1
C   172.172.3.0/24 is directly connected, Serial3/1
C   172.172.4.0/24 is directly connected, FastEthernet0/0
C   172.172.5.32/28 is directly connected, FastEthernet1/0   //3条新增路由
R   172.172.5.64/28 [120/1] via 172.172.5.34, 00:00:20, FastEthernet1/0
R   172.172.5.128/28 [120/1] via 172.172.5.35, 00:00:09, FastEthernet1/0
R3#

※注意,对 R3 来说,新增加了3条路由,并且子网掩码是28位的。

R4#show ip route
Gateway of last resort is not set
R   172.170.0.0/16 [120/2] via 172.172.5.33, 00:00:04, FastEthernet1/0
R   172.171.0.0/16 [120/1] via 172.172.5.33, 00:00:04, FastEthernet1/0
     172.172.0.0/28 is subnetted, 3 subnets   //在子网持续划分情况下,由于不能携带子网
掩码,部分子网丢失,网络将不可达。
C   172.172.5.32 is directly connected, FastEthernet1/0
C   172.172.5.64 is directly connected, FastEthernet0/0
R   172.172.5.128 [120/1] via 172.172.5.35, 00:00:07, FastEthernet1/0

R4#

※注意:在变长子网掩码的情况下,RIP V1 将丢失部分子网。RIP V1 不支持 VLSM。

(2)观察终端是否连通

VPCS[1] > load pc　　　//导入原来的终端配置
Executing the file pc
Checking for duplicate address...
PC1：172.172.1.2 255.255.255.0 gateway 172.172.1.1
Checking for duplicate address...
PC2：172.172.4.2 255.255.255.0 gateway 172.172.4.1
VPCS[1] > 3　　　　　//增加新的终端配置
VPCS[3] > ip 172.172.5.66/28 172.172.5.65
Checking for duplicate address...
PC3：172.172.5.66 255.255.255.240 gateway 172.172.5.65
VPCS[3] > 4
VPCS[4] > ip 172.172.5.130/28 172.172.5.129
Checking for duplicate address...
PC4：172.172.5.130 255.255.255.240 gateway 172.172.5.129
VPCS[4] > save pc
.... done
VPCS[1] > ping 172.172.5.130
*172.172.1.1 icmp_seq = 1 ttl = 255 time = 39.002 ms (ICMP type:3, code:1, Destination host unreachable)
*172.172.1.1 icmp_seq = 2 ttl = 255 time = 10.000 ms (ICMP type:3, code:1, Destination host unreachable)

4)结论

RIP V1 不支持变长子网掩码,会导致部分子网丢失。规划子网时,要合理规划网络以避免出现此问题。

5)问题分析

RIP V1 不支持变长子网掩码,需要对变长子网掩码的部分网段进行 IP 地址调整。

2. RIP V1 支持固定长子网掩码

1)目标

如图 6-7 所示,一网络由 3 台路由器组成,配置 RIP V1 路由协议,将 B 类地址(172.172.0.0/16)划分成 C 类地址(172.172.1.0/24,172.172.4.0/24),将子网不连续地分配到各个子网,R2 两端分别连上网络 172.170.2.0 及 172.171.3.0,同时,在 R2 的两个接口上配置辅助 IP 地址,实现网络的全互联。

在方框内, R4、R5 为新增路由器,与 R3 同在子网 172.172.5.0/24 中,且 R4 连接子网 172.172.6.0/24,R5 连接子网 172.172.7.0/24,要求 R3、R5 知道整个网络,但是 R4 只知道 R5。

2)配置

R3#conf t

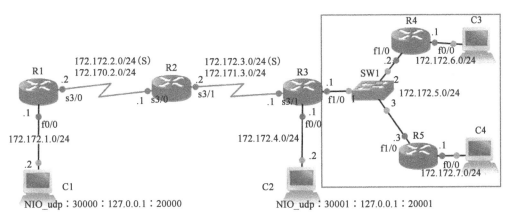

图 6-7 RIP 支持 FLSM 网络拓扑

R3(config)#int f1/0

R3(config-if)#ip add 172.172.5.1 255.255.255.0

R3(config-if)#no shut

R3(config-if)#end

R3#write

Building configuration...

[OK]

R4#conf t

R4(config)#int f1/0

R4(config-if)#ip add 172.172.5.2 255.255.255.0

172.172.5.0 overlaps with FastEthernet0/0

R4(config-if)#int f0/0

R4(config-if)#ip add 172.172.6.1 255.255.255.0

R4(config-if)#no shut

R4(config-if)#router rip

R4(config-router)#network 172.172.0.0

R5#conf t

R5(config)#int f1/0

R5(config-if)#ip add 172.172.5.3 255.255.255.0

172.172.5.0 overlaps with FastEthernet0/0

R5(config-if)#no shut

R5(config-if)#int f0/0

R5(config-if)#ip add 172.172.7.1 255.255.255.0

R5(config-if)#no shut

R5(config-if)#router rip

R5(config-router)#network 172.172.0.0

3）检验

（1）查看路由器的路由表

R3#show ip route

R	172.170.0.0/16 [120/1] via 172.171.3.2, 00:00:23, Serial3/1	
	[120/1] via 172.172.3.2, 00:00:23, Serial3/1	
	172.171.0.0/24 is subnetted, 1 subnets	
C	172.171.3.0 is directly connected, Serial3/1	
	172.172.0.0/24 is subnetted, 8 subnets	
R	172.172.0.0 [120/1] via 172.171.3.2, 00:00:23, Serial3/1	
R	172.172.1.0 [120/2] via 172.172.3.2, 00:00:23, Serial3/1	
R	172.172.2.0 [120/1] via 172.172.3.2, 00:00:23, Serial3/1	
C	172.172.3.0 is directly connected, Serial3/1	
C	172.172.4.0 is directly connected, FastEthernet0/0	
C	172.172.5.0 is directly connected, FastEthernet1/0	//新增3条路由
R	172.172.6.0 [120/1] via 172.172.5.2, 00:00:21, FastEthernet1/0	
R	172.172.7.0 [120/1] via 172.172.5.3, 00:00:04, FastEthernet1/0	

R3#

※注意:对 R3 来说,新增加了3条路由,并且子网掩码是24位的。

R4#show ip route

Gateway of last resort is not set

R	172.170.0.0/16 [120/2] via 172.172.5.1, 00:00:18, FastEthernet1/0	
R	172.171.0.0/16 [120/1] via 172.172.5.1, 00:00:18, FastEthernet1/0	
	172.172.0.0/24 is subnetted, 8 subnets	
R	172.172.0.0 [120/2] via 172.172.5.1, 00:00:18, FastEthernet1/0	//汇总后路由
R	172.172.1.0 [120/3] via 172.172.5.1, 00:00:18, FastEthernet1/0	
R	172.172.2.0 [120/2] via 172.172.5.1, 00:00:18, FastEthernet1/0	
R	172.172.3.0 [120/1] via 172.172.5.1, 00:00:18, FastEthernet1/0	
R	172.172.4.0 [120/1] via 172.172.5.1, 00:00:19, FastEthernet1/0	
C	172.172.5.0 is directly connected, FastEthernet1/0	
C	172.172.6.0 is directly connected, FastEthernet0/0	
R	172.172.7.0 [120/1] via 172.172.5.3, 00:00:21, FastEthernet1/0	

R4#

※注意:对 R4 来说,同样新增了3条路由。R4 知道整个网络。

R5#show ip route

R	172.170.0.0/16 [120/2] via 172.172.5.1, 00:00:07, FastEthernet1/0	
R	172.171.0.0/16 [120/1] via 172.172.5.1, 00:00:07, FastEthernet1/0	
	172.172.0.0/24 is subnetted, 8 subnets	
R	172.172.0.0 [120/2] via 172.172.5.1, 00:00:07, FastEthernet1/0	//汇总后路由
R	172.172.1.0 [120/3] via 172.172.5.1, 00:00:07, FastEthernet1/0	
R	172.172.2.0 [120/2] via 172.172.5.1, 00:00:07, FastEthernet1/0	
R	172.172.3.0 [120/1] via 172.172.5.1, 00:00:07, FastEthernet1/0	
R	172.172.4.0 [120/1] via 172.172.5.1, 00:00:08, FastEthernet1/0	

C   172.172.5.0 is directly connected, FastEthernet1/0
R   172.172.6.0 [120/1] via 172.172.5.2, 00:00:03, FastEthernet1/0
C   172.172.7.0 is directly connected, FastEthernet0/0
R5#
※注意:对 R5 来说,同样新增了 3 条路由。

(2)观察终端是否连通
VPCS[4] > ip 172.172.7.2/24 172.172.7.1
VPCS[1] > ping 172.172.6.2
172.172.6.2 icmp_seq = 3 ttl = 60 time = 99.006 ms
172.172.6.2 icmp_seq = 4 ttl = 60 time = 99.006 ms
172.172.6.2 icmp_seq = 5 ttl = 60 time = 100.006 ms
VPCS[1] >

4)结论

RIP V1 在固定长子网掩码时,会正确传递路由,因此可正确传递消息。但 R4 明显知道了整个网络。

5)问题分析

R3、R4、R5 都知道整个网络,明显与要求不符合。

3. RIP V1 支持被动接口与单播更新

1)目标

如图 6-8 所示,一网络由 3 台路由器组成,配置 RIP V1 路由协议,将 B 类地址(172.172.0.0/16)划分成 C 类地址(172.172.1.0/24,172.172.4.0/24),将子网不连续地分配到各个子网,R2 两端分别连上网络 172.170.2.0 及 172.171.3.0,同时,在 R2 的两个接口上配置辅助 IP 地址,实现网络的全互联。

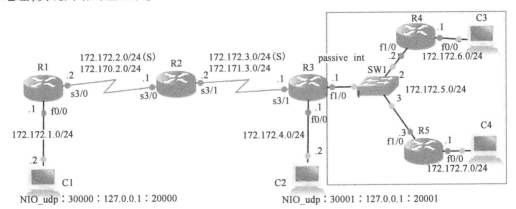

图 6-8 RIP 被动接口与单播更新网络拓扑

在方框内,R4、R5 为新增路由器,与 R3 同在子网 172.172.5.0/24 中,要求 R3、R5 知道整个网络,但是 R4 只知道 R5。R3 的 f1/0 上配置成被动接口与单播更新。

2)配置

R3#conf t
R3(config)#router rip
R3(config-router)#passive-interface f1/0   //将 f1/0 设置成被动接口

R3(config-router)#neighbor 172.172.5.3   //将 R5 设成单播更新的邻居

3）检验

（1）查看路由器的路由表

R3#show ip route
R   172.170.0.0/16 [120/1] via 172.171.3.2, 00:00:23, Serial3/1
                   [120/1] via 172.172.3.2, 00:00:23, Serial3/1
     172.171.0.0/24 is subnetted, 1 subnets
C   172.171.3.0 is directly connected, Serial3/1
     172.172.0.0/24 is subnetted, 8 subnets
R   172.172.0.0 [120/1] via 172.171.3.2, 00:00:23, Serial3/1
R   172.172.1.0 [120/2] via 172.172.3.2, 00:00:23, Serial3/1
R   172.172.2.0 [120/1] via 172.172.3.2, 00:00:23, Serial3/1
C   172.172.3.0 is directly connected, Serial3/1
C   172.172.4.0 is directly connected, FastEthernet0/0
C   172.172.5.0 is directly connected, FastEthernet1/0   //新增 3 条路由
R   172.172.6.0 [120/1] via 172.172.5.2, 00:00:21, FastEthernet1/0
R   172.172.7.0 [120/1] via 172.172.5.3, 00:00:04, FastEthernet1/0
R3#

※注意：对 R3 来说，路由保持不变。

R4#show ip route
Gateway of last resort is not set
    172.172.0.0/24 is subnetted, 3 subnets
C   172.172.5.0 is directly connected, FastEthernet1/0
C   172.172.6.0 is directly connected, FastEthernet0/0
R   172.172.7.0 [120/1] via 172.172.5.3, 00:00:11, FastEthernet1/0
R4#

※注意：对 R4 来说，它只收到了 R5 的路由，没有从 R3 处收到任何路由信息。

R5#show ip route
R   172.170.0.0/16 [120/2] via 172.172.5.1, 00:00:07, FastEthernet1/0
R   172.171.0.0/16 [120/1] via 172.172.5.1, 00:00:07, FastEthernet1/0
     172.172.0.0/24 is subnetted, 8 subnets
R   172.172.0.0 [120/2] via 172.172.5.1, 00:00:07, FastEthernet1/0   //汇总后路由
R   172.172.1.0 [120/3] via 172.172.5.1, 00:00:07, FastEthernet1/0
R   172.172.2.0 [120/2] via 172.172.5.1, 00:00:07, FastEthernet1/0
R   172.172.3.0 [120/1] via 172.172.5.1, 00:00:07, FastEthernet1/0
R   172.172.4.0 [120/1] via 172.172.5.1, 00:00:08, FastEthernet1/0
C   172.172.5.0 is directly connected, FastEthernet1/0
R   172.172.6.0 [120/1] via 172.172.5.2, 00:00:03, FastEthernet1/0
C   172.172.7.0 is directly connected, FastEthernet0/0
R5#

※注意：对 R5 来说，路由保持不变，它能收到 R3 与 R4 的路由。

(2) 查看路由器 R3、R5 的路由更新

R3#debug ip rip events

RIP event debugging is on

R3#

01:06:27: RIP: received v1 update from 172.172.5.2 on FastEthernet1/0

01:06:27: RIP: Update contains 1 routes   //从 R4 处收到路由更新

R3#

01:06:39: RIP: sending v1 update to 172.172.5.3 via FastEthernet1/0 (172.172.5.1)

01:06:39: RIP: Update contains 7 routes   //通过单播，对路由器 R5 进行路由更新

01:06:39: RIP: Update queued

01:06:39: RIP: Update sent via FastEthernet0/0

//但没有发送路由更新给 R4

R3#

01:06:39: RIP: Update sent via Serial3/1

01:06:39: RIP: Update sent via Serial3/1

01:06:39: RIP: Update sent via FastEthernet1/0

R4#

01:14:08: RIP: received v1 update from 172.172.5.3 on FastEthernet1/0

01:14:08: RIP: Update contains 1 routes

//只从 R5 处接收了路由更新

R4#

01:14:24: RIP: sending v1 update to 255.255.255.255 via FastEthernet0/0 (172.172.6.1)

01:14:24: RIP: Update contains 2 routes

01:14:24: RIP: Update queued

01:14:24: RIP: sending v1 update to 255.255.255.255 via FastEthernet1/0 (172.172.5.2)

01:14:24: RIP: Update contains 1 routes

01:14:24: RIP: Update queued

01:14:24: RIP: Update sent via FastEthernet0/0

01:14:24: RIP: Update sent via FastEthernet1/0   //通过广播发送路由更新给 R3

R5#debug ip rip events

RIP event debugging is on

R5#

00:19:26: RIP: received v1 update from 172.172.5.2 on FastEthernet1/0 //接收 R4 的广播更新

00:19:26: RIP: Update contains 1 routes

R5#

00:19:44: RIP: received v1 update from 172.172.5.1 on FastEthernet1/0   //接收 R3 的单播更新

00:19:44: RIP: Update contains 7 routes

R5#
00:20:09：RIP：sending v1 update to 255.255.255.255 via FastEthernet0/0（172.172.7.1）
00:20:09：RIP：Update contains 9 routes
00:20:09：RIP：Update queued
00:20:09：RIP：sending v1 update to 255.255.255.255 via FastEthernet1/0（172.172.5.3） //发送广播更新

  (3)观察终端是否连通

VPCS[1] > ping 172.172.6.2　　　//无法与R4通信
172.172.6.2 icmp_seq = 1 timeout
172.172.6.2 icmp_seq = 2 timeout
172.172.6.2 icmp_seq = 3 timeout
VPCS[1] > ping 172.172.7.2　　　//可以与R5通信
172.172.7.2 icmp_seq = 1 timeout
172.172.7.2 icmp_seq = 2 ttl = 60 time = 97.006 ms
172.172.7.2 icmp_seq = 3 ttl = 60 time = 135.008 ms

  4）结论

  RIP V1网络中,被动接口只能接收路由更新,不能发送路由更新,但设置邻居关系可以造成单播更新。

三、RIP V1的度量值调整

  RIP V1以跳数为度量值,不区分带宽与拥塞情况,这样会导致网络中的流量不合理,为了调整网络的数据流向,人为地调整部分链路度量值很有必要。

  1. RIP V1度量值调整前

  1）目标

  如图6-9所示,一网络由3台路由器组成,配置RIP V1路由协议,将B类地址(172.172.0.0/16)划分成C类地址(172.172.1.0/24，172.172.4.0/24),将子网不连续地分配到各个子网,R2两端分别连上网络172.170.2.0及172.171.3.0,同时,在R2的两个接口上配置辅助IP地址,实现网络的全互联。

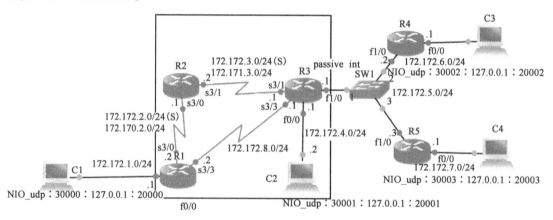

图6-9　RIP度量值调整前网络拓扑

R4、R5 为新增路由器，与 R3 同在子网 172.172.5.0/24 中，要求 R3、R5 知道整个网络，但是 R4 只知道 R5。R3 的 f1/0 上配置成被动接口与单播更新。

新增 R1 到 R3 的路径 172.182.8.0/24，不调整度量值，R1 到 R3 的路由是 R1—R3，而不是 R1—R2—R3。

2）配置

R1#conf t

R1(config)#int s3/3

R1(config-if)#ip add 172.172.8.2 255.255.255.0

R3#conf t

R3(config)#int s3/3

R3(config-if)#ip add 172.172.8.1 255.255.255.0

3）检验

（1）查看路由器的路由表

R1#show ip route

   172.170.0.0/24 is subnetted, 1 subnets

C   172.170.2.0 is directly connected, Serial3/0

R   172.171.0.0/16 [120/1] via 172.170.2.1, 00:00:05, Serial3/0

            [120/1] via 172.172.2.1, 00:00:05, Serial3/0

            [120/1] via 172.172.8.1, 00:00:02, Serial3/3

   172.172.0.0/24 is subnetted, 9 subnets

R   172.172.0.0 [120/1] via 172.170.2.1, 00:00:05, Serial3/0

C   172.172.1.0 is directly connected, FastEthernet0/0

C   172.172.2.0 is directly connected, Serial3/0

R   172.172.3.0 [120/1] via 172.172.2.1, 00:00:06, Serial3/0

            [120/1] via 172.172.8.1, 00:00:03, Serial3/3

R   172.172.4.0 [120/1] via 172.172.8.1, 00:00:03, Serial3/3   //4 条通过 R3 的路由全部走 R1-R3 这条路径；

R   172.172.5.0 [120/1] via 172.172.8.1, 00:00:03, Serial3/3

R   172.172.6.0 [120/2] via 172.172.8.1, 00:00:06, Serial3/3

R   172.172.7.0 [120/2] via 172.172.8.1, 00:00:06, Serial3/3

C   172.172.8.0 is directly connected, Serial3/3

（2）观察终端是否连通

//

VPCS[1] > load pc   //导入终端的配置

VPCS[1] > ping 172.172.4.2   //C1 ping C2，可以正常通信

172.172.4.2 icmp_seq = 1 timeout

172.172.4.2 icmp_seq = 2 ttl = 62 time = 50.003 ms

172.172.4.2 icmp_seq = 3 ttl = 62 time = 34.002 ms

172.172.4.2 icmp_seq = 4 ttl = 62 time = 37.002 ms

4)结论

RIP V1 网络中,只有到目标网络最短的路径保留在网络中,其他路径不会出现,即使这些路径更优(如带宽更大也不行)。

5)问题分析

需要调整 R1 到 R3 的路由为 R1—R2—R3。

2. RIP V1 度量值调整后

1)目标

如图 6-10 所示,一网络由 3 台路由器组成,配置 RIP V1 路由协议,将 B 类地址(172.172.0.0/16)划分成 C 类地址(172.172.1.0/24,172.172.4.0/24),将子网不连续地分配到各个子网,R2 两端分别连上网络 172.170.2.0 及 172.171.3.0,同时,在 R2 的两个接口上配置辅助 IP 地址,实现网络的全互联。

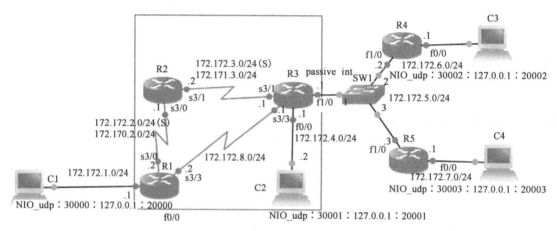

图 6-10　RIP 度量值调整后网络拓扑

R4、R5 为新增路由器,与 R3 同在子网 172.172.5.0/24 中,要求 R3、R5 知道整个网络,但是 R4 只知道 R5。R3 的 f1/0 上配置成被动接口与单播更新。

新增 R1 到 R3 的路径 172.182.8.0/24,R1 到 R3 的路由是 R1—R3,而不是 R1—R2—R3,通过调整度量值,使其路由更改为 R1—R2—R3。

2)配置

R1#conf t

R1(config)#access-list 2 permit 172.172.0.0 0.0.255.255　　//设置控制列表,定义要控制的源地址

R1(config)#router rip

R1(config-router)#offset-list 2 in 6 s3/3　　　//定义在端口 S3/3 上进来的满足控制表 2 的路由度量加 6

R3#conf t

R3(config)#access-list 1 permit 172.172.0.0 0.0.255.255

R3(config)#router rip

R3(config-router)#offset-list 1 in 6 s3/3

3)检验

(1)查看路由器的路由表

R1#show ip route

```
           172.170.0.0/24 is subnetted, 1 subnets
C          172.170.2.0 is directly connected, Serial3/0
R          172.171.0.0/16 [120/1] via 172.170.2.1, 00:00:01, Serial3/0
                          [120/1] via 172.172.2.1, 00:00:01, Serial3/0
                          [120/1] via 172.172.8.1, 00:00:22, Serial3/3
           172.172.0.0/24 is subnetted, 9 subnets
R          172.172.0.0 [120/1] via 172.170.2.1, 00:00:01, Serial3/0
C          172.172.1.0 is directly connected, FastEthernet0/0
C          172.172.2.0 is directly connected, Serial3/0
R          172.172.3.0 [120/1] via 172.172.2.1, 00:00:02, Serial3/0
R          172.172.4.0 [120/2] via 172.172.2.1, 00:00:02, Serial3/0   //4条通过R3的路
由全部走R1-R2-R3这条路径
R          172.172.5.0 [120/2] via 172.172.2.1, 00:00:02, Serial3/0
R          172.172.6.0 [120/3] via 172.172.2.1, 00:00:02, Serial3/0
R          172.172.7.0 [120/3] via 172.172.2.1, 00:00:06, Serial3/0
C          172.172.8.0 is directly connected, Serial3/3
```

(2)观察终端是否连通

VPCS[1] > ping 172.172.4.2   //C1 ping C2,可以正常通信
172.172.4.2 icmp_seq=1 timeout
172.172.4.2 icmp_seq=2 ttl=62 time=50.003 ms
172.172.4.2 icmp_seq=3 ttl=62 time=34.002 ms

(3)断开S3/0再看R1路由表

R1#conf t
R1(config)#int s3/0
R1(config-if)#shut
R1(config-if)#end
R1#show ip route
```
R    172.170.0.0/16 [120/2] via 172.172.8.1, 00:00:00, Serial3/3
R    172.171.0.0/16 [120/1] via 172.172.8.1, 00:00:00, Serial3/3
     172.172.0.0/24 is subnetted, 9 subnets
R       172.172.0.0 [120/8] via 172.172.8.1, 00:00:00, Serial3/3
C       172.172.1.0 is directly connected, FastEthernet0/0
R       172.172.2.0 [120/8] via 172.172.8.1, 00:00:00, Serial3/3
R       172.172.3.0 [120/7] via 172.172.8.1, 00:00:00, Serial3/3
R       172.172.4.0 [120/7] via 172.172.8.1, 00:00:00, Serial3/3   //4条通过R3的路
由全部走R1-R3这条路径,且各条路径全都偏置了一个度量值6
R       172.172.5.0 [120/7] via 172.172.8.1, 00:00:01, Serial3/3
R       172.172.6.0 [120/8] via 172.172.8.1, 00:00:01, Serial3/3
R       172.172.7.0 [120/8] via 172.172.8.1, 00:00:01, Serial3/3
C       172.172.8.0 is directly connected, Serial3/3
```

R1#

4）结论

RIP V1 网络中,通过调整度量值可以改变网络的路由,在协议相同的情况下,一般取度量值小的作为路由。

四、RIP V1\V1 default\V2 转换及互通

RIP V1、RIP V1 default、RIP V2 三个配置版本可以相互转化,它们之间也可以通过调整一些参数互通。

1. RIP V1 default\RIP V1\RIP V2 转换

1）目标

如图 6-11 所示,一网络由 3 台路由器组成,配置 RIP V1 default 路由协议,将 B 类地址 172.172.0.0/16 划分成 C 类地址,将子网连续地分配到各个子网,实现网络的全互联。观察 RIP V1 default 配置,并调整 R1 为 RIP V1、RIP V2 再返回 RIP V1 default,并观察其协议。

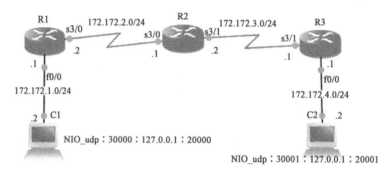

图 6-11　RIP 不同版本配置网络拓扑

2）RIP V1 default

（1）配置

R1(config)#router rip
R1(config-router)#network 172.172.0.0
R2(config)#router rip
R2(config-router)#network 172.172.0.0
R3(config)#router rip
R3(config-router)#network 172.172.0.0

（2）检验

①查看路由器的路由表

R1#show ip route
　　172.172.0.0/24 is subnetted, 3 subnets
C　　172.172.1.0 is directly connected, FastEthernet0/0
C　　172.172.2.0 is directly connected, Serial3/0
R　　172.172.3.0 [120/1] via 172.172.2.1, 00:00:00, Serial3/0
R　　172.172.4.0 [120/2] via 172.172.2.1, 00:00:04, Serial3/0
R1#

②观察终端是否连通

VPCS[1] >ping 172.172.4.2

172.172.4.2   icmp_seq = 1 timeout

172.172.4.2   icmp_seq = 2 ttl = 61 time = 89.005 ms

172.172.4.2   icmp_seq = 3 ttl = 61 time = 89.005 ms

③查看接口信息

R1#show ip protocols

Routing Protocol is "rip"

  Default version control：send version 1, receive any version

  Interface   Send Recv Triggered RIP Key-chain

FastEthernet0/0   1 1 2

Serial3/0   1 1 2 //只发送 V1 路由信息,可接收 V1V2 路由信息

R1#

  (3)结论

  如果将网络配置成 RIP V1default 协议,所有接口上发送的都是 V1 版本的路由信息,能接收 V1、V2 版本的路由信息。

  3)RIP V1 default 转 RIP V1

  (1)配置

R1#conf t

R1(config)#router rip

R1(config-router)#version 1 //将 RIP V1 default 转换成 RIP V1

  (2)检验

R1#show ip protocols

Routing Protocol is "rip"

 Sending updates every 30 seconds, next due in 24 seconds

 Invalid after 180 seconds, hold down 180, flushed after 240

 Outgoing update filter list for all interfaces is not set

 Incoming update filter list for all interfaces is not set

 Redistributing：rip

 Default version control：send version 1, receive version 1

  Interface   Send Recv Triggered RIP Key-chain

FastEthernet0/0   1 1

Serial3/0   1 1   //所有端口只收发 V1 路由信息。

  (3)结论

  成功将 RIP V1 default 转换成 RIP V1,所有接口上只能接收和发送是 V1 版本的路由信息。

  4)RIP V1 转 RIP V2

  (1)配置

R1#

R1#conf t

R1(config)#router rip

R1(config-router)#version 2   //将 RIP V1 转换成 RIP V2
R1(config-router)#end
　　(2)检验
R1#show ip protocols
Routing Protocol is "rip"
　　Default version control：send version 2，receive version 2
　　　　Interface　　　　　　　　Send　Recv　Triggered RIP　Key-chain
FastEthernet0/0　　　　　　　　2　　2
Serial3/0　　　　　　　　　　　2　　2　　　　　　　　　　//所有端口只收发 V2 路由信息。
　　(3)结论
　　成功将 RIP V1 转换成 RIP V2，所有接口上只能接收和发送是 V1 版本的路由信息。
　5)RIP V2 转 RIP V1 default
　　(1)配置
R1#
R1#conf t
R1(config)#router rip
R1(config-router)#no version   //将 RIP V2 转换成 RIP V1 default
　　(2)检验
R1#show ip protocols
Routing Protocol is "rip"
Default version control：send version 1，receive any version
　　　　Interface　　　　　　　　Send　Recv　Triggered RIP　Key-chain
FastEthernet0/0　　　　　　　　1　　1 2
Serial3/0　　　　　　　　　　　1　　1 2　　//只发送 V1 路由信息,可接收 V1V2 路由信息
　　(3)结论
　　成功将 RIP V2 转换成 RIP V1 default。
　2. RIP V1 default\RIP V1\RIP V2 不能自然互通
　1)目标
　　如图 6-12 所示,一网络由 3 台路由器组成,R1 配置 RIP V1 default 路由协议,R2 配置成
RIP V2,R3 配置成 RIP V1,查看网络的连通性及接口信息。

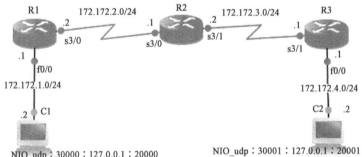

图 6-12　RIP 不同版本互通网络拓扑

2)配置

R1(config)#router rip

保持不变　　　　　　　　　　//R1 保持 default RIP V1

R2#conf t

R2(config)#router rip

R2(config-router)#version 2　　//将 R2 配置成 RIP V2

R3#conf t

R3(config)#router rip

R3(config-router)#version 1　　//将 R3 配置成 RIP V1

R3#

　　3)检验

　　(1)查看路由器的路由表

R1#show ip route

　　172.172.0.0/24 is subnetted, 3 subnets

C　　　172.172.1.0 is directly connected, FastEthernet0/0

C　　　172.172.2.0 is directly connected, Serial3/0

R　　　172.172.3.0 [120/1] via 172.172.2.1, 00:00:05, Serial3/0

R1#

R2#show ip route

　　172.172.0.0/24 is subnetted, 2 subnets

C　　　172.172.2.0 is directly connected, Serial3/0

C　　　172.172.3.0 is directly connected, Serial3/1

R2#

R3#show ip route

　　172.172.0.0/24 is subnetted, 2 subnets

C　　　172.172.3.0 is directly connected, Serial3/1

C　　　172.172.4.0 is directly connected, FastEthernet0/0

R3#

※注意:R1 能学到 R2 的直连路由,但是 R2、R3 只知道自己的直连路由,为什么?

　　(2)观察终端是否连通

VPCS[1] > ping 172.172.4.2

*172.172.1.1 icmp_seq=1 ttl=255 time=51.003 ms (ICMP type:3, code:1, Destination host unreachable)

*172.172.1.1 icmp_seq=2 ttl=255 time=8.001 ms (ICMP type:3, code:1, Destinationhost unreachable)

※注意:C1 也无法与 C2 通信。

　　(3)查看接口信息

R1#show ip protocols

Routing Protocol is "rip"

　Default version control: send version 1, receive any version

Interface	Send	Recv	Triggered RIP	Key-chain
FastEthernet0/0	1	1 2		
Serial3/0	1	1 2		

R2#show ip protocols
Routing Protocol is "rip"
　Default version control: send version 2, receive version 2

Interface	Send	Recv	Triggered RIP	Key-chain
Serial3/0	2	2		
Serial3/1	2	2		

R3#show ip protocols
Routing Protocol is "rip"
　Default version control: send version 1, receive version 1

Interface	Send	Recv	Triggered RIP	Key-chain
FastEthernet0/0	1	1		
Serial3/1	1	1		

4) 结论

如果将路由器配置成 default RIP V1,它能发送 RIP V1 的路由信息,但能接收 V1V2 的路由信息;

如果将路由器配置成 RIP V1,它能发送和接收 RIP V1 的路由信息;

如果将路由器配置成 RIP V2,它能发送和接收 RIP V2 的路由信息;

本项目中,R1 能理解 R2 发送的消息,所以能学到 R2 的直连路由,但 R2、R3 不能接收其他任何路由器的消息,因此,只有自己的直连路由。

5) 问题

怎样让 R1、R2、R3 理解相互之间的信息,如图 6-13 所示。

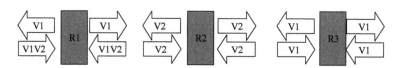

图 6-13　RIP 不同版本消息互通

3. RIP V1 default\RIP V1\RIP V2 互通

1) 目标

如图 6-14 所示,一网络由 3 台路由器组成,R1 配置 RIP V1 default 路由协议,R2 配置成 RIP V2,R3 配置成 RIP V1,查看网络的连通性及接口信息。

通过配置,使 R1、R2、R3 正常通信。

2) 方案

①可将所有路由器的配置全部变成 RIP V2;

②可以将路由器的发送与接收消息格式进行调整匹配。

本书采用调整方案②,调整后互通图如图 6-15 所示。

3) 配置

R1#conf t

R1(config)#int s3/0　　　　　　　　　//进入R1的端口S3/0
R1(config-if)#ip rip send version 2　　//将发送的路由消息改成版本2
R3#conf t
R3(config)#int s3/1　　　　　　　　　//进入R1的端口S3/0
R3(config-if)#ip rip send version 2　　//将发送的路由消息改成版本2
R3(config-if)#ip rip receive version 2　//将接收的路由消息改成版本2

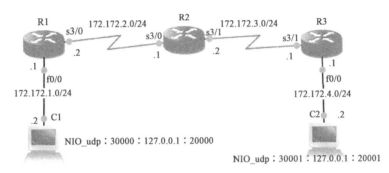

图6-14　RIP不同版本互通消息调整网络拓扑

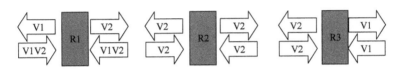

图6-15　RIP不同版本消息调整后互通图

4)检验

(1)查看路由器的路由表

R1#show ip route
R1#show ip route
　　172.172.0.0/24 is subnetted, 4 subnets
C　　　172.172.1.0 is directly connected, FastEthernet0/0
C　　　172.172.2.0 is directly connected, Serial3/0
R　　　172.172.3.0 [120/1] via 172.172.2.1, 00:00:24, Serial3/0
R　　　172.172.4.0 [120/2] via 172.172.2.1, 00:00:24, Serial3/0R1#　　//4条路由都存在

R2#show ip route
　　172.172.0.0/24 is subnetted, 4 subnets
R　　　172.172.1.0 [120/1] via 172.172.2.2, 00:00:03, Serial3/0
C　　　172.172.2.0 is directly connected, Serial3/0
C　　　172.172.3.0 is directly connected, Serial3/1
R　　　172.172.4.0 [120/1] via 172.172.3.1, 00:00:27, Serial3/1　　//4条路由都存在
R2#
R3#show ip route

```
            172.172.0.0/24 is subnetted, 4 subnets
R           172.172.1.0 [120/2] via 172.172.3.2, 00:00:14, Serial3/1
R           172.172.2.0 [120/1] via 172.172.3.2, 00:00:14, Serial3/1
C           172.172.3.0 is directly connected, Serial3/1
C           172.172.4.0 is directly connected, FastEthernet0/0              //4条路由都存在
R3#
```

※注意:R1、R2、R3 都能正确地学到路由。

(2)观察终端是否连通

```
VPCS[1] > ping 172.172.4.2
172.172.4.2 icmp_seq = 1 timeout
172.172.4.2 icmp_seq = 2 ttl = 61 time = 91.005 ms
172.172.4.2 icmp_seq = 3 ttl = 61 time = 60.004 ms
172.172.4.2 icmp_seq = 4 ttl = 61 time = 89.005 ms
```

※注意:C1 可以与 C2 通信。

(3)查看接口信息

R1#show ip protocols
Routing Protocol is "rip"
　　Default version control: send version 1, receive any version

Interface	Send	Recv	Triggered RIP	Key-chain
FastEthernet0/0	1	1 2		
Serial3/0	2	1 2		

R2#show ip protocols
Routing Protocol is "rip"
　　Default version control: send version 2, receive version 2

Interface	Send	Recv	Triggered RIP	Key-chain
Serial3/0	2	2		
Serial3/1	2	2		

R3#show ip protocols
Routing Protocol is "rip"
　　Default version control: send version 1, receive version 1

Interface	Send	Recv	Triggered RIP	Key-chain
FastEthernet0/0	1	1		
Serial3/1	2	2		

(4)查看 V1 与 V2 路由信息的格式

```
R1#debug ip rip
RIP protocol debugging is on
R1#
00:04:55: RIP: sending v1 update to 255.255.255.255 via FastEthernet0/0 (172.172.1.1)
00:04:55: RIP: build update entries
00:04:55:         subnet 172.172.2.0 metric 1
```

00:04:55:　　　　　subnet 172.172.3.0 metric 2
00:04:55:　　　　　subnet 172.172.4.0 metric 3　　//在 F0/0 端口上发送 V1 更新,只有子网与跳数、下一跳等简单信息
00:04:55: RIP: sending v2 update to 224.0.0.9 via Serial3/0 (172.172.2.2)
00:04:55: RIP: build update entries
00:04:55:　　　　　172.172.1.0/24 via 0.0.0.0, metric 1, tag 0　　//在 S3/0 端口上发送 V2 更新,包括子网、掩码、跳数、路由标志(全为 0)、下一跳等信息。
R1#
00:05:11: RIP: received v2 update from 172.172.2.1 on Serial3/0
00:05:11:　　　　　172.172.3.0/24 via 0.0.0.0 in 1 hops
00:05:11:　　　　　172.172.4.0/24 via 0.0.0.0 in 2 hops
R1#

5) 结论

①发送接收消息调整是在路由器的相应端口上完成的;

②发送消息命令是 IP RIP SEND VERSION number;

③接收消息命令是 IP RIP RECEIVE VERSION number;

④路由器间能通信的条件是自己发送的路由,对方能理解;对方发送的路由,自己能理解。

五、RIP V2 支持 VLSM 及手工路由汇总

RIP V2 与 RIP V1 最大的区别就是支持变长子网掩码(VLSM)和手工路由汇总。RIP V1 只能汇总到主类网络。

1. RIP V1 default \RIP V2 混合组网

1) 目标

如图 6-16 所示,一网络由 5 台路由器组成,R1、R2 和 R3 配置 RIP V1 路由协议,R4、R5 配置为 RIP V2,在 R1、R2、R3 之间,将 B 类地址(172.172.0.0/16)划分成 C 类地址(172.172.1.0/24,172.172.4.0/24),将子网不连续地分配到各个子网,R2 两端分别连上网络 172.170.2.0 及 172.171.3.0,同时,在 R2 的两个接口上配置辅助 IP 地址,R4、R5 与 R3 同在子网 172.172.5.32/28 中,要求实现网络的全互联。

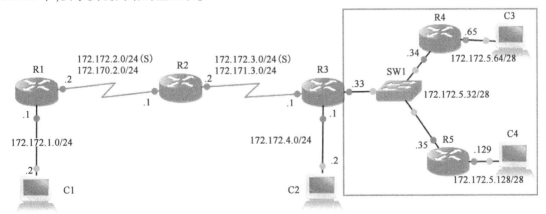

图 6-16　RIP V1 default 与 RIP V2 消息互通图

2)分析

R1、R2、R3 配置成 default RIP V1 协议,它们之间能够相互理解;R4 与 R5 配置成 RIP V2 协议,它们之间能相互理解;但 R3 与 R4、R5 无法理解。

R3 配置成 default RIP V1 能接收 V1V2 类路由信息,但发送 V1 类路由信息;R4、R5 接收与发送 V2 类路由信息,因此需要调整 R3 发送信息为 V2 类路由信息。

3)配置

R3#conf t

R3(config)#int f1/0

R3(config-if)#ip rip send version 2

R4#conf t

R4(config)#router rip

R4(config-router)#version 2

R5#conf t

R5(config)#router rip

R5(config-router)#version 2

4)检验

(1)查看路由器的路由表

R1#show ip route

  172.170.0.0/24 is subnetted, 1 subnets

C   172.170.2.0 is directly connected, Serial3/0 //直连网段

R 172.171.0.0/16 [120/1] via 172.170.2.1, 00:00:07, Serial3/0

     [120/1] via 172.172.2.1, 00:00:07, Serial3/0 //不相邻子网汇总

  172.172.0.0/24 is subnetted, 5 subnets

R   172.172.0.0 [120/1] via 172.170.2.1, 00:00:07, Serial3/0 //不相邻子网汇总

C   172.172.1.0 is directly connected, FastEthernet0/0

C   172.172.2.0 is directly connected, Serial3/0

R   172.172.3.0 [120/1] via 172.172.2.1, 00:00:07, Serial3/0

R   172.172.4.0 [120/2] via 172.172.2.1, 00:00:09, Serial3/0

R1#

R2#show ip route

  172.170.0.0/24 is subnetted, 1 subnets

C   172.170.2.0 is directly connected, Serial3/0

  172.171.0.0/24 is subnetted, 1 subnets

C   172.171.3.0 is directly connected, Serial3/1

  172.172.0.0/24 is subnetted, 5 subnets

R   172.172.0.0 [120/1] via 172.170.2.2, 00:00:25, Serial3/0

     [120/1] via 172.171.3.1, 00:00:14, Serial3/1 //不相邻子网汇总,导致网络朝 2 个方向发送同一个源数据包,网络发生错误

R   172.172.1.0 [120/1] via 172.172.2.2, 00:00:25, Serial3/0

C   172.172.2.0 is directly connected, Serial3/0

| C | 172.172.3.0 is directly connected, Serial3/1 |
| R | 172.172.4.0 [120/1] via 172.172.3.1, 00:00:15, Serial3/1 |

R2#

R3# show ip route

| R | 172.170.0.0/16 [120/1] via 172.171.3.2, 00:00:06, Serial3/1 |
| | [120/1] via 172.172.3.2, 00:00:06, Serial3/1 |

172.171.0.0/24 is subnetted, 1 subnets

| C | 172.171.3.0 is directly connected, Serial3/1 |

172.172.0.0/16 is variably subnetted, 8 subnets, 2 masks

R	172.172.0.0/24 [120/1] via 172.171.3.2, 00:00:06, Serial3/1
R	172.172.1.0/24 [120/2] via 172.172.3.2, 00:00:06, Serial3/1
R	172.172.2.0/24 [120/1] via 172.172.3.2, 00:00:06, Serial3/1
C	172.172.3.0/24 is directly connected, Serial3/1
C	172.172.4.0/24 is directly connected, FastEthernet0/0
C	172.172.5.32/28 is directly connected, FastEthernet1/0 //3条新增路由
R	172.172.5.64/28 [120/1] via 172.172.5.34, 00:00:20, FastEthernet1/0
R	172.172.5.128/28 [120/1] via 172.172.5.35, 00:00:09, FastEthernet1/0

R3#

※注意:对R3来说,新增加了3条路由,并且子网掩码是28位的。

R4#show ip route

Gateway of last resort is not set

| R | 172.170.0.0/16 [120/2] via 172.172.5.33, 00:00:24, FastEthernet1/0 |
| R | 172.171.0.0/16 [120/1] via 172.172.5.33, 00:00:24, FastEthernet1/0 |

172.172.0.0/16 is variably subnetted, 8 subnets, 2 masks

R	172.172.0.0/24 [120/2] via 172.172.5.33, 00:00:24, FastEthernet1/0
R	172.172.1.0/24 [120/3] via 172.172.5.33, 00:00:24, FastEthernet1/0
R	172.172.2.0/24 [120/2] via 172.172.5.33, 00:00:24, FastEthernet1/0
R	172.172.3.0/24 [120/1] via 172.172.5.33, 00:00:24, FastEthernet1/0
R	172.172.4.0/24 [120/1] via 172.172.5.33, 00:00:00, FastEthernet1/0
C	172.172.5.32/28 is directly connected, FastEthernet1/0 //3条新增路由
C	172.172.5.64/28 is directly connected, FastEthernet0/0
R	172.172.5.128/28 [120/1] via 172.172.5.35, 00:00:09, FastEthernet1/0

R4#

※注意:在配置RIP V2时,所有的网络(包括不同长度的子网掩码)都没有丢失。

(2)观察终端是否连通

VPCS[1] > ping 172.172.4.2   //能ping通C2

172.172.4.2 icmp_seq=1 ttl=61 time=157.009 ms

172.172.4.2 icmp_seq=2 ttl=61 time=90.005 ms

172.172.4.2 icmp_seq=3 ttl=61 time=81.005 ms

VPCS[1] >

VPCS[1] > ping 172.172.5.130   //不能 ping 通 C4

*172.172.1.1 icmp_seq=1 ttl=255 time=39.002 ms（ICMP type:3，code:1，Destination host unreachable）

*172.172.1.1 icmp_seq=2 ttl=255 time=10.000 ms（ICMP type:3，code:1，Destination host unreachable）

5）结论

R1 和 R2 配置了 RIP V1，不支持变长子网掩码，会导致部分子网丢失。规划子网时，要合理规划网络才能避免这个问题。R3、R4、R5 采用了 V2 更新路由新息，子网信息完整。

6）问题分析

用 RIP V1 与 RIP V2 混合组网时，由于 RIP V1 不传递子网掩码，导致部分网络信息丢失。

2. RIP V2 单独组网

1）目标

如图 6-17 所示，一网络由 5 台路由器组成，R1、R2、R3、R4、R5 配置为 RIP V2，在 R1、R2、R3 之间，将 B 类地址（172.172.0.0/16）划分成 C 类地址（172.172.1.0/24，172.172.4.0/24），将子网不连续地分配到各个子网，R2 两端分别连上网络 172.170.2.0 及 172.171.3.0，同时，在 R2 的两个接口上配置辅助 IP 地址，R4、R5 与 R3 同在子网 172.172.5.32/28 中，要求实现网络的全互联。

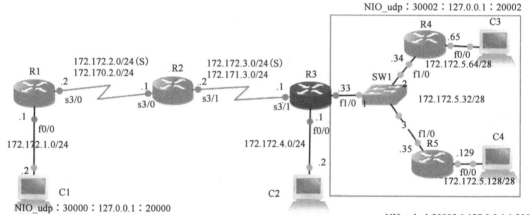

图 6-17　RIP V2 单独组网拓扑图

2）分析

R1、R2、R3、R4 与 R5 配置成 RIP V2 协议，它们之间能相互理解。

3）配置

R1#conf t

R1(config)#router rip

R1(config-router)#version 2

R2#conf t

R2(config)#router rip

R2(config-router)#version 2

R3#conf t

R3(config)#router rip
R3(config-router)#version 2
 4)检验
  (1)查看路由器的路由表
R1#show ip route
  172.170.0.0/24 is subnetted, 1 subnets
C   172.170.2.0 is directly connected, Serial3/0
R   172.171.0.0/16 [120/1] via 172.170.2.1, 00:00:25, Serial3/0
      [120/1] via 172.172.2.1, 00:00:25, Serial3/0
  172.172.0.0/16 is variably subnetted, 8 subnets, 3 masks
R   172.172.0.0/16 [120/1] via 172.170.2.1, 00:00:25, Serial3/0
C   172.172.1.0/24 is directly connected, FastEthernet0/0
C   172.172.2.0/24 is directly connected, Serial3/0
R   172.172.3.0/24 [120/1] via 172.172.2.1, 00:00:00, Serial3/0
R   172.172.4.0/24 [120/2] via 172.172.2.1, 00:00:00, Serial3/0
R   172.172.5.32/28 [120/2] via 172.172.2.1, 00:00:00, Serial3/0
R   172.172.5.64/28 [120/3] via 172.172.2.1, 00:00:00, Serial3/0
R   172.172.5.128/28 [120/3] via 172.172.2.1, 00:00:00, Serial3/0
R1#
※注意:对 R1 来说,新增加了 3 条路由,并且子网掩码是 28 位的。
R2#show ip route
  172.170.0.0/24 is subnetted, 1 subnets
C   172.170.2.0 is directly connected, Serial3/0
  172.171.0.0/24 is subnetted, 1 subnets
C   172.171.3.0 is directly connected, Serial3/1
  172.172.0.0/16 is variably subnetted, 8 subnets, 3 masks
R   172.172.0.0/16 [120/1] via 172.171.3.1, 00:00:24, Serial3/1
      [120/1] via 172.170.2.2, 00:00:13, Serial3/0 //同一个源数据包发往 2 个方向,网络发生错误。
R   172.172.1.0/24 [120/1] via 172.172.2.2, 00:00:13, Serial3/0
C   172.172.2.0/24 is directly connected, Serial3/0
C   172.172.3.0/24 is directly connected, Serial3/1
R   172.172.4.0/24 [120/1] via 172.172.3.1, 00:00:25, Serial3/1
R   172.172.5.32/28 [120/1] via 172.172.3.1, 00:00:25, Serial3/1
R   172.172.5.64/28 [120/2] via 172.172.3.1, 00:00:25, Serial3/1
R   172.172.5.128/28 [120/2] via 172.172.3.1, 00:00:01, Serial3/1 //新增了 3 个路由
R2#
※注意:对 R2 来说,新增加了 3 条路由,并且子网掩码是 28 位的;但有一条路由发生了错误,怎么办?

```
R3# show ip route
R       172.170.0.0/16 [120/1] via 172.171.3.2, 00:00:06, Serial3/1
                       [120/1] via 172.172.3.2, 00:00:06, Serial3/1
        172.171.0.0/24 is subnetted, 1 subnets
C       172.171.3.0 is directly connected, Serial3/1
        172.172.0.0/16 is variably subnetted, 8 subnets, 2 masks
R       172.172.0.0/24 [120/1] via 172.171.3.2, 00:00:06, Serial3/1
R       172.172.1.0/24 [120/2] via 172.172.3.2, 00:00:06, Serial3/1
R       172.172.2.0/24 [120/1] via 172.172.3.2, 00:00:06, Serial3/1
C       172.172.3.0/24 is directly connected, Serial3/1
C       172.172.4.0/24 is directly connected, FastEthernet0/0
C       172.172.5.32/28 is directly connected, FastEthernet1/0    //3 条新增路由
R       172.172.5.64/28 [120/1] via 172.172.5.34, 00:00:20, FastEthernet1/0
R       172.172.5.128/28 [120/1] via 172.172.5.35, 00:00:09, FastEthernet1/0
R3#
```

※注意:对 R3 来说,新增加了 3 条路由,并且子网掩码是 28 位的。

```
R4#show ip route
Gateway of last resort is not set
R       172.170.0.0/16 [120/2] via 172.172.5.33, 00:00:24, FastEthernet1/0
R       172.171.0.0/16 [120/1] via 172.172.5.33, 00:00:24, FastEthernet1/0
        172.172.0.0/16 is variably subnetted, 8 subnets, 2 masks
R       172.172.0.0/24 [120/2] via 172.172.5.33, 00:00:24, FastEthernet1/0
R       172.172.1.0/24 [120/3] via 172.172.5.33, 00:00:24, FastEthernet1/0
R       172.172.2.0/24 [120/2] via 172.172.5.33, 00:00:24, FastEthernet1/0
R       172.172.3.0/24 [120/1] via 172.172.5.33, 00:00:24, FastEthernet1/0
R       172.172.4.0/24 [120/1] via 172.172.5.33, 00:00:00, FastEthernet1/0
C       172.172.5.32/28 is directly connected, FastEthernet1/0    //3 条新增路由
C       172.172.5.64/28 is directly connected, FastEthernet0/0
R       172.172.5.128/28 [120/1] via 172.172.5.35, 00:00:09, FastEthernet1/0
R4#
```

※注意:在配置 RIP V2 时,所有的网络(包括不同长度的子网掩码)都没有丢失。

(2) 观察终端是否连通

```
VPCS[1] > ping 172.172.4.2         //能 ping 通 C2
172.172.4.2 icmp_seq=1 timeout
172.172.4.2 icmp_seq=2 ttl=61 time=87.004 ms
172.172.4.2 icmp_seq=3 ttl=61 time=80.004 ms
VPCS[1] > ping 172.172.5.66        //能 ping 通 C3
172.172.5.66 icmp_seq=1 timeout
172.172.5.66 icmp_seq=2 ttl=60 time=98.005 ms
172.172.5.66 icmp_seq=3 ttl=60 time=70.004 ms
```

```
VPCS[1] > ping 172.172.5.130          //能 ping 通 C4
172.172.5.130 icmp_seq = 1 timeout
172.172.5.130 icmp_seq = 2 ttl = 60 time = 99.006 ms
172.172.5.130 icmp_seq = 3 ttl = 60 time = 114.006 ms
```

5) 结论

当整个网络配置成 RIP V2 时,由于 RIPV2 支持 VLSM,所有网络细节全被表达出来,所有路由信息完整。

※注意:即使 R2 的路由信息有错误,但是由于网络发送数据包时是按最长 IP 地址匹配的原则,错误的路由不会被选到,因此对整个网络性能没有大的影响。

3. RIP V2 路由汇总

1) 目标

如图 6-18 所示,一网络由 5 台路由器组成,R1、R2、R3、R4、R5 配置为 RIP V2,在 R1、R2、R3 之间,将 B 类地址(172.172.0.0/16)划分成 C 类地址(172.172.1.0/24, 172.172.4.0/24),将子网不连续地分配到各个子网,R2 两端分别连上网络 172.170.2.0 及 172.171.3.0,同时,在 R2 的两个接口上配置辅助 IP 地址,R4、R5 与 R3 同在子网 172.172.5.32/28 中,要求实现网络的全互联。将 R3 右边的三个网段 172.172.5.32/28、172.172.5.64/28、172.172.5.128/28 路由汇总到 172.172.5.0/24。

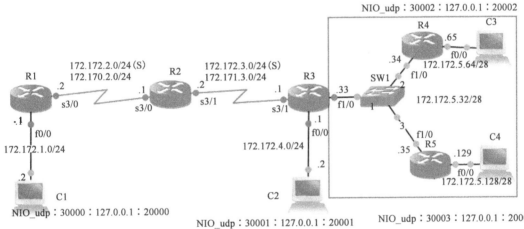

图 6-18 RIP V2 路由汇总拓扑图

2) 配置

```
R3#conf t
R3(config)#int s3/1
R3(config-if)#ip summary-address rip 172.172.5.0 255.255.255.0
```

3) 检验

(1) 查看路由器的路由表

```
R1#show ip route
    172.170.0.0/24 is subnetted, 1 subnets
C       172.170.2.0 is directly connected, Serial3/0
R    172.171.0.0/16 [120/1] via 172.170.2.1, 00:00:26, Serial3/0
```

```
                [120/1] via 172.172.2.1, 00:00:26, Serial3/0
        172.172.0.0/16 is variably subnetted, 9 subnets, 3 masks
R       172.172.0.0/16 [120/1] via 172.170.2.1, 00:00:26, Serial3/0
C       172.172.1.0/24 is directly connected, FastEthernet0/0
C       172.172.2.0/24 is directly connected, Serial3/0
R       172.172.3.0/24 [120/1] via 172.172.2.1, 00:00:01, Serial3/0
R       172.172.4.0/24 [120/2] via 172.172.2.1, 00:00:01, Serial3/0
R       172.172.5.0/24 [120/2] via 172.172.2.1, 00:00:01, Serial3/0
R1#
```

※注意:对 R1 来说,原来新增加的子网长度为 28 位的 3 条路由消失了,取而代之的是一条汇总了的 24 位掩码的路由。

(2)观察终端是否连通

```
VPCS[1] > ping 172.172.4.2        //能 ping 通 C2
172.172.4.2 icmp_seq = 1 timeout
172.172.4.2 icmp_seq = 2 ttl = 61 time = 87.004 ms
172.172.4.2 icmp_seq = 3 ttl = 61 time = 80.004 ms
VPCS[1] > ping 172.172.5.66       //能 ping 通 C3
172.172.5.66 icmp_seq = 1 timeout
172.172.5.66 icmp_seq = 2 ttl = 60 time = 98.005 ms
172.172.5.66 icmp_seq = 3 ttl = 60 time = 70.004 ms
VPCS[1] > ping 172.172.5.130      //能 ping 通 C4
172.172.5.130 icmp_seq = 1 timeout
172.172.5.130 icmp_seq = 2 ttl = 60 time = 99.006 ms
172.172.5.130 icmp_seq = 3 ttl = 60 time = 114.006 ms
```

4)结论

在路由器 R3 端口 S3/1 上做路由汇总,在 R3 左边的所有路由器会收到汇总的路由,这可减少路由表的大小,但注意,手工路由汇总要根据需求来确定,不能导致汇总后,路由发生错误。

六、RIP V2 明文认证和 MD5 认证

RIP V2 支持明文和 MD5 两种形式的认证,能很好地解决路由器之间的安全问题,尤其是 MD5,采用散列算法进行加密,更加安全。RIP V2 的加密都是基于端口的。

1. RIP V2 单向明文认证

1)目标

如图 6-19 所示,一网络由 5 台路由器组成,R1、R2、R3、R4、R5 配置为 RIP V2,在 R1、R2、R3 之间,将 B 类地址(172.172.0.0/16)划分成 C 类地址(172.172.1.0/24,172.172.4.0/24),将子网不连续地分配到各个子网,R2 两端分别连上网络 172.170.2.0 及 172.171.3.0,同时,在 R2 的两个接口上配置辅助 IP 地址,R4、R5 与 R3 同在子网 172.172.5.32/28 中,要求实现网络的全互联。

(新要求)R1 与 R2 间采用明文认证。

其中 R1、R2 的配置如表 6-2 所示。

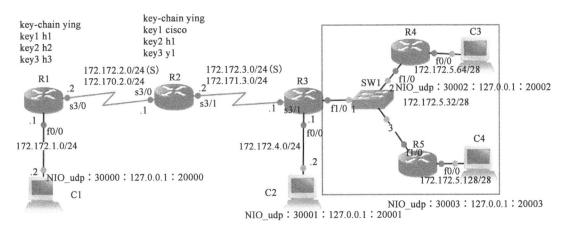

图 6-19 R1 与 R2 之间单向密码认证拓扑

R1 与 R2 之间的单向密码认证　　　　　　　　　表 6-2

	R1	R2
Key-chain	huang	ying
Key 1	h1	cisco
Key 2	h2	h1
Key 3	h3	y1

2）配置

R1#conf t

R1(config)#key chain huang　　　　　　　//定义钥匙串,上面共有 3 把钥匙

R1(config-keychain)#key 1　　　　　　　//钥匙串上的第一把钥匙

R1(config-keychain-key)#key-string h1　　//名字叫 h1

R1(config-keychain-key)#key 2　　　　　　//钥匙串上的第二把钥匙

R1(config-keychain-key)#key-string h2　　//名字叫 h2

R1(config-keychain-key)#key 3

R1(config-keychain-key)#key-string h3

R1(config-keychain-key)#exit

R1(config-keychain)#exit

R1(config)#int s3/0　　　　　　　　　　//进入端口

R1(config-if)#ip rip authentication mode text　//指定该端口采用明文认证

R1(config-if)#ip rip authentication key-chain huang //指定认证时要用的钥匙串

R1#　　　　//观察 R1 的路由表,发现 R1 与 R2 断开

R2#conf t

R2(config)#key chain ying

R2(config-keychain)#key 1

R2(config-keychain-key)#key-string cisco

R2(config-keychain-key)#key 2

R2(config-keychain-key)#key-string h1

R2(config-keychain-key)#key 3

R2(config-keychain-key)#key-string y1
R2(config-keychain-key)#exit
R2(config-keychain)#exit
R2(config)#int s3/0
R2(config-if)#ip rip authentication mode text
R2(config-if)#ip rip authentication key-chain ying
  3)检验
  （1）查看路由器的路由表
R1#show ip route
  172.170.0.0/24 is subnetted, 1 subnets
C   172.170.2.0 is directly connected, Serial3/0
  172.172.0.0/24 is subnetted, 2 subnets
C   172.172.1.0 is directly connected, FastEthernet0/0
C   172.172.2.0 is directly connected, Serial3/0R1#
※注意：对R1来说，只剩下直连路由，不能接收R2的信息。
R2#show ip route
  172.170.0.0/24 is subnetted, 1 subnets
C   172.170.2.0 is directly connected, Serial3/0
  172.171.0.0/24 is subnetted, 1 subnets
C   172.171.3.0 is directly connected, Serial3/1
  172.172.0.0/16 is variably subnetted, 8 subnets, 3 masks
R   172.172.0.0/16 [120/1] via 172.171.3.1, 00:00:24, Serial3/1
       [120/1] via 172.170.2.2, 00:00:13, Serial3/0
R   172.172.1.0/24 [120/1] via 172.172.2.2, 00:00:13, Serial3/0
C   172.172.2.0/24 is directly connected, Serial3/0
C   172.172.3.0/24 is directly connected, Serial3/1
R   172.172.4.0/24 [120/1] via 172.172.3.1, 00:00:25, Serial3/1
R   172.172.5.32/28 [120/1] via 172.172.3.1, 00:00:25, Serial3/1
R   172.172.5.64/28 [120/2] via 172.172.3.1, 00:00:25, Serial3/1
R   172.172.5.128/28 [120/2] via 172.172.3.1, 00:00:01, Serial3/1
R2#
※注意：路由保持不变，R2收到了R1的路由消息。
  （2）观察终端是否连通
VPCS[1] > ping 172.172.4.2   //不能ping通C2
*172.172.1.1 icmp_seq=1 ttl=255 time=39.002 ms (ICMP type:3, code:1, Destination host unreachable)
*172.172.1.1 icmp_seq=2 ttl=255 time=3.000 ms (ICMP type:3, code:1, Destination host unreachable)
  4)结论
  R1无法接收R2的路由信息，但是R2可以接收R1的路由信息。

5)问题分析

R1 能被 R2 认证,R2 不能被 R1 认证。为什么?

2. RIP V2 双向明文认证

1)目标

如图 6-20 所示,一网络由 5 台路由器组成,R1、R2、R3、R4、R5 配置为 RIP V2,在 R1、R2、R3 之间,将 B 类地址(172.172.0.0/16)划分成 C 类地址(172.172.1.0/24,172.172.4.0/24),子网不连续地分配到各个子网,R2 两端分别连上网络 172.170.2.0 及 172.171.3.0;同时,在 R2 的两个接口上配置辅助 IP 地址,R4、R5 与 R3 同在子网 172.172.5.32/28 中,要求实现网络的全互联。R1 与 R2 间采用明文认证。

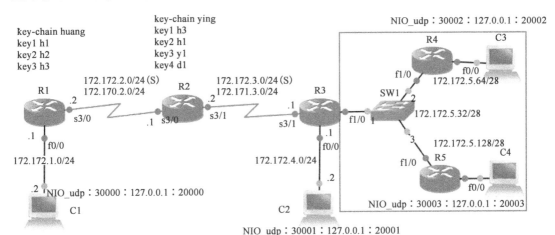

图 6-20 R1 与 R2 之间双向密码认证拓扑

其中 R1、R2 的配置如表 6-3 所示。

R1 与 R2 之间的双向密码认证   表 6-3

	R1	R2
Key-chain	huang	ying
Key 1	h1	h3
Key 2	h2	h1
Key 3	h3	y1
Key 4	—	d1

2)分析

R2 能接收 R1 的路由,说明 R2 可以认证 R1,R1 发送最年轻的密钥,R2 在自己的密钥库中对比,能发现相同的密钥;但反过来不行。

将 R2 的第 1 个密钥改为 h3,并增加第 4 个密钥 d1

3)配置

R2#conf t

R2(config)#key-c

R2(config)#key chain ying

R2(config-keychain)#key 1

R2(config-keychain-key)#key – string h3
R2(config-keychain-key)#key 4
R2(config-keychain-key)#key-string d1

4）检验

（1）查看路由器的路由表

R1#show ip route

  172.170.0.0/24 is subnetted, 1 subnets
C   172.170.2.0 is directly connected, Serial3/0
R 172.171.0.0/16 [120/1] via 172.170.2.1, 00:00:01, Serial3/0
      [120/1] via 172.172.2.1, 00:00:01, Serial3/0
  172.172.0.0/16 is variably subnetted, 8 subnets, 3 masks
R 172.172.0.0/16 [120/1] via 172.170.2.1, 00:00:01, Serial3/0
C 172.172.1.0/24 is directly connected, FastEthernet0/0
C 172.172.2.0/24 is directly connected, Serial3/0
R 172.172.3.0/24 [120/1] via 172.172.2.1, 00:00:02, Serial3/0
R 172.172.4.0/24 [120/2] via 172.172.2.1, 00:00:02, Serial3/0
R 172.172.5.32/28 [120/2] via 172.172.2.1, 00:00:02, Serial3/0
R 172.172.5.64/28 [120/3] via 172.172.2.1, 00:00:02, Serial3/0
R 172.172.5.128/28 [120/3] via 172.172.2.1, 00:00:02, Serial3/0

※注意：对 R1 来说，可以接收 R2 的信息。

R2#show ip route

  172.170.0.0/24 is subnetted, 1 subnets
C 172.170.2.0 is directly connected, Serial3/0
  172.171.0.0/24 is subnetted, 1 subnets
C 172.171.3.0 is directly connected, Serial3/1
  172.172.0.0/16 is variably subnetted, 8 subnets, 3 masks
R 172.172.0.0/16 [120/1] via 172.171.3.1, 00:00:24, Serial3/1
      [120/1] via 172.170.2.2, 00:00:13, Serial3/0
R 172.172.1.0/24 [120/1] via 172.172.2.2, 00:00:13, Serial3/0
C 172.172.2.0/24 is directly connected, Serial3/0
C 172.172.3.0/24 is directly connected, Serial3/1
R 172.172.4.0/24 [120/1] via 172.172.3.1, 00:00:25, Serial3/1
R 172.172.5.32/28 [120/1] via 172.172.3.1, 00:00:25, Serial3/1
R 172.172.5.64/28 [120/2] via 172.172.3.1, 00:00:25, Serial3/1
R 172.172.5.128/28 [120/2] via 172.172.3.1, 00:00:01, Serial3/1
R2#

※注意：路由保持不变，R2 收到了 R1 的路由消息。

（2）观察终端是否连通

VPCS[1] > ping 172.172.4.2   //能 ping 通 C2

172.172.4.2 icmp_seq=1 timeout
172.172.4.2 icmp_seq=2 ttl=61 time=84.005 ms
172.172.4.2 icmp_seq=3 ttl=61 time=115.006 ms

5）结论

R1、R2 可以交互路由信息。

6）明文认证结论

①RIP 是距离矢量路由协议，不需要建立邻居关系，其认证是单向的，即 R1 认证了 R2 时（R2 是被认证方），R1 才能接收 R2 发送来的路由；反之，如果 R1 没认证 R2 时（R2 是被认证方），R1 将不能接收 R2 发送来的路由；R1 认证了 R2（R2 是被认证方）不代表 R2 认证了 R1（R1 是被认证方）。

②明文认证时，被认证方发送 key chian 时，发送最低 ID 值的 key，并且不携带 ID；认证方接收到 key 后，和自己 key chain 的全部 key 进行比较，只要有一个 key 匹配就通过对被认证方的认证。

3. RIP V2 MD5 认证失败 1

1）目标

如图 6-21 所示，一网络由 5 台路由器组成，R1、R2、R3、R4、R5 配置为 RIP V2，在 R1、R2、R3 之间，将 B 类地址（172.172.0.0/16）划分成 C 类地址（172.172.1.0/24，172.172.4.0/24），将子网不连续地分配到各个子网，R2 两端分别连上网络 172.170.2.0 及 172.171.3.0，同时，在 R2 的两个接口上配置辅助 IP 地址，R4、R5 与 R3 同在子网 172.172.5.32/28 中，要求实现网络的全互联。R2 与 R3 间采用 MD5 认证。

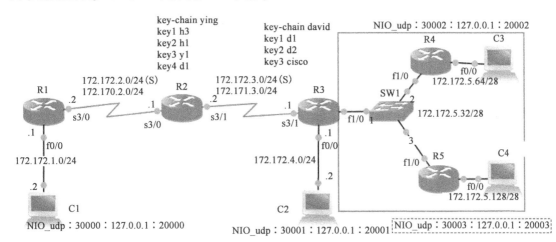

图 6-21　R2 与 R3 之间 MD5 密码认证拓扑

其中 R2、R3 的配置如表 6-4 所示。

R2 与 R3 之间 MD5 密码认证　　　　　　表 6-4

	R2	R3
Key-chain	ying	david
Key 1	h3	d1
Key 2	h1	d2

	R2	R3
Key 3	y1	cisco
Key 4	d1	—

2）配置

R2#conf t

R2(config)#int s3/1　　//进入端口

R2(config-if)#ip rip authentication mode md5　　//指定这个端口的认证方式为 MD5

R2(config-if)#ip rip authentication key-chain ying　　//指定认证的钥匙串为 ying

R3(config)#

R3(config)#key chain david

R3(config-keychain)#key 1

R3(config-keychain-key)#key-string d1

R3(config-keychain-key)#key 2

R3(config-keychain-key)#key-string d2

R3(config-keychain-key)#key 3

R3(config-keychain-key)#key-string cisco

R3(config-keychain-key)#exit

R3(config-keychain)#exit

R3(config)#int s3/1

R3(config-if)#ip rip authentication mode md5

R3(config-if)#ip rip authentication key-chain david

3）检验

（1）查看路由器的路由表

R2#show ip route

　　172.170.0.0/24 is subnetted, 1 subnets

C　　　172.170.2.0 is directly connected, Serial3/0

　　172.171.0.0/24 is subnetted, 1 subnets

C　　　172.171.3.0 is directly connected, Serial3/1

　　172.172.0.0/16 is variably subnetted, 4 subnets, 2 masks

R　　　172.172.0.0/16 [120/1] via 172.170.2.2, 00:00:12, Serial3/0

R　　　172.172.1.0/24 [120/1] via 172.172.2.2, 00:00:12, Serial3/0

C　　　172.172.2.0/24 is directly connected, Serial3/0

C　　　172.172.3.0/24 is directly connected, Serial3/1

※注意：对 R2 来说，无法接收 R3 的信息。

R3#

R3#show ip route

　　172.171.0.0/24 is subnetted, 1 subnets

C　　　172.171.3.0 is directly connected, Serial3/1

```
     172.172.0.0/16 is variably subnetted, 5 subnets, 2 masks
C       172.172.3.0/24 is directly connected, Serial3/1
C       172.172.4.0/24 is directly connected, FastEthernet0/0
C       172.172.5.32/28 is directly connected, FastEthernet1/0
R       172.172.5.64/28 [120/1] via 172.172.5.34, 00:00:00, FastEthernet1/0
R       172.172.5.128/28 [120/1] via 172.172.5.35, 00:00:22, FastEthernet1/0
R3#
```
※注意:对于 R3 来说,无法接收 R2 的信息。

(2)观察终端是否连通

VPCS[1] > ping 172.172.4.2   //不能 ping 通 C2

VPCS[1] > ping 172.172.4.2

*172.170.2.1 icmp_seq = 1 ttl = 254 time = 682.039 ms (ICMP type:11, code:0, TTL expired in transit)

*172.170.2.1 icmp_seq = 2 ttl = 254 time = 650.037 ms (ICMP type:11, code:0, TTL expired in transit)

4)结论

R2、R3 即使有相同的密钥"d1",双方都无法接收对方的路由信息。

5)问题分析

R2 不能认证 R3,R3 也不能认证 R2。MD5 的密钥认证关系会是怎样的?

4. RIP V2 MD5 认证失败 2

1)目标

如图 6-22 所示,一网络由 5 台路由器组成,R1、R2、R3、R4、R5 配置为 RIP V2,在 R1、R2、R3 之间,将 B 类地址(172.172.0.0/16)划分成 C 类地址(172.172.1.0/24,172.172.4.0/24),将子网不连续地分配到各个子网,R2 两端分别连上网络 172.170.2.0 及 172.171.3.0,同时,在 R2 的两个接口上配置辅助 IP 地址,R4、R5 与 R3 同在子网 172.172.5.32/28 中,要求实现网络的全互联。R2 与 R3 间采用 MD5 认证。

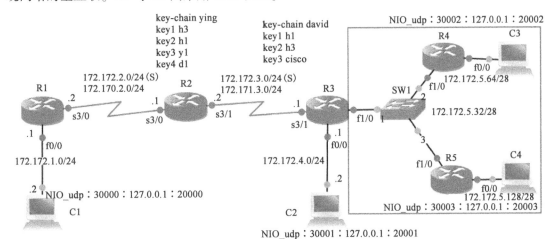

图 6-22 R2 与 R3 之间 MD5 密码认证拓扑 1

其中 R2、R3 配置如表 6-5。

R2 与 R3 之间 MD5 密码认证 1　　　　　　　表 6-5

	R2	R3
Key-chain	ying	david
Key 1	h3	h1
Key 2	h1	h3
Key 3	y1	cisco
Key 4	d1	—

2）分析

仿照明文认证，将 R3 的 key 1 调整成 h1，key 2 调整成 h3。

3）配置

R3#conf t

R3(config)#key chain david

R3(config-keychain)#key 1

R3(config-keychain-key)#key-string h1

R3(config-keychain-key)#key 2

R3(config-keychain-key)#key-string h3

4）检验

（1）查看路由器的路由表

R2#show ip route

　　172.170.0.0/24 is subnetted, 1 subnets

C　　172.170.2.0 is directly connected, Serial3/0

　　172.171.0.0/24 is subnetted, 1 subnets

C　　172.171.3.0 is directly connected, Serial3/1

　　172.172.0.0/16 is variably subnetted, 4 subnets, 2 masks

R　　172.172.0.0/16 [120/1] via 172.170.2.2, 00:00:12, Serial3/0

R　　172.172.1.0/24 [120/1] via 172.172.2.2, 00:00:12, Serial3/0

C　　172.172.2.0/24 is directly connected, Serial3/0

C　　172.172.3.0/24 is directly connected, Serial3/1

※注意：对 R2 来说，无法接收 R3 的信息。

R3#

R3#show ip route

　　172.171.0.0/24 is subnetted, 1 subnets

C　　172.171.3.0 is directly connected, Serial3/1

　　172.172.0.0/16 is variably subnetted, 5 subnets, 2 masks

C　　172.172.3.0/24 is directly connected, Serial3/1

C　　172.172.4.0/24 is directly connected, FastEthernet0/0

C　　172.172.5.32/28 is directly connected, FastEthernet1/0

R　　172.172.5.64/28 [120/1] via 172.172.5.34, 00:00:00, FastEthernet1/0

R　　172.172.5.128/28 [120/1] via 172.172.5.35, 00:00:22, FastEthernet1/0

R3#

※注意:对 R3 来说,无法接收 R2 的信息。

(2)观察终端是否连通

VPCS[1] > ping 172.172.4.2　　　　//不能连通 C2

VPCS[1] > ping 172.172.4.2

*172.170.2.1 icmp_seq = 1 ttl = 254 time = 682.039 ms(ICMP type:11,code:0,TTL expired in transit)

*172.170.2.1 icmp_seq = 2 ttl = 254 time = 650.037 ms(ICMP type:11,code:0,TTL expired in transit)

5)结论

R2、R3 都无法接收对方的路由信息。

6)问题分析

R2 不能认证 R3,R3 也不能认证 R2。R2、R3 有相同的 key,即使都放在第一位,也无法进行匹配。

5. RIP V2 MD5 单向认证

1)目标

如图 6-23 所示,一网络由 5 台路由器组成,R1、R2、R3、R4、R5 配置为 RIP V2,在 R1、R2、R3 之间,将 B 类地址(172.172.0.0/16)划分成 C 类地址(172.172.1.0/24,172.172.4.0/24),子网不连续地分配到各个子网,R2 两端分别连上网络 172.170.2.0 及 172.171.3.0;同时,在 R2 的两个接口上配置辅助 IP 地址,R4、R5 与 R3 同在子网 172.172.5.32/28 中,要求实现网络的全互联。

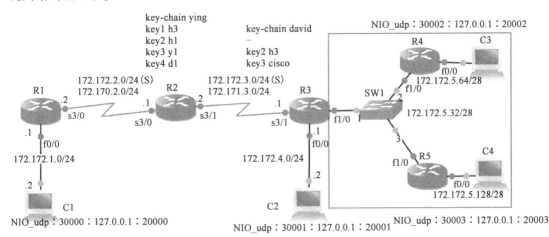

图 6-23　R2 与 R3 之间 MD5 密码认证拓扑 2

R2 与 R3 间采用 MD5 认证。

其中 R2\R3 的配置如表 6-6 所示。

表 6-6　R2 与 R3 之间 MD5 密码认证 2

	R2	R3
Key-chain	ying	david
Key 1	h3	—

	R2	R3
Key 2	h1	h3
Key 3	y1	cisco
Key 4	d1	—

2）分析

R3 的 key 1 调整成不存在。

3）配置

R3#conf t

R3(config)#key ch

R3(config)#key chain david

R3(config-keychain)#no key 1

4）检验

（1）查看路由器的路由表

R2#show ip route

  172.170.0.0/24 is subnetted, 1 subnets

C 172.170.2.0 is directly connected, Serial3/0

  172.171.0.0/24 is subnetted, 1 subnets

C 172.171.3.0 is directly connected, Serial3/1

  172.172.0.0/16 is variably subnetted, 4 subnets, 2 masks

R 172.172.0.0/16 [120/1] via 172.170.2.2, 00:00:12, Serial3/0

R 172.172.1.0/24 [120/1] via 172.172.2.2, 00:00:12, Serial3/0

C 172.172.2.0/24 is directly connected, Serial3/0

C 172.172.3.0/24 is directly connected, Serial3/1

※注意：对 R2 来说，无法接收 R3 的信息。

R3#

R3#show ip route

R 172.170.0.0/16 [120/1] via 172.171.3.2, 00:00:14, Serial3/1

      [120/1] via 172.172.3.2, 00:00:14, Serial3/1

172.171.0.0/24 is subnetted, 1 subnets

C 172.171.3.0 is directly connected, Serial3/1

  172.172.0.0/16 is variably subnetted, 8 subnets, 3 masks

R 172.172.0.0/16 [120/1] via 172.171.3.2, 00:00:14, Serial3/1

R 172.172.1.0/24 [120/2] via 172.172.3.2, 00:00:14, Serial3/1

R 172.172.2.0/24 [120/1] via 172.172.3.2, 00:00:14, Serial3/1

C 172.172.3.0/24 is directly connected, Serial3/1

C 172.172.4.0/24 is directly connected, FastEthernet0/0

C 172.172.5.32/28 is directly connected, FastEthernet1/0

R 172.172.5.64/28 [120/1] via 172.172.5.34, 00:00:22, FastEthernet1/0

R   172.172.5.128/28 [120/1] via 172.172.5.35, 00:00:22, FastEthernet1/0R3#

※注意:对 R3 来说,可接收 R2 的信息。

(2)观察终端是否连通

VPCS[1] > ping 172.172.4.2   //不能连通 C2

VPCS[1] > ping 172.172.4.2

*172.170.2.1 icmp_seq=1 ttl=254 time=682.039 ms (ICMP type:11, code:0, TTL expired in transit)

*172.170.2.1 icmp_seq=2 ttl=254 time=650.037 ms (ICMP type:11, code:0, TTL expired in transit)

5)调整

R2 的 key 3 调整成 cisco,发现结果也一样。

其中 R2、R3 的配置如表 6-7 所示。

表 6-7
R2 与 R3 之间单向 MD5 密码认证 2

	R2	R3
Key-chain	ying	david
Key 1	h3	—
Key 2	h1	h3
Key 3	cisco	cisco
Key 4	d1	—

6)结论

R2 无法接收 R3 的路由信息,但 R3 可以接收 R2 的路由信息。

7)问题分析

R2 不能认证 R3,R3 可以认证 R2。R2 发送 key 1,R3 能够认识;但 R3 发送 key 2,R2 不能够认识,说明 R2 忽略了自己的 Key 1。

6. RIP V2 MD5 双向认证

1)目标

如图 6-24 所示,一网络由 5 台路由器组成,R1、R2、R3、R4、R5 配置为 RIP V2,在 R1、R2、R3 之间,将 B 类地址(172.172.0.0/16)划分成 C 类地址(172.172.1.0/24,172.172.4.0/24),将子网不连续地分配到各个子网,R2 两端分别连上网络 172.170.2.0 及 172.171.3.0,同时,在 R2 的两个接口上配置辅助 IP 地址,R4、R5 与 R3 同在子网 172.172.5.32/28 中,要求实现网络的全互联。

R2 与 R3 间采用 MD5 认证。

其中 R2、R3 的配置如表 6-8 所示。

表 6-8
R2 与 R3 之间双向 MD5 密码认证

	R2	R3
Key-chain	ying	david
Key 1	h3	h3
Key 2	h1	H2

129

续上表

	R2	R3
Key 3	cisco	d1
Key 4	d1	—

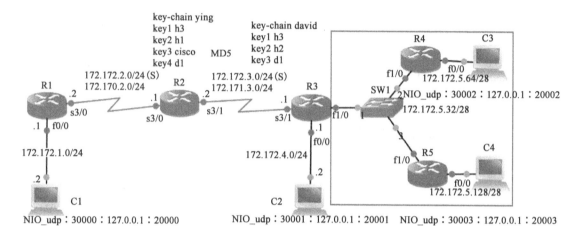

图 6-24　R2 与 R3 之间 MD5 双向密码认证拓扑

2）分析

R3 的 key 1 调整成 h3,这样 R2 与 R3 的第一个密钥相同。

3）配置

R3#conf t

R3(config)#key chain david

R3(config-keychain)#key 1

R3(config-keychain-key)#key-string h3

R3(config-keychain-key)#key 2

R3(config-keychain-key)#key-string h2

4）检验

(1)查看路由器的路由表

R2#show ip route

　　　172.170.0.0/24 is subnetted, 1 subnets

C　　　172.170.2.0 is directly connected, Serial3/0

　　　172.171.0.0/24 is subnetted, 1 subnets

C　　　172.171.3.0 is directly connected, Serial3/1

　　　172.172.0.0/16 is variably subnetted, 8 subnets, 3 masks

R　　　172.172.0.0/16 [120/1] via 172.170.2.2, 00:00:07, Serial3/0

　　　　　　　　　　[120/1] via 172.171.3.1, 00:00:06, Serial3/1

R　　　172.172.1.0/24 [120/1] via 172.172.2.2, 00:00:07, Serial3/0

C　　　172.172.2.0/24 is directly connected, Serial3/0

C　　　172.172.3.0/24 is directly connected, Serial3/1

R　　　172.172.4.0/24 [120/1] via 172.172.3.1, 00:00:07, Serial3/1

| R | 172.172.5.32/28 [120/1] via 172.172.3.1, 00:00:07, Serial3/1
| R | 172.172.5.64/28 [120/2] via 172.172.3.1, 00:00:07, Serial3/1
| R | 172.172.5.128/28 [120/2] via 172.172.3.1, 00:00:08, Serial3/1

※注意:对 R2 来说,可以接收 R3 的信息。

观察发现,此时 R3 可以接收 R2 的信息,双向认证完成。

(2)观察终端是否连通

VPCS[1] > ping 172.172.4.2   //能连通 C2

172.172.4.2 icmp_seq = 1 timeout

172.172.4.2 icmp_seq = 2 ttl = 61 time = 109.007 ms

172.172.4.2 icmp_seq = 3 ttl = 61 time = 60.003 ms

5)结论

R2 可以接收 R3 的路由信息,R3 也可以接收 R2 的路由信息。

6)MD5 认证结论

①单向认证;

②发送方发送最小的 Key ID 的密钥;

③携带 Key ID 号码;

④接收方首先会查找是否有相同的 Key ID,如果有,只匹配一次,决定认证是否成功。如果没有相同 Key ID,只向下查找下一跳,若匹配,则认证成功;若不匹配,则认证失败。

难点分析

RIP 协议最大的问题在于 RIP V1 与 RIP V2 混合组网时怎样让网络不至于错误转发数据包和 MD5 认证时密钥的设定。

1. RIP V1 及 V2 混合组网注意问题

RIP V1 与 RIP V2 的主要区别如下。

①RIP V1 支持 FLSM,RIP V2 支持 FLSM 和 VLSM;

②RIP V1 支持广播更新,RIP V2 支持组播更新;

③RIP V2 支持明文与 MD5 认证,但 RIP V1 不支持;

④RIP V1 支持有类路由,RIP V2 支持无类路由;

⑤RIP V2 支持手工汇总,RIP V2 不支持。

2. MD5 密钥设定

由于在实际情况下,路由器间的认证密钥一般都设成 MD5 形式,但 MD5 密钥使用不当,容易造成网络问题,建议全部设备第一个密钥统一设成一致。当然也可设成多个密钥,不同时间段用不同的密钥,进一步增加安全性。

习题

一、填空题

1. RIP 是运行在_____协议之上的一种路由协议,它利该协议的端口号_____发送路由更新信息。

2. 在 RIP 中，metric 值的参数为_____，等于_____为不可达路由。

3. RIP 协议路由更新周期为_____，无效计时器周期为_____，抑制计时器周期为_____，刷新计时器周期为_____，其中_____与_____同时启动，_____可以在_____后启动。

4. RIP 是一种典型的_____路由协议，也属于较早期的_____协议。

5. RIP 采用_____进行路由更新，它的管理距离是_____。

6. RIP V1 是_____路由协议，只支持_____，RIP V2 是_____路由协议，同时支持_____和_____。

7. RIP V2 支持_____与_____两种认证方式。

8. RIP 协议定期更新时，发送的是_____，触发更新时，发送的是_____。

二、简答题

1. RIPV2 的改进有哪些？
2. 环路避免机制有哪些？

模块七 OSPF 协 议

学习目标

按图 7-1 要求配置网络,掌握 OSPF 协议的基本原理、特征、配置。

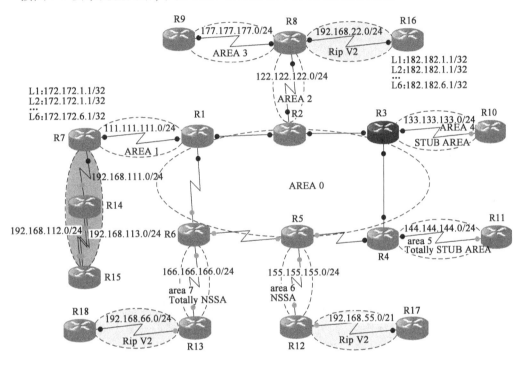

图 7-1 OSPF 网络拓扑图

任务要求

1. 本项目包括静态路由\RIP V2\OSPF V4 三类路由的配置。
2. OSPF 自治系统共包括区域 0\1\2\3\stub\total stub\nssa\total nssa。
3. RIP 自治系统在末端与 OSPF 对接,均为 RIP V2 配置。
4. R7 与 R14、R15 的 RID 采用静态路由相连,R7 与 R14、R15 其他链路采用默认路由相连。
5. 所有路由器的 loopback 0 为 200 + 序列号,如 R1 为 201.201.201.201,并设置 loopback 0 为 Router ID。
6. 配置区域 0,路由器间采用 MD5 接口认证/明文接口认证/区域 MD5 认证/区域明文认证/混合采用中的一种。

7. 配置区域1、区域2、区域3这三个标准区域。

8. 区域3和区域0之间采用虚连接。

9. 配置 stub、Total stub、NSSA、Total NSSA 4个特殊区域。

10. 在R7上重分布直连路由,静态路由,默认路由。

11. 在R8,R12,R13上双向重分布OSPF、RIP路由。

12. R7上建立6个环回地址 loopback 1~loopback 6,并汇总进OSPF其他区域。

13. 在R9上建立6个环回地址 loopback 1~ loopback 6,并汇总进入OSPF区域。

相关知识点

一、OSPF 协议介绍

OSPF(Open Shortest Path First,最短路径优先)是继RIP协议后出现的内部网关协议,是典型的链路状态路由协议,适用于大型网络,解决了路由环路的问题。

OSPF路由协议是由IETF(Internet Engineering Task Force)IGP工作小组提出的,是一种基于SPF(最短路径优先)算法的路由协议,目前使用的OSPF协议是其第4版。目前这种协议广泛地应用于运营商网络及企业网络,性能稳定,扩展性非常好。一般来讲,考虑到网络的稳定性与效率,OSPF网络一个自治系统支持的路由器数量能达到1000台,一个区域支持的路由器在50台左右。

OSPF是一种开放协议,为所有厂家所共同支持,其采用SPF算法。OSPF不用UDP(用户数据协议)而是直接用IP数据报传送,可见OSPF的位置在网络层。OSPF被直接封装于IP协议之上(使用协议号89),它靠自身的传输机制保证可靠性。OSPF数据包的TTL值被设为1,即OSPF数据包只能被传送到一跳范围之内的邻居路由器。OSPF以组播地址发送协议报文(对所有DR/BDR路由器的组播地址:224.0.0.6;对所有的SPF路由器的组播地址:224.0.0.5)。OSPF构成的数据报很短,这样做可减少路由信息的通信量,数据报很短的另一好处是可以不必将长的数据报分片传送,而分片传送最大的弊端是数据报只要丢失一个,就无法组装成原来的数据报,而整个数据报就必须重传。

OSPF对不同的链路可根据IP分组的不同服务类型TOS(Type of Sevices)而设置成不同的代价。因此,OSPF对于不同类型的业务可计算出不同的路由。如果到同一个目的网络有多条相同代价的路径,那么可以将通信量分配给这几条路径。这叫作多路径间的负载平衡(思科定义最大6条)。

OSPF支持VLSM(变长子网掩码)、支持区域划分、支持密码验证。OSPF并不周期性地广播路由表,因此节省了宝贵的带宽资源。OSPF路由变化时收敛速度快,可适应大规模网络。

1. 怎样解决环路问题

解决的方法是:通过SPF算法来构建一条以自己为根节点的最短路径树。构建最短路径树时,路由器首先将它自己作为根,然后使用拓扑数据库中的信息,创建所有与它直连的邻居列表。到一个邻居的代价最小的路径将成为树的一个分支,该路由器的所有邻居都被加入列表。检查该列表,看是否有重复的路径:如果有,代价高的路径将从列表中删除,代价低的路由器将被加入树;路由器的邻居也被加入列表,再次检查该列表是否有重复路径。此过程不断重复,直到列表中没有路由器为止。

2. 如何支持大型网络

OSPF 由于没有最大跳数的限制,理论上支持任意大小的网络,但是网络太大也会存在以下问题:

①LSDB(Link-state Database)太大,需要更多的内存;
②LSA 太多,耗费网络大量的带宽及较长的收敛时间;
③路由表太大,对 CPU 运算压力大;
④容易出现一台设备状态变化引起的路由振荡。

因此在 OSPF 中做了以下精心的设计来解决上述问题:

①网络分级及分区,将所有网络划分成两个层次,第一个层次是区域0,属于骨干网络,第二个层次是各个标准区域和特殊区域,从而限制了区域 LSA 的数量和 LSDB 的大小,加速了路由的收敛时间;
②区域之间只有汇总的网络 LSA,屏蔽了一些细节,一个区域的问题,不容易引起整个网络的振荡。

二、OSPF 区域

在 OSPF 路由方案部署过程中,OSPF 通常由各种区域组成,这些区域中有骨干区域、标准区域、末节区域、完全末节区域、非末节区域、完全非末节区域这几类,它们到底有什么联系和区别呢?

1. 骨干区域(Backbone Area)

一个 OSPF 互联网络,无论有没有划分区域,总是至少有一个骨干区域。骨干区域有一个 ID 0.0.0.0,也称之为区域0。另外,骨干区域必须是连续的(也就是中间不会越过其他区域),也要求其余区域必须与骨干区域直接相连(但事实上,有时并不一定会这样,所以也就有了下面将要介绍的"虚拟链路"技术)。骨干区域一般为区域0(Area 0),其主要工作是在其余区域间传递路由信息。

骨干区域作为区域间传输通信和分布路由信息的中心。区域间的通信先要被路由到骨干区域,然后再路由到目的区域,最后被路由到目的区域中的主机。在骨干区域中的路由器通告他们区域内的汇总路由到骨干区域中的其他路由器。这些汇总通告在区域内路由器泛洪,所以在区域中的每台路由器有一个反映在它所在区域内路由可用的路由表,这个路由与 AS 中其他区域的 ABR 汇总通告相对应。

如在图7-1中,R1 使用一个汇总通告向所有骨干路由器(R2 至 R6)通告 Area 0.0.0.1 中的所有路由。R1 同时也从 R2 至 R6 接收汇总通告。R1 配置了 Area 0.0.0.0 中的汇总通告信息,通过泛洪,R1 把这个汇总路由信息传播到 Area 0.0.0.1 内所有路由器上。在 Area 0.0.0.1 内的每个路由器,来自 Areas 0.0.0.0、0.0.0.2 和 0.0.0.3 和其他特殊区域的汇总路由信息共同完成路由表的计算。

在实际网络中,可能会存在骨干区域不连续,或者某一个区域与骨干区域物理不相连的情况(如 Area 3 和 Area 0),此时系统管理员可以通过设置虚拟链路(Virtual Link)的方法来解决。虚拟链路存在于两个路由器之间,这两个路由器都有一个端口与同一个非骨干区域(这个区域是处于骨干区域和某个不直接与骨干区域相连的区域之间)相连,虚拟链路使该区域与骨干区域间建立一个逻辑连接点。虚拟链路被认为是属于骨干区域(相当于骨干区域的延伸),在 OSPF 路由协议看来,虚拟链路两端的两个路由器被一个点对点的链路连在一起。而且,在 OSPF 路由协议中,通过虚拟链路的路由信息是作为域内路由来看待的。该虚拟链路必须建立在两个区域边界路由器之间,并且其中一个区域边界路由器必须属于骨干区域。

2. 标准区域

标准区域通过 ABR 与骨干区域相连,也可以通过虚链路与骨干区域相连,虚链路不属于标准区域;标准区域可以存在 ASBR 路由器与外部网络相连。

图 7-1 中,Area2 和 Area3 都属于 OSPF 区域,能够接收域内的链路更新,也即在本区域内,所有的 LSA1 和 LSA2 能够泛洪,区域内的路由器知道区域内的所有路由;域间的路由汇总也可以在里面传播,即 LSA3 可以在里面泛洪,这样标准区域也可知道相邻的标准区域外、骨干区域、STUB 区域和 NSSA 区域的路由;外部的路由也可以在里面传播,即 LSA5 可以在里面泛洪,这样自治系统的外部路由也能被学习到。

3. 末节(Stub)区域

通过前面对 OSPF 区域概念的了解可以知道,在划分了区域之后,OSPF 网络中的非骨干区域中的路由器对于到外部区域的路由,一定要通过 ABR(区域边界路由器)来转发,或者说对于区域内的路由器来说,ABR 是一个通往外部世界的必经之路。既然如此,对于区域内的路由器来说,就没有必要知道通往外部区域的详细路由,只要由 ABR 向该区域发布一条默认路由来指导报文的发送路径即可。这样在区域内的路由器中就只需要为数不多的区域内路由和一条指向 ABR 的默认路由(Default-Route),使区域内的路由表简化。而且无论区域外的路由如何变化,都不会影响到区域内路由器这个简单的路由表。这就是 OSPF 路由协议中"Stub Area"(末节区域)的设计理念。Stub 区域的 ABR 不允许注入 Type5 LSA,在这些区域中路由器的路由表规模以及路由信息传递的数量都会大大减少,同时也使得该区域不受外部 AS 路由的影响。

一个 Stub 区域可以包含一个入口/出口(也就是一个 ABR),可以用来到达外部路由目标,外部路由是通过一个 Stub 区域外的 ASBR 进行通告的。AS 外部路由不会被泛洪到或者通过 Stub 区域。在一个 Stub 区域中的所有到达外部网络的路由是通过一个默认路由(0.0.0.0 0.0.0.0)来实现的。这样,在一个 Stub 区域中的路由器的路由表中就只有一个路由指向本区域的 ABR。

为了创建默认路由,Stub 区域的 ABR 通告一个默认路由到 Stub 区域。默认路由被泛洪到这个 Stub 区域内的所有路由器上,但是不会泛洪到 Stub 区域外。默认路由是用于为一个 Stub 区域中的路由器转发到本 AS 内外目的地址分组提供路由。在 Stub 区域中的所有路由器必须被配置,以便它们不在 Stub 区域内导入或泛洪 AS 外部路由。所以,在一个 Stub 区域中的所有路由器接口上的所有区域配置必须配置 Stub 区域。例如,图中的 Area Stub 被配置为一个 Stub 区域,因为所有外部通信必须它的单个 ABR—R3。R3 通告一个默认路由分布在内部区域 Area Stub,而不是在区域内泛洪 AS 外部网络。

在 Stub 区域中规定不接收外部 AS 的 LSA,也不向外部 AS 发送区域内部 LSA,即 Stub 区域中不注入 ASE(自治系统外部)路由。Stub 区域一定是非骨干区域和非转换区域(可以配置虚连接的区域),因为它不接收也不发送 LSA。并且在 Stub 区域中不传递 Type 5 类型(AS 外部 LSA)的 LSA(有关 LSA 类型将在本章后面介绍)。

由于Stub区域通常位于OSPF网络末端,这些区域内的路由器通常是由一些处理能力有限的低端路由器组成,所以处于Stub区域内的这些低端设备既不需要保存庞大的路由表,也不需要经常性的进行路由计算。这样做有利于减小Stub区域中内部路由器上的链路状态数据库的大小及存储器的使用,提高路由器计算路由表的速度。

当一个OSPF的区域只存在一个区域出口点(只与一个其他区域连接)时,就可以将该区域配置成一个Stub区域。这时,该区域的边界路由器会对域内通告默认路由信息。需要注意的是,一个Stub区域中的所有路由器都必须知道自身属于该区域,否则Stub区域的设置不会起作用。另外,针对Stub区域还有两点需要注意:一是Stub区域中不允许存在虚拟链路,这样就不会作为骨干区域的延伸;二是Stub区域中不允许存在ASBR,否则这个AS中的LSA无法传播到另一个AS中。

若要将一个区域定义为Stub区域,则在区域内所有路由器中使用"area area-ID stub"命令。

4. 完全末梢(Totally Stub)区域

上节介绍的Stub区域是一类特殊的OSPF区域,这类区域不接收或扩散Type-5类型LSA(AS-external-LSAs),对于产生大量Type-5 LSA(外部AS LSA)的网络,这种处理方式能够有效减小Stub区域内路由器的LSDB大小,并缓解SPF运算对路由器资源的占用。通常情况下,Stub区域位于自治系统边缘区域。为保证Stub区域去往自治系统外的报文能被正确转发,Stub区域的ABR(区域边界路由器)将通过Summary-LSA(汇总链路状态通告)向本区域内发布一条默认路由,并且只在本区域泛洪。为了进一步减少Stub区域中路由器的路由表规模以及路由信息传递的数量,可以将该区域配置为Totally Stub(完全末梢)区域,该区域的ABR不会将区域间的路由信息和外部路由信息传递到本区域。

这里所说的完全Stub区域(Totally Stub,或者Stub no-summary)是在Stub区域的基础上(即阻止了Type 5 LSA包的基础上)再对其他ABR通告的网络汇总LSA(即Type 3类型LSA)也进行了阻隔,不接收区域间路由通告。其ABR仅通过网络汇总LSA通告一个默认路由,使用这个默认路由到达OSPF自治系统外部的目的地址。也就是说,完全Stub区域同时不允许Type 3、4或5三类LSA注入,但默认汇总路由除外。

若要定义完全Stub区域,对区域内路由器area area-id stub,在ABR上area area-id stub no-summary。

5. 非纯末梢(NSSA)区域

Stub区域虽然为合理的规划网络描绘了美好的前景,但在实际的组网中利用率并不高(Stub区域一般只存在于网络边缘),未免遗憾。但此时的OSPF协议已经基本成型,不可能再做大的修改。为了弥补缺陷,协议设计者提出了一种新的概念NSSA(Not-So-Stubby Area,非纯末梢区域),并且作为OSPF协议的一种扩展属性单独在RFC 1587中描述。NSSA可以说是对原来的Stub区域要求有所放宽,使它可以在更多网络环境中得到应用。

NSSA区域规定,AS外非重分布的ASE路由不可以进入到NSSA区域中,但是NSSA区域内的路由器重分布的ASE路由(NSSA区域中可以连接ASBR)可以在NSSA中泛洪并发送到区域之外。这样,在NSSA区域中取消了原来Stub区域中关于ASE路由的双向传播的限制(区域外的进不来,区域里的也出不去),改为单向限制(区域外的进不来,区域里的能出去)。

为了解决ASE单向传递的问题,NSSA中重新定义了一种LSA-Type 7类型的LSA(NSSA外部LSA),作为区域内的路由器引入外部路由时使用。该类型的LSA除了类型标识与Type

5不相同之外,其他内容基本一样。这样区域内的路由器就可以通过LSA的类型来判断是否该路由来自本区域内。但由于Type 7类的LSA是新定义的,对于不支持NSSA属性的路由器无法识别,所以协议规定:在NSSA的ABR上将NSSA内部产生的Type 7类型的LSA转化为Type 5类型的LSA再发布出去,并同时更改LSA的发布者为ABR自己。这样NSSA区域外的路由器就可以完全不用支持该属性。在NSSA区域内的所有路由器(包括NSSA的ABR)必须支持Type 7类型的LSA属性,而自治系统中的其他路由器则不需要。

总的来说,NSSA区域不允许Type 5 LSA,但在NSSA ABR上转换为Type 5的Type 7 LSA还是可以通过的。

图7-1中的NSSA区域与骨干区域0相连,同时它又与另1个RIP自治系统的路由网络相连。此时,其他区域和外部AS的外部ASE路由信息不能通告到NSSA区域中,但NSSA中的ASE路由信息可以向外发布。

若要定义NSSA区域,使用OSPF路由器配置命令area xxnssa命令。

6. Totally NSSA 区域

Totally NSSA通过ABR与骨干区域相连,区域内可以存在ASBR路由器。

NSSA网络虽然灵活,但是却引入了区域间路由,这样区域间路由的变动会导致路由不稳定,如果取消区域间路由,则导致路由不正确。

因此,在Totally NSSA下,ABR将过滤掉所有非重分布的外部路由和其他OSPF区域的路由(Inter-Area Route)进入Totally NSSA区域,但路由器可以将外部路由重分布进OSPF进程,即Totally NSSA区域内的路由器可以成为ASBR,由于没有去往其他OSPF区域的路由,所以ABR会自动向Totally NSSA内发送一条指向自身的默认路由。

总之,Totally NSSA内部有LSA1及LSA2泛洪,区域里的路由可以存在;无LSA3/LSA4,区域间及系统外路由无法到达;无LSA5,有LSA7泛洪,系统外部路由可达,区别于LSA5产生的外部路由,7类路由用"N"进行标识。LSA7离开Totally NSSA,进入到其他区域后,变成标准的LSA5,同时由ABR产生LSA4以指出ASBR所在的位置。

若要定义NSSA区域,在ABR上定义area 1 nssa no-summary,其他区域内路由器上定义area 1 nssa即可。

三、OSPF 报文

OSPF路由器之间交换的并不是路由表,它们之间采用报文进行链路状态的传播,区域内的每台路由器都会收到区域中其他路由器的链路状态的报文,并将它们存储在链路状态数据库(LSDB)中。通过Hello报文(核实相互之间的参数是否匹配),路由器之间建立双向(two-way)关系,然后路由器之间交换DD(链路状态描述)报文,大概了解各自的链路状态数据库与其他路由器的链路状态数据库的异同,如果不同,进一步发送LSR(链路状态请求)报文要求对方发送自己所缺少的链路状态详细情况,对方路由器通过LSU(链路状态更新)将所需的链路状态信息返还,本路由器对收到的信息通过LSAck(链路状态确认)报文进行确认,从而完成区域内路由器上LSDB的同步,路由器建立全连接的状态。可见OSPF路由器之间是通过各类报文的传递来交互各自的链路状态的,其5类报文如图7-2所示。

图7-2　OSPF 5类报文

OSPF报文包直接封装在IP包里进行传递,因此它是一个第三层的协议,其封装形式如图7-3如示。

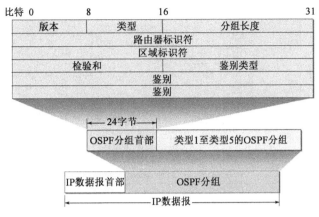

图7-3 OSPF报文与以太网帧的关系

OSPF报文头共24个字节,其中,各字段解释如表7-1所示。

OSPF报文头字节描述　　　　　　　　　表7-1

字段名	长度	功能
Version	1字节	版本字段,指出所采用的OSPF协议版本号,目前最高版本为OSPF v4,即值为4(对应二进制就是0100)
Packet Type	1字节	报文类型字段,标识对应报文的类型。前面说了OSPF有5种报文,分别是:Hello报文、DD报文、LSR报文、LSU报文、LSAck报文
Packet Length	2字节	包长度字段,它是指整个报文(包括OSPF报头部分和后面各报文内容部分)的字节长度
Router ID	4字节	路由器ID字段,指定发送报文的源路由器ID
Area ID	4字节	区域ID字段,指定发送报文的路由器所对应的OSPF区域号
Checksum	2字节	校验和字段,是对整个报文(包括OSPF报头和各报文具体内容,但不包括下面的Authentication字段)的校验和,用于对端路由器校验报文的完整性和正确性
AuType	2字节	认证类型字段,指定所采用的认证类型,0为不认证,1为进行简单认证,2采用MD5方式认证
Authentication	8字节	认证字段,具体值根据不同认证类型而定;认证类型为不认证时,此字段没有数据,认证类型为简单认证时,此字段为认证密码,认证类型为MD5认证时,此字段为MD5摘要消息

1. HELLO报文

Hello报文用来为OSPF协议建立和维护相邻邻居路由器之间的链接关系。这个报文很简单的,容量很小,仅用来向邻居路由器证明自己的存在,就像人与人之间的打招呼一样。这和RIP协议有较大区别,RIP邻居路由器之间的邻接关系建立是都是定期的路由更新报文进行的,通过定期的路由更新来同时向邻居RIP路由器证明自己的存在。显然OSPF的这种Hello报文更简单,可大大减小网络中的报文传输流量。

Hello报文被周期性(默认为10s)地发向邻居路由器接口发送,如果在设定时间(默认为40s,通常至少是Hello包发送时间间接4倍)内没有收到对方OSPF路由器发送来的Hello报文,则本地路由器会认为该对方路由器无效。报文内容包括一些定时器设置、DR、BDR以及本路由器已知的邻居路由器。整个Hello报文格式如图7-4所示。

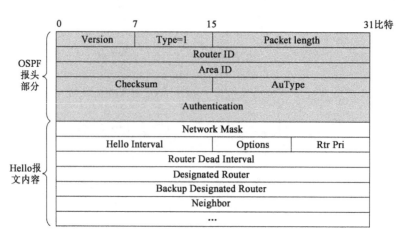

图 7-4 Hello 报文格式

此处主要关注 Hello 报文的内容,Hello 报文内容部分各字段如表 7-2 所示。

Hello 报文描述　　　　表 7-2

字段名	长度	功能
Network Mask	4 字节	发送 Hello 报文接口所在的子网掩码
HelloInterval	2 字节	指定发送 Hello 报文的时间间隔,默认为 10s
Options	1 字节	可选项,包括 E:允许泛洪 AS-external-LSA;MC:允许转发 IP 组播报文;N/P:允许处理 Type 7 LSA;DC:允许处理按需链路
Rtr Pri	1 字节	指定 DR 优先级,默认为 1;如果设为 0,则表示本路由器不参与 DR/BDR 选举;可手工设成 0~255 中的任意值
RouterDeadInterval	4 字节	指定路由器失效时间,默认为 40s。如果在此时间内没有收到邻居路由器发来的 Hello 报文,则认为该邻居路由器已失效
Designated Router	4 字节	指定 DR 的接口 IP 地址
Backup Designated Router	4 字节	指定 BDR 的接口 IP 地址
Neighbor	4 字节	指定邻居路由器的 RID。下面的省略号(...)表示可以指定多个邻居路由器 RID

Hello 报文作用最终是要保持双向关系,如果两台路由器要建立双向关系,它们之间有些参数必须一致,否则无法进行下一步的动作。图 7-4 中,HelloInterval、RouterDeadInterval、Area ID、AuType、Authentication 5 个参数必须一致。在 BMA 及 NBMA 网络中,路由器之间还要选举 DR 和 BDR。

DR/BDR 选举:

①首先比较路由器端口的优先级,优先级(0~255;0 代表不参加选举;默认为 1)高的当选为 DR,次高的为 BDR;

②若优先级相同,则比较路由器的 Router-id。

※注意:在 Point-to-Point、Point-to-Multipoint(广播与非广播)这两种网络类型不选举 DR 与 BDR;在 BMA 中,NBMA 选举 DR 与 BDR。

在选举 DR 与 BDR 的过程中,先启动 OSPF 进程的路由器会等待一段时间(这个等待时间由 Wait Timer 计时器决定,CISCO 规定的等待时间是 40s),这个时间内如果没有启动其他路由器的 OSPF 进程,先启动的路由器就认为自己是 DR,之后再加进来的路由器即使优先级再高也不能再选举了,在这个时间内启动的所有路由器是参与选举的。在真实工作环境中,40s 大概只能启动两台,DR、BDR 会在前两台启动的路由中产生,如果路由器进程清除或者是重启,优先级高的路由器才会成为 DR 或者 BDR。

2. DD 报文

DD 报文是用来描述本地路由器的链路状态数据库(LSDB),在两个 OSPF 路由器初始化连接时要交换 DD 报文,进行数据库同步。

DD 报文内容部分包括:DD 报文序列号和 LSDB 中每一条 LSA 的头部等。对端路由器根据所收到的 DD 报文中的 OSPF 报头就可以判断出是否已有这条 LSA。由于数据库的内容可能相当长,所以可能需要多个数据库描述报文来描述整个数据库。因此有三个专门用于标识数据库描述报文序列的比特位,即 DD 报文格式中的 I、M 和 M/S 这三位。接收方对报文的重新排序使其能够真实地复制数据库描述报文。

DD 报文的详细内容如图 7-5 所示。

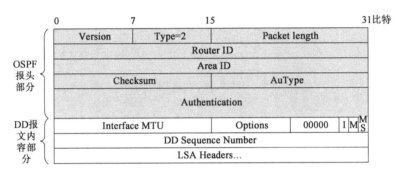

图 7-5 DD 报文格式

DD 报文各字段的解释如表 7-3 所示。

表 7-3 DD 报 文 描 述

字段名	长度	功能
Interface MTU	2 字节	发送 DD 报文的接口在不分段的情况下,可以发出的最大 IP 报文长度
Options	1 字节	可选项,包括 E:允许泛洪 AS-external-LSA;MC:允许转发 IP 组播报文;N/P:允许处理 Type 7 LSA;DC:允许处理按需链路
I	1 比特	指定在连续发送多个 DD 报文,如果是第一个 DD 报文则置 1,其他的均置 0
M	1 比特	指定在连续发送多个 DD 报文,如果是最后一个 DD 报文则置 0,否则均置 1
M/S	1 比特	设置进行 DD 报文双方的主从关系,如果本端是 Master 角色,则置 1,否则置 0
DD Sequence Number	4 字节	指定所发送的 DD 报文序列号。主从双方利用序列号来确保 DD 报文传输的可靠性和完整性
LSA Header	4 字节	指定 DD 报文中所包括的 LSA 头部。后面的省略号(...)表示可以指定多个 LSA 头部

3. LSR 报文

LSR 报文用于请求相邻路由器链路状态数据库中的一部分数据。当两台路由器互相交换完 DD 报文后,知道对端路由器有哪些 LSA 是本 LSDB 没有的,以及哪些 LSA 是已经失效的,则需要发送一个 LSR 报文,向对方请求所需的 LSA。

LSR 报文内容包括所需的 LSA 摘要,具体格式如图 7-6 所示。

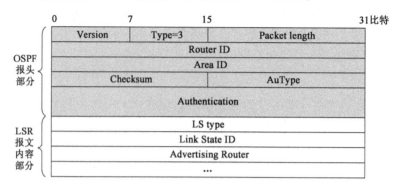

图 7-6 LSR 报文格式

LSR 报文各字段说明如表 7-4 所示。

LSR 报文描述　　　　　　　　　表 7-4

字段名	长度	功能
LS type	4 字节	指定所请求的 LSA 类型,主要共 7 类
Link State ID	4 字节	用于指定 ospf 所描述的部分区域,该字段的使用方法根据不同的 LSA 类型而不同: 当为 LSA 1 时,该字段值是产生 LSA 1 的路由器的 Router-ID; 当为 LSA 2 时,该字段值是 DR 的接口地址; 当为 LSA 3 时,该字段值是目的网络的网络地址; 当为 LSA 4 时,该字段值是 ASBR 的 Router-ID; 当为 LSA 5 时,该字段值是目的网络的网络地址
Advertising Router	4 字节	指定产生此所要请求的 LSA 的路由器 ID

4. LSU 报文

LSU 报文是应 LSR 报文的请求,用来向对端路由器发送所需的 LSA,内容是多条 LSA 完整内容的集合。LSU 报文内容部分包括此次共发送的 LSA 数量和每条 LSA 的完整内容。

LSU 报文在支持组播和多路访问的链路上是以组播方式将 LSA 泛洪出去的,并且对没有收到对方确认应答(就是下面将要介绍的 LSAck 报文)的 LSA 进行重传,但重传时的 LSA 是直接送到没有收到确认应答的邻居路由器上,而不再是泛洪。

LSU 报文内容具体格式如图 7-7 所示。

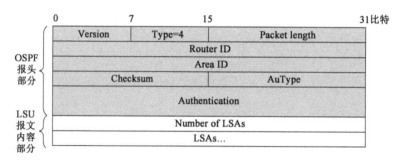

图 7-7 LSU 报文格式

LSU 报文各字段说明如表 7-5 所示。

LSU 报文描述 表7-5

字段名	长度	功能
Number of LSA	4字节	指定此报文中共发送的 LSA 数量
LSAs	4字节	是一条条具体的 LSA 完整信息,后面的省略号表示可多条 LSA

5. LSAck 报文

LSAck 报文是路由器在收到对端发来的 LSU 报文后所发出的确认应答报文,内容是需要确认的 LSA 头部(LSA Headers),LSAck 报文根据不同链路以单播或组播形式发送。

LSAck 报文的格式如图 7-8 所示。

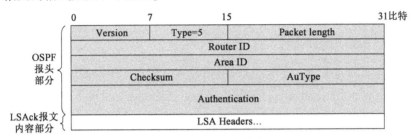

图 7-8 LSAck 报文格式

LSAck 报文各字段说明如表 7-6 所示。

LSAck 报文描述 表7-6

字段名	长度	功能
LSA Headers	4字节	所确认的 LSA 头部

四、LSA 类型

在 AS(自治系统)内的每台路由器,根据路由器所在位置不同,会产生一种或多种 LSA。一台路由器中一个区域内的 LSA 的集合形成了 LSDB。如果一台路由器同时属于多个区域,就会为每个区域维护一个 LSDB。OSPF 中对路由信息的描述都是封装在 LSA 中发布的。常用的 LSA 共有 6 种,分别为:Router LSA、Network LSA、Summary LSA、ASBR LSA、AS-External LSA 和 NSSA External LSA。

1. LSA 头部

所有的 LSA 都有相同的报文头部。

每条 LSA 都包含序列号、校验和以及老化时间。一台路由器始发一个 LSA,之后每产生一个该 LSA 的拷贝就在序列号上加 1,序列号从 0x80000001 到 0x7fffffff(不用考虑 8 和 7 的大小),数值越大视为越新。

LSA 存放在 LSDB 中每 5min 就会进行一次校验,以确保该 LSA 没有损坏。一条 LSA 的老化时间为 1h,始发路由器发出一条 LSA 时会将其时间设置为 0,每经过一台路由器就增加一个由 InfTransDelay 设定的秒数(CISCO 路由器上默认为 1),当 LSA 在 LSDB 中驻留时,老化时间也会逐渐增大。

当一条 LSA 在 LSDB 中一直没有被新的 LSA 实例刷新直到老化计时器超时,就会从本地的 LSDB 中清除,但是这个动作不会影响到别的路由器,在 OSPF 网络中只有始发路由器能够提前使该 LSA 老化,即有意识地清除该 LSA,具体动作是将该 LSA 的老化时间设为最大然后重新泛洪出去。

LSA 的刷新时间是 30min，关于刷新机制是个值得关注的问题。如果每个 LSA 都关联一个独自的重刷新计时器，这样会使链路带宽的利用没有效率，如果统一为一个计时器，那么每隔 30min 都会产生一个流量和 CPU 利用率的高峰。作为折中的解法，引入 LSA 组步调机制，即每一条 LSA 依然保持各自的重刷新计时器，不过在超时的情况下，会引入一个时延（缺省为 240s）来推迟这些 LSA 通告泛洪的时间，并在这个时间段内将更多的 LSA 通告编为一组，使一个 LSU 可以携带更多的 LSA 再通告出去。如果 LSDB 非常大，那么减小这个时延会比较好，而如果 LSDB 较小的话，增大这个时延会更有效率，该组步调计时器的范围从 10~1800s。

每一个 LSA 都必须要得到接收路由器的确认，确认分为显式确认和隐式确认两种，显示确认就是用 LSAck 给予回应，LSAck 中只含有该 LSA 的头部，因为这样就足够了；而隐式确认是发送包含该 LSA 拷贝的数据包给始发路由器，当邻居路由器收到该 LSA，又刚好要向始发路由器发送自己的 LSU 时，隐式确认就显得很方便。

在 OSPF 的 LSA 中都有一个 Option 字段，即可选字段。其格式如图 7-9 所示。

图 7-9　LSA Option 字段格式

星号：这一位没有使用，设为 0；
DC：始发路由器支持按需电路由的 OSPF 时，设为 1；
EA：始发路由器具有接收和转发外部属性 LSA 能力时，设为 1；
N：允许处理 Type 7 LSA 时，设为 1；如果 N = 1 时，E 必为 0；
P：告诉非纯末梢区域中的 ABR 路由器将 LSA7 转换为 LSA5；
MC：始发路由器具有转发 IP 组播数据包的能力时，设为 1；
E：始发路由器允许泛洪 AS-external-LSA 时，设为 1；
T：始发路由器具有支持 TOS 能力时，设为 1。
LSA 报文头格式如图 7-10 所示。

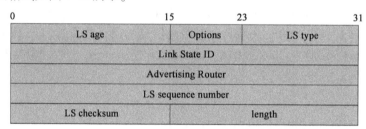

图 7-10　LSA 报文头格式

LSA 报文头格式字段解释如表 7-7 所示。

LSA 报文头格式字段描述　　　　　　　　　　　　　　　　表 7-7

字段名	长度	含义
LS age	16 比特	LSA 产生后所经过的时间，以秒为单位。无论 LSA 是在链路上传送，还是保存在 LSDB 中，其值都会不停地增长
Options	8 比特	可选项： E：允许 Flood AS-external-LSAs； MC：转发 IP 组播报文； N/P：处理 Type-7 LSAs； DC：处理按需链路

续上表

字 段 名	长 度	含 义
LS type	8 比特	LSA 的类型： Type1：Router LSA； Type2：Network LSA； Type3：Summary LSA； Type4：ASBR Summary LSA； Type5：AS-External LSA； Type7：NSSA External LSA
Link State ID	32 比特	根据 LSA 中的 LS Type 和 LSA description 在路由域中描述一个 LSA
Advertising Router	32 比特	产生此 LSA 的路由器的 Router ID
LS sequence number	32 比特	LSA 的序列号。其他路由器根据这个值可以判断哪个 LSA 是最新的
LS checksum	16 比特	除了 LS age 外其他个域的校验和
length	16 比特	LSA 的总长度，包括 LSA Header，以字节为单位

2. Router LSA

Router LSA（Type1）由区域内的每个路由器产生，描述了路由器的链路、链路状态和 Cost 值，只在本区域内 Flooding，本区域内其他路由器收到 Router LSA 形成的路由条目以"O"表示。简单来讲，它描述自身的直连信息。

Router LSA 格式如图 7-11 所示。

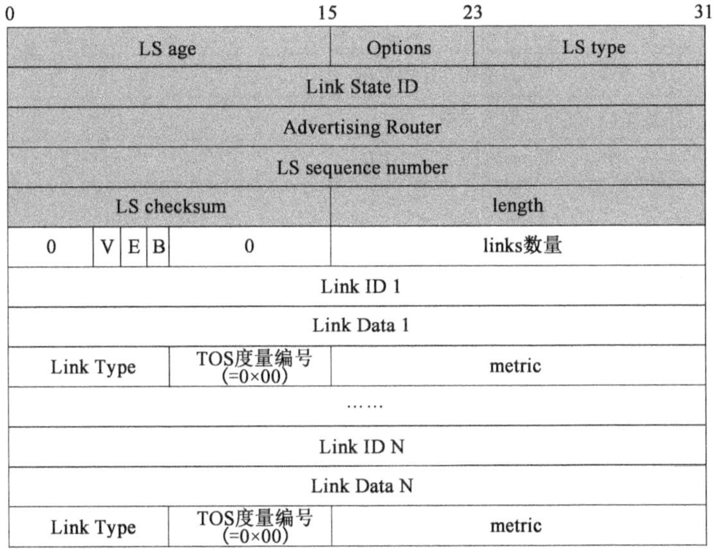

图 7-11 Router LSA 格式

Router LSA 报文字段解释如表 7-8 所示。

Router LSA 报文字段描述　　　　表 7-8

字 段 名	长 度	含 义
Link State ID	32 比特	生成 LSA 的 Router ID
V（Virtual Link）	1 比特	如果产生此 LSA 的路由器是虚连接的端点，则置为 1
E（External）	1 比特	如果产生此 LSA 的路由器是 ASBR，则置为 1

字 段 名	长 度	含 义
B(Border)	1 比特	如果产生此 LSA 的路由器是 ABR,则置为 1
Links 数量	16 比特	LSA 中所描述的链路信息的数量,包括路由器上处于某区域中的所有链路和接口
Link ID	32 比特	路由器所接入的目标,其值取决于连接的类型: 1. Router ID; 2. DR 的接口 IP 地址; 3. 网段/子网号; 4. 虚连接中对端的 Router ID
Link Data	32 比特	连接数据,其值取决于连接的类型: 1. 始发路由器的接口 IP 地址(若是点到点无编号,这个字段使用该接口的 MIB-II ifIndex 值); 2. 和网络相连的始发路由器的接口 IP 地址; 3. Stub 网络的 IP 地址或子网掩码; 4. 始发路由器的接口 MIB-II ifIndex 值
Type	8 比特	路由器连接的基本描述: 1. 点到点连接到另一台路由器; 2. 连接到传输网络; 3. 连接到 stub 网络; 4. 虚拟链路
# TOS	8 比特	连接不同的 TOS 数量
metric	16 比特	路由器连接的距离
TOS	8 比特	服务类型
TOS metric	16 比特	TOS 附加距离信息

3. Network LSA

Network LSA(Type2)由 BMA、NBMA 网络中的 DR 产生,Network LSA 中记录了这一网络上所有路由器的 Router ID,描述本网段的链路状态,在所属的区域内传播。本区域(Area)内其他路由器收到 Router LSA 形成的路由条目以"O"表示。

Network LSA 格式如图 7-12 所示。

```
0                    15        23           31
┌──────────────────┬──────────┬─────────────┐
│      LS age      │ Options  │   LS type   │
├──────────────────┴──────────┴─────────────┤
│              Link State ID                │
├───────────────────────────────────────────┤
│            Advertising Router             │
├───────────────────────────────────────────┤
│            LS sequence number             │
├──────────────────────┬────────────────────┤
│     LS checksum      │       length       │
├──────────────────────┴────────────────────┤
│               Network Mask                │
├───────────────────────────────────────────┤
│             Attached Router 1             │
├───────────────────────────────────────────┤
│                  ……                       │
├───────────────────────────────────────────┤
│             Attached Router N             │
└───────────────────────────────────────────┘
```

图 7-12 Network LSA 格式

Network LSA 报文字段解释如表 7-9 所示。

Network LSA 报文字段描述　　　　表 7-9

字　段　名	长　度	含　义
Link State ID	32 比特	DR 的接口 IP 地址
Network Mask	32 比特	该广播网或 NBMA 网络地址的掩码
Attached Router	32 比特	连接在同一个网络上的所有路由器的 Router ID，也包括 DR 的 Router ID

4. Network Summary LSA

Network Summary LSA（Type3）由 ABR 产生，通告的是一个区域外部的网络（包括缺省路由），只能泛洪到单个区域（LSA 3 每穿越一个 ABR，其 ADV Router 都会发生改变，ADV Router 转变为最后一次穿越的 ABR 路由器）。描述 OSPF 的区域间路由（在路由表中以 O IA 标识）。原 LSA 1 所描述的路由信息会由所在区域的 ABR 将其转换为 LSA 3。LSA3 可以传播到整个 OSPF 的所有区域（特殊区域除外）。

Network Summary LSA 格式如图 7-13 所示。

0	15	23	31
LS age		Options	LS type
Link State ID			
Advertising Router			
LS sequence number			
LS checksum		length	
Network Mask			
0×00	Metric		
TOS	TOS Metric		
……			
0×00	Metric		
TOS	TOS Metric		

图 7-13　Network Summary LSA 格式

LSA 报文字段解释如表 7-10 所示。

Network Summary LSA 报文字段描述　　　　表 7-10

字　段　名	长　度	含　义
Link State ID	32 比特	目标网络或子网的 IP 地址
Network Mask	32 比特	所通告的网络子网掩码或地址。如通告的是一条缺省路由，那么链路状态 ID 和网络掩码字段都将是 0.0.0.0
Metric	24 比特	到达目的地的路由的代价
TOS	8	0
TOS Metric	24	0

5. ASBR Summary LSA

ASBR Summary LSA（Type4）由同区域的 ABR 产生（ASBR 产生 LSA1 传递给 ABR，ABR 通过查看 E 字节确定其是 ASBR，产生 LSA4 并向其他区域泛洪），通告的是一个区域外部的 AS-

BR 路由器，只能泛洪到单个区域。如果要继续泛洪到其他区域，需由另一个 ABR 重新泛洪，这时的通告路由器 ID 变成了新的 ABR ID。在路由表中以 O IA 标识。

LSA4 与 LSA5 关系如图 7-14 所示。LSA5 从 R1 传到 R3，R3 能否正确找到外部网络？由于 LSA5 的通告路由器一直是 R1，如果 R3 知道 R1 的位置，问题就解决了，但是，区域之间信息传递是 LSA3，它只传递区域 0 的汇总路由给 R3，导致 R3 无法知道 R1 的准确位置，从而无法将数据包发给外部路由。从图 7-14 可以看出，R2 通过 LSA1 学到 R1 的准确位置，R2 再将这个位置通过 LSA4 发给 R3，从而 R3 也知道 R1 准确位置，LSA5 能被正确转发。

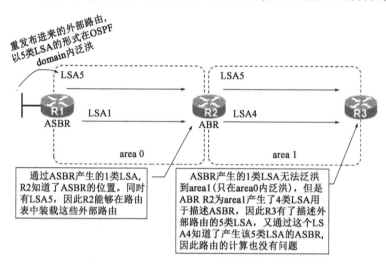

图 7-14　LSA4 与 LSA5 关系

ASBR Summary LSA 格式如图 7-15 如示。

0	15	23	31
LS age		Options	LS type
Link State ID			
Advertising Router			
LS sequence number			
LS checksum		length	
Network Mask			
0×00		Metric	
TOS		TOS Metric	
……			
0×00		Metric	
TOS		TOS Metric	

图 7-15　ASBR Summary LSA 格式

ASBR Summary LSA 报文字段解释如表 7-11 所示。

ASBR Summary LSA 报文字段描述　　表 7-11

字 段 名	长 度	含 义
Link State ID	32 比特	所通告的 ASBR 路由器的 ID
Network Mask	32 比特	0.0.0.0

148

字 段 名	长 度	含 义
Metric	24 比特	到达目的地的路由的代价
TOS	8	0
TOS Metric	24	0

6. AS-External LSA

AS-External LSA(Type5)由 ASBR 产生,通告的是一个自治系统外部的目的网络,也包括到达外部目的网络的缺省路由,这种 LSA 可以泛洪到 OSPF 域中所有非末梢区域当中去。LSA5 在从一个区域泛洪到另一个区域时,其通告路由器不会发生变化,在路由表中以 O E1/E2 标识。

AS-External LSA 格式如图 7-16 所示。

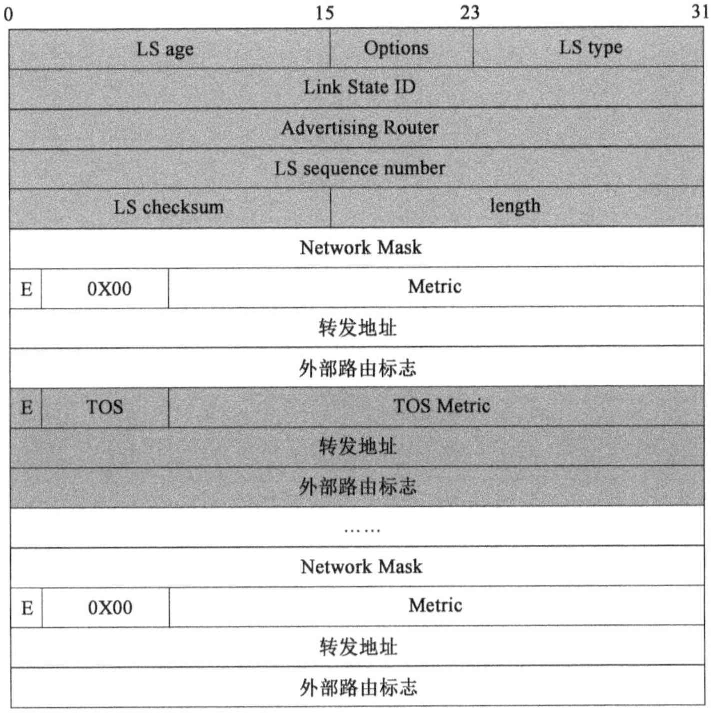

图 7-16 ASE LSA 格式

AS-External LSA 报文格式字段解释如表 7-12 所示。

AS-External LSA 报文字段描述　　　　表 7-12

字 段 名	长 度	含 义
Link State ID	32 比特	目的地的 IP 地址
Network Mask	32 比特	所通告的目的地的子网掩码或地址。如通告的是一条缺省路由,那么链路状态 ID 和网络掩码都将置为 0.0.0.0
E	1 比特	设置为 1、E2 路由;设置为 0、E1 路由
Metric	24 比特	到达目的地的路由的代价。由 ASBR 路由器决定

续上表

字 段 名	长 度	含 义
Forwarding Address	32	是指到达所通告的目的地的数据包应该被转发到的地址。如果转发地址是 0.0.0.0，数据包将会被转发到始发 ASBR 上
External Route Tag	32	应用于外部路由的任意标志。OSPF 协议本身并不使用这个字段，而是由外部路由来管理和控制的
TOS		TOS 部分为可选项

7. NSSA External LSA

NSSA External LSA(Type7)由 NSSA 区域内的 ASBR 产生，通告的是一个自治系统外部的目的网络，也包括到达外部目的网络的缺省路由，这种 LSA 仅在始发它们的一个非纯末梢区域中进行泛洪。LSA7 在泛洪到其他区域去时，都会被转换成 LSA5。在路由表中以 N E1/E2 标识。

NSSA External LSA 格式如图 7-17 所示。

```
0                    15      23           31
┌─────────────────┬────────┬──────────────┐
│     LS age      │Options │   LS type    │
├─────────────────┴────────┴──────────────┤
│            Link State ID                │
├─────────────────────────────────────────┤
│          Advertising Router             │
├─────────────────────────────────────────┤
│          LS sequence number             │
├─────────────────┬───────────────────────┤
│   LS checksum   │        length         │
├─────────────────┴───────────────────────┤
│            Network Mask                 │
├───┬─────┬───────────────────────────────┤
│ E │ TOS │        TOS Metric             │
├───┴─────┴───────────────────────────────┤
│              转发地址                    │
├─────────────────────────────────────────┤
│            外部路由标志                  │
├─────────────────────────────────────────┤
│              ……                         │
├─────────────────────────────────────────┤
│            Network Mask                 │
├───┬─────┬───────────────────────────────┤
│ E │ TOS │          Metric               │
├───┴─────┴───────────────────────────────┤
│              转发地址                    │
├─────────────────────────────────────────┤
│            外部路由标志                  │
└─────────────────────────────────────────┘
```

图 7-17 NSSA External LSA 格式

NSSA External LSA 的报文字段解释如表 7-13 所示。

NSSA 外部 LSA 报文字段描述　　表 7-13

字 段 名	长 度	含 义
Link State ID	32 比特	目的地的 IP 地址
Network Mask	32 比特	所通告的目的地的子网掩码或地址。如通告的是一条缺省路由，那么链路状态 ID 和网络掩码都将置为 0.0.0.0
E	1 比特	设置为 1,E2 路由;设置为 0,E1 路由
Metric	24 比特	到达目的地的路由的代价。由 ASBR 路由器决定
Forwarding Address	32	如果网络是在一个 NSSA ASBR 路由器和邻接的自主系统之间作为一条内部路由通告的，那么这个转发地址就是指这个网络的下一跳。如果网络不是作为一条内部路由通告的，那么这个转发地址将是 NSSA ASBR 路由器的 ID

字 段 名	长 度	含 义
External Route Tag	32	应用于外部路由的任意标志。OSPF 协议本身并不使用这个字段,而是由外部路由来管理和控制的
TOS		TOS 部分为可选项

五、路由器的状态机

OSPF 使用邻居状态机制的目的在于在路由器之间交换路由信息,不是所有的路由器之间都会形成邻居关系,尤其在广播网络和 NBMA 网络中。邻居状态是通过 Hello 报文建立和维护的。

路由器会周期性的发出 Hello 报文到他的邻居。如果某路由器在其邻居的 Hello 包中被列出,那么它们之间会成为 two-way 状态,在广播和 NBMA 网络中,周期性的发送 Hello 报文用来选举 DR 和 BDR。当 two-way 关系建立以后,路由器之间会考虑是否建立邻接关系,这决定于邻居路由器的状态以及网络的类型。如果网络的类型是广播或者非广播,那么仅仅会在 DR 和 BDR 路由器之间建立邻接关系。在其他类型的网络中(NBMA),邻接关系只会在邻居路由器之间建立。

形成邻接关系的第一步是进行路由器之间的数据库的同步,每个路由器通过 DB 报文描述它的 LS 数据库,但是在路由器之间交换的信息只包含 LSA 的报头信息,在交换的过程中会选举 master 和 slave,而且每个路由器都会对其接受的 LSA 做一个标记,在数据库同步完成时,路由器会发送 Ls 的 Request 数据包,来请求那些在数据库同步过程中被标记的那些 LSA。邻居路由器会发送 LSU 数据包给对方,当对方收到 LSU 数据包之后,会发送 LSack 数据包给对方。此时,数据库同步完成。

OSPF 的状态机有以下 8 种状态:Down、Attempt、Init、2-way、Exstart、Exchange、Loading 和 Full。它们之间的关系如图 7-18 所示。

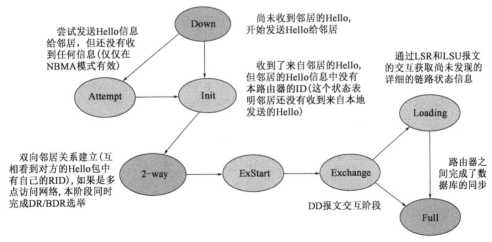

图 7-18 路由器的状态机

下面对以上的几种状态进行详细的介绍。

1. Down State

如图 7-19 所示,R1 和 R2 上运行 OSPF,邻居状态显示为 Down,这意味着在邻居之间没有任何信息进行交换。

2. Attempt State

这个状态仅在 NBMA 网络中有效。如果一个邻居在这个状态下,就意味着不会从邻居路由器收到任何信息。但是在这个状态下,路由器会在每个 Hello interval 发送 Hello 包给邻居路由器,在图 7-20 中 R1 会发送 Hello 包给 R2,告知 R1 的数据库中没有任何数据,并且不知道 DR 是哪个路由器。

图 7-19　路由器的 down 状态机　　　　　图 7-20　路由器的 attempt 状态机

3. Init State

在这个状态下,R1 会发送 Hello 数据包,在 R2 收到 Hello 包以后,其在 R1 发送的数据包中看不到自己,进入 INIT(1-way)状态,如图 7-21 所示。

4. 2-way state

R1 和 R2 在彼此发送的 Hello 包中能发现自己,即双方建立了双向的通信关系以后,会进入 2-way 状态。也就是说,这个状态是 OSPF 邻接状态的开始,在广播网络或者 NBMA 网络中,DR 和 BDR 就是在这个阶段产生的。在图 7-22 中,R2 会发送数据包给 R1 表明 R2 在 R1 发送的数据包中发现了自己,并且选举自己(R2)为 DR。

图 7-21　路由器的 init 状态机　　　　　图 7-22　路由器的 2-way 状态机

5. Exstart State

在这个状态用来初始化 OSPF 数据库的同步,Master 和 Slave 会在这个阶段被选举出来。第一个 sequence number 也在这个阶段决定。如图 7-23 所示,R1 发送第一个 DB 数据包,R2 也发送第一个 DB 数据包。拥有最高 router ID 的路由器将成为 Master,这个例子中 R2 的 router ID 较大,因此,R2 成为 Master。

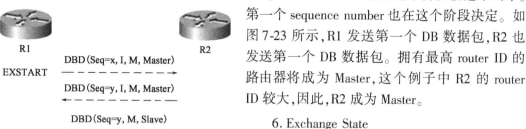

图 7-23　路由器的 exstart 状态机

6. Exchange State

在这个状态下,路由器会通过 DD 报文描述其本身所有的 LSA,每个 LSA 都以摘要的形式显示,即只显示 LSA 的报文头。图 7-24 详细描述了这种状态:

在图 7-24 中可以看到,两个路由器会交换它们的 LSA 的数据库信息,最下面一个箭头说明了在 LSA 包中的 M 位被置 0,说明没有其他的数据可以交换了。R1 也会把 M 位置 0,说明其没有数据要交换了。到此数据库交换过程结束。

7. Loading State

在这个状态下,路由器会发送 LSR 来请求在 exchange 过程中没有被交换的 LSA,从图 7-25 中可以看到,R1 发送 LSR 以请求更多的 LSA,从而达到更新数据库的目的。

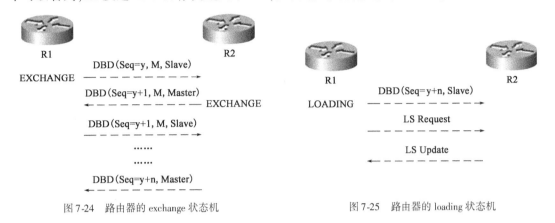

图 7-24　路由器的 exchange 状态机　　　　图 7-25　路由器的 loading 状态机

8. Full State

这个状态在路由器之间形成了邻接关系。它们之间只正常周期性地发送 Hello 数据包来维持邻接关系。如果此时网络中再有路由变化时,就无须重复以上的所有步骤,只由一方发送 LS Update 报文通知需要更新的内容,另一方发送 LS Ack 报文予以回应即可。双方的邻居状态机在此过程中不再发生变化。

六、网络类型

OSPF 协议为了能适应不同的 2 层协议,定义了不同的网络类型,在不同的网络类型下,OSPF 的工作行为与网络描述各不相同。

在 OSPF 网络中,主要涉及 4 种网络类型,它们是 BMA(广播型多路接入)、NBMA(非广播多路接入)、PtP(点到点)以及 PtMP(点到多点)。其中,BMA 与 NBMA 两种网络需要选举 DR 和 BDR,PtP 与 PtMP 两种网络不需要选举 DR 和 BDR。

事实上,在 OSPF 网络中,天然的网络只有 3 种,即 BMA、NBMA 和 PtP,PtMP 网络是通过 NBMA 网络改造过来的。

如果路由器接口连接的是以太网络,那么默认 OSPF 网络类型是 Broadcast。该类型的网络支持 DR 和 BDR,不需要手动设置邻居关系,会自动选举 DR 和 BDR。这种网络以组播地址(224.0.0.5 网络上的所有路由器,224.0.0.6 网络上的 DR 和 BDR)发送协议报文。

如果路由器接口连接的是 X.25、帧中继网络,那么默认 OSPF 网络类型是 NBMA。该类型的网络支持 DR 和 BDR,但需要手动设置邻居关系,自动选举 DR 和 BDR。这种网络以单播方式发送协议报文。

需要说明的是,NBMA 网络必须是全连通的,否则就不支持 DR 和 BDR。

如果 X.25、帧中继网络不是全连通的,可以设置 OSPF 接口的网络类型为 Point-to-Multipoint。该类型的网络不支持 DR 和 BDR,以组播地址(224.0.0.5)发送协议报文。

当链路层协议是 PPP、HDLC、LAPB 时,OSPF 缺省认为网络类型是 Point-to-Point。在这种类型网络中,以组播地址(224.0.0.5)发送协议报文,不支持选举 DR、BDR。

1. PtP 网络(点到点网络)

当数据链路层封装为 HDLC 或 PPP 时,在该情况下,接口默认的 OSPF 网络类型为 Point-to-Point。这种网络类型特点如下:

①Hello 报文发送到组播地址 224.0.0.5,邻居可以自动发现;

②不选举 DR/BDR;

③默认 Hello 计时器为 10s、Dead 计时器为 40s。

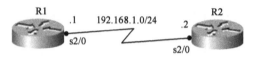

图 7-26 点到点网络

图 7-26 是一个 PtP 网络,物理接口是串口,链路层采用 HDLC,通过配置观察其特性。

1) 配置

R1#conf t

R1(config)#router ospf 100

R1(config-router)#network 192.168.1.0 0.0.0.255 area 0

R2#conf t

R2(config)#router ospf 100

R2(config-router)#network 192.168.1.0 0.0.0.255 area 0

2) 检查

R2#show ip interface s2/0

Serial2/0 is up, line protocol is up

  Internet address is 192.168.1.2/24

  Broadcast address is 255.255.255.255//这是一个广播型介质

R2#show ip ospf interface s2/0

Serial2/0 is up, line protocol is up

  Internet Address 192.168.1.2/24, Area 0

  Process ID 100, Router ID 192.168.1.2, Network Type POINT_TO_POINT, Cost: 64　　//网络类型是 PtP

  Transmit Delay is 1 sec, State POINT_TO_POINT,

  Timer intervals configured, Hello 10, Dead 40, Wait 40, Retransmit 5　　//时间参数

    Hello due in 00:00:02

  Index 1/1, flood queue length 0

  Next 0x0(0)/0x0(0)

  Last flood scan length is 1, maximum is 1

  Last flood scan time is 0 msec, maximum is 0 msec

  Neighbor Count is 1, Adjacent neighbor count is 1

    Adjacent with neighbor 192.168.1.1　　//建立了一个邻接关系

  Suppress hello for 0 neighbor(s)

R2#

2. BMA 网络(广播型多路接入网络)

当数据链路层封装为 Ethernet,在该情况下,接口默认的 OSPF 网络类型为 Broadcast。这

种网络类型有以下特点：

①Hello 报文发送到组播地址 224.0.0.5，邻居可以自动发现；

②选举 DR/BDR；

③默认 Hello 计时器为 10s、Dead 计时器为 40s,（注：在选举 DR 过程中，会开启 wait 计时器（默认 wait_time = dead_time，它们同步改动），只要在该计时器时间内启动的路由器则根据｛优先级,RID｝来选举 DR。因此我们通常会看到路由器间的状态比较长时间（wait 计时器的时间）的停留在 2-way 状态。

图 7-27 是一个 BMA 网络，物理接口是 RJ45 口，链路层以太网，通过配置观察其特性。

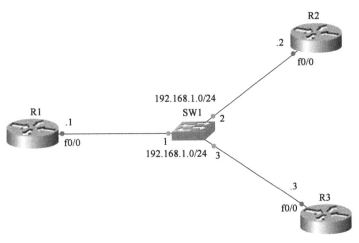

图 7-27　BMA 网络

1）配置

R1#conf t

R1(config)#int f0/0

R1(config-if)#ip add 192.168.1.1 255.255.255.0

R1(config-if)#no shut

R1(config-if)#router ospf 100

R1(config-router)#network 192.168.1.0 0.0.0.255 area 0

R2#conf t

R2(config)#int f0/0

R2(config-if)#ip add 192.168.1.2 255.255.255.0

R2(config-if)#no shut

R2(config-if)#router

R2(config-if)#router ospf 100

R2(config-router)#network 192.168.1.0 0.0.0.255 area 0

R3#conf t

R3(config)#int f0/0

R3(config-if)#ip add 192.168.1.3 255.255.255.0

R3(config-if)#no shut

R3(config-if)#router ospf 100

R3(config-router)#network 192.168.1.0 0.0.0.255 area 0

2）检查

R1#show ip interface f0/0

FastEthernet0/0 is up, line protocol is up

 Internet address is 192.168.1.1/24

 Broadcast address is 255.255.255.255 //广播型介质

 Address determined by setup command

 MTU is 1500 bytes

 Helper address is not set

 Directed broadcast forwarding is disabled

 Multicast reserved groups joined：224.0.0.5 224.0.0.6 //组播传递消息

R1#

R1#show ip ospf interface f0/0

FastEthernet0/0 is up, line protocol is up

 Internet Address 192.168.1.1/24，Area 0

 Process ID 100，Router ID 192.168.1.1，Network Type BROADCAST，Cost：1 //广播型网络

 Transmit Delay is 1 sec，State DR，Priority 1

 Designated Router (ID) 192.168.1.1，Interface address 192.168.1.1 //选举了DR与BDR

 Backup Designated router (ID) 192.168.1.2，Interface address 192.168.1.2

 Timer intervals configured, Hello 10, Dead 40, Wait 40, Retransmit 5

  Hello due in 00:00:05

 Index 1/1, flood queue length 0

 Next 0x0(0)/0x0(0)

 Last flood scan length is 1，maximum is 1

 Last flood scan time is 0 msec，maximum is 0 msec

 Neighbor Count is 2，Adjacent neighbor count is 2 //建立了2个邻居

  Adjacent with neighbor 192.168.1.3

  Adjacent with neighbor 192.168.1.2 (Backup Designated Router)

 Suppress hello for 0 neighbor(s)

R1#

3. NBMA 网络（非广播型多路接入网络）

当数据链路层封装为 Frame-Relay，如果 IP 地址配置在主接口，则该接口默认的 OSPF 网络类型为 NBMA；如果 IP 地址配置在点到点子接口，则该接口默认的 OSPF 网络类型为 P2P；如果 IP 地址配置在多点子接口，则该接口默认的 OSPF 网络类型为 NBMA。OSPF 的 NBMA 网络类型有以下特点：

①Hello 报文是用单播来发送的，邻居必须手工指定；

②选举 DR/BDR（必须保证所有节点全互联）；

③默认 Hello 计时器为 30s、Dead 计时器为 120s。

图 7-28 是一个 NBMA(FR 用路由器来模仿)网络,物理接口是串口,链路层是 FR,通过配置观察其特性。

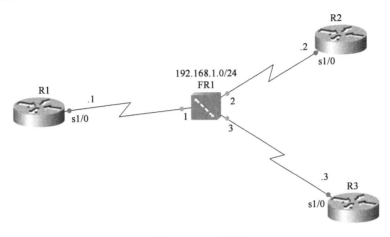

图 7-28 NBMA 网络

1) 配置

R1#conf t

R1(config)#int s1/0

R1(config-if)#no shut

R1(config-if)#encapsulation frame-relay　　　//封装成 FR

R1(config-if)#frame-relay lmi-type cisco　　　//告诉由路由器与 FR 设备自动协商,不要指定

R1(config-if)#no frame-relay inverse-arp　　　//关闭反向 ARP 解析

R1(config-if)#ip add 192.168.1.1 255.255.255.0

R1(config-if)#frame-relay map ip 192.168.1.2 102 broadcast　　　//静态 DLCI 映射

R1(config-if)#frame-relay map ip 192.168.1.3 103 broadcast　　　//静态 DLCI 映射

R1(config-if)#router ospf 100

R1(config-router)#network 192.168.1.0 0.0.0.255 area 0　　　//配置 OSPF 协议

R2#conf t

R2(config)#int s1/0

R2(config-if)#no shut

R2(config-if)#encapsulation frame-relay

R2(config-if)#frame-relay lmi-type cisco　　　//告诉由路由器与 FR 设备自动协商,不要指定

R2(config-if)#ip add 192.168.1.2 255.255.255.0

R2(config-if)#no frame-relay inverse-arp

R2(config-if)#frame-relay map ip 192.168.1.1 201 broadcast

R2(config-if)#router ospf 100

R2(config-router)#network 192.168.1.0 0.0.0.255 area 0

R3#conf t

R3(config)#int s1/0

R3(config-if)#no shut

R3(config-if)#encapsulation frame-relay

  R3(config-if)#frame-relay lmi-type cisco   //告诉由路由器与 FR 设备自动协商,不要指定

  R3(config-if)#no frame-relay inverse-arp

  R3(config-if)#ip add 192.168.1.3 255.255.255.0

  R3(config-if)#frame-relay map ip 192.168.1.1 301 broadcast

  R3(config-if)#router ospf 100

  R3(config-router)#network 192.168.1.0 0.0.0.255 area 0

  2)检查

R1#show ip interface s1/0

Serial1/0 is up, line protocol is up   //物理接口与二层链路已起来

  Internet address is 192.168.1.1/24

  Broadcast address is 255.255.255.255

  Address determined by non-volatile memory

  MTU is 1500 bytes

  Helper address is not set

  Directed broadcast forwarding is disabled

  Multicast reserved groups joined: 224.0.0.5 224.0.0.6   //组播传递消息

R1#show ip ospf int s1/0

Serial1/0 is up, line protocol is up   //

  Internet Address 192.168.1.1/24, Area 0

  Process ID 100, Router ID 192.168.1.1, Network Type NON_BROADCAST, Cost: 64

//链路类型是非广播,这个不适合 OSPF,要通过指定邻居才能工作

  Transmit Delay is 1 sec, State DR, Priority 1

  Designated Router (ID) 192.168.1.1, Interface address 192.168.1.1   //自认为是 DR,无 BDR,这里有三个接口,应该有 BDR

R1#ping 192.168.1.2

Type escape sequence to abort.

Sending 5, 100-byte ICMP Echos to 192.168.1.2, timeout is 2 seconds:

!!!!!

Success rate is 100 percent (5/5), round-trip min/avg/max = 16/20/32 ms   //能与 R2 通信,同理,也应可以与 R3 通信

R1#

  3)问题分析1

  R2 与 R3 是否能通信呢? 如果不能通信怎么办?

R2#ping 192.168.1.3

Type escape sequence to abort.

Sending 5, 100-byte ICMP Echos to 192.168.1.3, timeout is 2 seconds:

.....

Success rate is 0 percent (0/5) //R2 与 R3 无法通信

  4)问题处理1:为路由器指定邻居

R2#

R1 配置

R1#conf t

R1(config)#int s1/0

R1(config-if)#router ospf 100

R1(config-router)#neighbor 192.168.1.2   //指定 R2 为邻居

R1(config-router)#neighbor 192.168.1.3   //指定 R3 为邻居

R1(config-router)#

00:29:33: %OSPF-5-ADJCHG: Process 100, Nbr 192.168.1.2 on Serial1/0 from LOADING to FULL, Loading Done

R1(config-router)#

00:29:55: %OSPF-5-ADJCHG: Process 100, Nbr 192.168.1.3 on Serial1/0 from LOADING to FULL, Loading Done

R1(config-router)#end

R1#

R2 配置

R2#conf t

R2(config)#router ospf 100

R2(config-router)#neighbor 192.168.1.1

R2(config-router)#end

R2#

R3 配置

R1#conf t

R3#conf t

R3(config)#router ospf 100

R3(config-router)#neighbor 192.168.1.1

R3(config-router)#end

R3#

　　5)检查2

R1#show ip int s1/0

Serial1/0 is up, line protocol is up

　Internet Address 192.168.1.1/24, Area 0

　Process ID 100, Router ID 192.168.1.1, Network Type NON_BROADCAST, Cost: 64

　Transmit Delay is 1 sec, State BDR, Priority 1

　Designated Router (ID) 192.168.1.3, Interface address 192.168.1.3   //R3 为 DR

R2#show ip ospf int s1/0

Serial1/0 is up, line protocol is up

　Internet Address 192.168.1.2/24, Area 0

　Process ID 100, Router ID 192.168.1.2, Network Type NON_BROADCAST, Cost: 64

　Transmit Delay is 1 sec, State DR, Priority 1

　Designated Router (ID) 192.168.1.2, Interface address 192.168.1.2 //R2 为 DR

Backup Designated router (ID) 192.168.1.1, Interface address 192.168.1.1
   Timer intervals configured, Hello 30, Dead 120, Wait 120, Retransmit 5
     Hello due in 00:00:14
   Index 1/1, flood queue length 0
   Next 0x0(0)/0x0(0)
   Last flood scan length is 1, maximum is 1
   Last flood scan time is 0 msec, maximum is 0 msec
   Neighbor Count is 1, Adjacent neighbor count is 1
     Adjacent with neighbor 192.168.1.1 (Backup Designated Router)
   Suppress hello for 0 neighbor(s)
R2#

   6)问题分析2
   R1 认为 DR 是 R3,R2 认为 DR 是 R2,网络参数不一致导致不能正常通信怎么办？能否让 R1 来当 DR,其他路由器不参与选举？
R1#conf t
R1(config)#int s1/0
R1(config-if)#ip ospf priority 10
R1(config-if)#end
R1#clear ip ospf process   //清除 OSPF 进程
Reset ALL OSPF processes? [no]: y
R1#
R2#conf t
R2(config)#int s1/0
R2(config-if)#ip ospf priority 0
R2(config-if)#end
R2#clear ip ospf process
Reset ALL OSPF processes? [no]: y
R2#
R3#conf t
R3(config-if)#ip ospf priority 0
R3(config-if)#end
R3#clear ip ospf process
Reset ALL OSPF processes? [no]: y
R3#

   7)检查3
R1#show ip ospf int s1/0
Serial1/0 is up, line protocol is up
   Internet Address 192.168.1.1/24, Area 0
   Process ID 100, Router ID 192.168.1.1, Network Type NON_BROADCAST, Cost: 64
   Transmit Delay is 1 sec, State DR, Priority 10

Designated Router (ID) 192.168.1.1, Interface address 192.168.1.1   //R1 为 DR
No backup designated router on this network   //无 BDR
R3#ping 192.168.1.2
Type escape sequence to abort.
Sending 5, 100-byte ICMP Echos to 192.168.1.2, timeout is 2 seconds：
.....
Success rate is 0 percent (0/5)   //R2 与 R3 无法通信
R3#

  8)问题分析 3
  R2 与 R3 还是无法通信,分析通信过程如下：
  当 R1 与 R2 通信时,R1 知道 R2 的 IP,将数据包发给 FR 的 1 号端口的 DLCI 102,FR 会将包自动交换到 2 号端口的 DLCI 201,R2 获得数据；R2 回送一个包,R2 知道 R1 的 IP,将数据包发给 FR 的 2 号端口的 DLCI 201,FR 会将包自动交换到 1 号端口的 DLCI 102,R1 收到 R2 的数据包；R1 与 R3 通信时,效果一样；
  当 R2 与 R3 通信时,R2 知道 R3 的 IP,将数据包发给谁呢？FR 中没定义,因此要在路由器中作映射。
R2#conf t
R2(config)#int s1/0
R2(config-if)#frame-relay map ip 192.168.1.3 201
R2(config-if)#end
R2#
R3#conf t
R3(config)#int s1/0
R3(config-if)#frame-relay map ip 192.168.1.2 301
R3(config-if)#end
R3#
R3#ping 192.168.1.2
Type escape sequence to abort.
Sending 5, 100-byte ICMP Echos to 192.168.1.2, timeout is 2 seconds：
!!!!!
Success rate is 100 percent (5/5), round-trip min/avg/max = 24/40/48 ms //R2 与 R3 正常通信
R3#

  4. PtMP 网络(点到多点网络)
  当数据链路层封装为 FR 的情况下,接口默认的 OSPF 网络类型为 NBMA,必须通过手工设置成 PtMP 网络。这种网络类型有以下特点：
  ①Hello 报文是发送到组播地址 224.0.0.5,邻居可以自动发现；
  ②不选举 DR/BDR；
  ③默认 Hello 计时器为 30s、Dead 计时器为 120s。

图 7-29 是一个 PtMP 网络（使用路由器来模仿 FR 设备），物理接口是串口，链路层 FR，通过配置观察其特性。

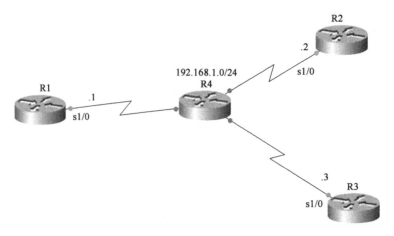

图 7-29　PtMP 网络

1）配置

R1#conf t

R1(config)#int s1/0

R1(config-if)#no shut

R1(config-if)#encapsulation frame-relay　　　　//封装成 FR

R1(config-if)#ip add 192.168.1.1 255.255.255.0

R1(config-if)#ip ospf network point-to-multipoint　　//指定网络类型为点到多点类型

R1(config-if)#router ospf 100

R1(config-router)#network 192.168.1.0 0.0.0.255 area 0

R2#conf t

R2(config)#int s1/0

R2(config-if)#no shut

R2(config-if)#encapsulation frame-relay

R2(config-if)#ip add 192.168.1.2 255.255.255.0

R1(config-if)#ip ospf network point-to-multipoint　　//指定网络类型为点到多点类型

R2(config-if)#router ospf 100

R2(config-router)#network 192.168.1.0 0.0.0.255 area 0

R3#conf t

R3(config)#int s1/0

R3(config-if)#no shut

R3(config-if)#encapsulation frame-relay

R3(config-if)#ip add 192.168.1.3 255.255.255.0

R1(config-if)#ip ospf network point-to-multipoint　　//指定网络类型为点到多点类型

R3(config-if)#router ospf 100

R3(config-router)#network 192.168.1.0 0.0.0.255 area 0

2)检查

R1#show ip int s1/0

Serial1/0 is up, line protocol is up

  Internet address is 192.168.1.1/24

  Broadcast address is 255.255.255.255

  Address determined by non-volatile memory

  MTU is 1500 bytes

  Helper address is not set

  Directed broadcast forwarding is disabled

  Multicast reserved groups joined: 224.0.0.5 224.0.0.6 //采用组播传播消息

R1#show ip ospf int s1/0

Serial1/0 is up, line protocol is up

  Internet Address 192.168.1.1/24, Area 0

  Process ID 100, Router ID 192.168.1.1, Network Type POINT_TO_MULTIPOINT, Cost: 64 //网络类型为点到多点

  Transmit Delay is 1 sec, State POINT_TO_MULTIPOINT,

  Timer intervals configured, Hello 30, Dead 120, Wait 120, Retransmit 5

    Hello due in 00:00:26

  Index 1/1, flood queue length 0

  Next 0x0(0)/0x0(0)

  Last flood scan length is 1, maximum is 2

  Last flood scan time is 0 msec, maximum is 0 msec

  Neighbor Count is 2, Adjacent neighbor count is 2

    Adjacent with neighbor 192.168.1.3

    Adjacent with neighbor 192.168.1.2

  Suppress hello for 0 neighbor(s)

R1#show frame-relay map

Serial1/0 (up): ip 192.168.1.2 dlci 102(0x66,0x1860), dynamic, broadcast,, status defined, active //192.168.1.2 映射到 DLCI 102 上,采用动态映射方式

Serial1/0 (up): ip 192.168.1.3 dlci 103(0x67,0x1870), dynamic, broadcast,, status defined, active //192.168.1.3 映射到 DLCI 103 上,采用动态映射方式

R1#show frame-relay pvc

PVC Statistics for interface Serial1/0 (Frame Relay DTE)

	Active	Inactive	Deleted	Static
Local	2	0	0	0
Switched	0	0	0	0
Unused	0	0	0	0

DLCI = 102, DLCI USAGE = LOCAL, PVC STATUS = ACTIVE, INTERFACE = Serial1/0

  input pkts 161   output pkts 147   in bytes 12996

  out bytes 12378   dropped pkts 0   in pkts dropped 0

out pkts dropped 0		out bytes dropped 0
in FECN pkts 0	in BECN pkts 0	out FECN pkts 0
out BECN pkts 0	in DE pkts 0	out DE pkts 0
out bcast pkts 79	out bcast bytes 5954	

pvc create time 00:42:53, last time pvc status changed 00:42:53

DLCI = 103, DLCI USAGE = LOCAL, PVC STATUS = ACTIVE, INTERFACE = Serial1/0

input pkts 169	output pkts 141	in bytes 13320
out bytes 11822	dropped pkts 0	in pkts dropped 0
out pkts dropped 0		out bytes dropped 0
in FECN pkts 0	in BECN pkts 0	out FECN pkts 0
out BECN pkts 0	in DE pkts 0	out DE pkts 0
out bcast pkts 79	out bcast bytes 5954	

pvc create time 00:42:55, last time pvc status changed 00:42:55

R1#

任务实施

一、配置区域 0 (area 0,骨干区域)

区域 0 是整个 OSPF 网络的核心,所有区域间消息都要通过本区域进行转接。主要配置本区域的拓扑、基本配置、OSPF 进程。

1. 目标

如图 7-30 所示,区域 0 由 6 台路由器组成一个环网,它们配置 OSPF 路由协议,各台路由器的 ID 为环回地址 200 + 编号,要求路由器之间互通。

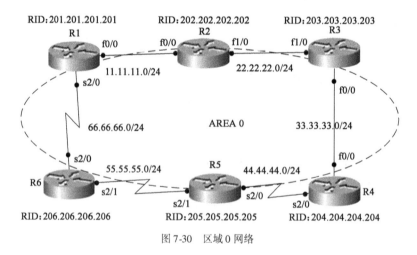

图 7-30 区域 0 网络

2. 知识准备

1) 配置 OSPF 协议

路由器连接正确,做完基本的配置后,要配置 OSPF 路由协议,分两步进行。

(1) router(config)#router ospf process-id

该命令让路由器启用 OSPF 进程。process-id 是 OSPF 路由进程号,其值必须在 1~65535 (2^{16}-1)之间。这个值只有本地意义,可以随意配置,因此不同路由器之间能配置不同的进程号。但在同一台路由器上不宜配置多个 OSPF 进程号,这样会建立多个 LSDB 数据库,运行多个 SPF 算法,消耗路由器更多的内存和 CPU 资源。

如要取消这个进程号,可直接使用命令:router(config)#no router ospf *process-id*。

(2) router(config-router)#network *address wildcard-mask* area *area-id*

该命令让路由器向外宣告自己的直连网段。address 是直连网段或者是 IP 地址,wildcard-mask 是 address 的掩码反码(通配符掩码),area-id 是 OSPF 区域的编号,其值必须在 0~4294967295(2^{32}-1)之间,也可用 IP 地址格式表示成 *.*.*.* 的样式。

如要撤销这个宣告,可直接使用命令:router(config-router)#no network *address wildcard-mask* area *area-id*。

2) 路由器的 ID 确定

(1) 手工确定

router(config-router)#router-id *ip-address*

该命令让路由器将路由器的 ID 号直接置为指定的 IP-address,这个 ip-address 可以是环回 IP 地址、物理接口 IP 地址、其他配置中没用到的 IP 地址。这里建议使用环回地址,原因是:它是虚拟地址,只要开机就存在,不像物理接口 IP 地址那样可能因损坏而掉电;环回地址好规划,可以根据自己维护习惯来定义。

如要删除这个 ID,使用 router(config-router)#no router-id *ip-address* 命令即可。

(2) 机器确定

路由器本身也有一系列机制来确定自己的 ID。

①路由器会先选取它所有环回接口中 loopback 接口上数值最高的 IP 地址作为 RID。

②如果路由器没有配置环回接口,那么路由器将在所有物理接口中选取一个最高的 IP 地址作为路由的 RID。

※注意:手工确定路由器 ID 的优先级高于机器确定路由器 ID 的优先级。

3) RID 地址要不要做路由

本书建议要对 RID 地址做路由,因为在远程维护一台路由器时,一般都从 RID 去登录这台路由器,如果没做路由就登不上去。只能通过其他环回地址或都物理地址进行远程登录,但是要记住这些 IP 地址很困难。

3. 配置

R1#conf t
Enter configuration commands, one per line. End with CNTL/Z.
R1(config)#int f0/0
R1(config-if)#ip add 11.11.11.1 255.255.255.0
R1(config-if)#no shut
R1(config-if)#int s2/0
R1(config-if)#ip add 66.66.66.2 255.255.255.0
R1(config-if)#no shut
R1(config-if)#int loopback 0

R1（config-if）#ip add 201.201.201.201 255.255.255.255

R1（config-if）#router ospf 100　　　//启用 OSPF 进程

R1（config-router）#router-id 201.201.201.201　　//定义 RID

R1（config-router）#network 11.11.11.0 0.0.0.255 area 0　　//宣告直连路由

R1（config-router）#network 66.66.66.0 0.0.0.255 area 0

R1（config-router）#network 201.201.201.201 0.0.0.0 area 0　　//给 RID 做路由

R1（config-router）#end

R1#write

[OK]

　　同样方法配置 R2、R3、R4、R5 及 R6。

　　4. 检验

　　1）查看路由器的所有路由表

R1#show ip route

Gateway of last resort is not set

　　204.204.204.0/32 is subnetted, 1 subnets

O　　　204.204.204.204 [110/4] via 11.11.11.2, 00:02:23, FastEthernet0/0　　//路由前的标识"O"说明这条路由是学过来的；204.204.204.204 说明这是一条主机路由；[110/4]说明管理距离是 110,路径代价是 4(4 个以太网段,1 个以太网段为 1)

　　205.205.205.0/32 is subnetted, 1 subnets

O　　　205.205.205.205 [110/68] via 11.11.11.2, 00:02:23, FastEthernet0/0　　//这里可以看出[110/68]中的 68,是从 11.11.11.2 学到的,由此可见要经过 3 个以太网 +1 个串口网段,即 $10^8/1540000 + 3 = 65 + 3 = 68$

　　206.206.206.0/32 is subnetted, 1 subnets

O　　　206.206.206.206 [110/65] via 66.66.66.1, 00:02:23, Serial2/0

　　201.201.201.0/32 is subnetted, 1 subnets

C　　　201.201.201.201 is directly connected, Loopback0　　//直连路由

　　202.202.202.0/32 is subnetted, 1 subnets

O　　　202.202.202.202 [110/2] via 11.11.11.2, 00:02:24, FastEthernet0/0

　　203.203.203.0/32 is subnetted, 1 subnets

O　　　203.203.203.203 [110/3] via 11.11.11.2, 00:02:24, FastEthernet0/0

　　33.0.0.0/24 is subnetted, 1 subnets

O　　　33.33.33.0 [110/3] via 11.11.11.2, 00:02:26, FastEthernet0/0

　　55.0.0.0/24 is subnetted, 1 subnets

O　　　55.55.55.0 [110/128] via 66.66.66.1, 00:02:26, Serial2/0

　　66.0.0.0/24 is subnetted, 1 subnets

C　　　66.66.66.0 is directly connected, Serial2/0

　　22.0.0.0/24 is subnetted, 1 subnets

O　　　22.22.22.0 [110/2] via 11.11.11.2, 00:02:26, FastEthernet0/0

　　11.0.0.0/24 is subnetted, 1 subnets

C　　　11.11.11.0 is directly connected, FastEthernet0/0

44.0.0.0/24 is subnetted, 1 subnets
O　　　44.44.44.0 [110/67] via 11.11.11.2, 00:02:26, FastEthernet0/0

　　2）查看路由器通过 OSPF 学到的路由表

R1#show ip route ospf
　　204.204.204.0/32 is subnetted, 1 subnets
O　　　204.204.204.204 [110/4] via 11.11.11.2, 01:15:52, FastEthernet0/0
　　205.205.205.0/32 is subnetted, 1 subnets
O　　　205.205.205.205 [110/68] via 11.11.11.2, 01:15:52, FastEthernet0/0
　　206.206.206.0/32 is subnetted, 1 subnets
O　　　206.206.206.206 [110/65] via 66.66.66.1, 01:15:52, Serial2/0
　　202.202.202.0/32 is subnetted, 1 subnets
O　　　202.202.202.202 [110/2] via 11.11.11.2, 01:15:52, FastEthernet0/0
　　203.203.203.0/32 is subnetted, 1 subnets
O　　　203.203.203.203 [110/3] via 11.11.11.2, 01:15:52, FastEthernet0/0
　　33.0.0.0/24 is subnetted, 1 subnets
O　　　33.33.33.0 [110/3] via 11.11.11.2, 01:15:52, FastEthernet0/0
　　55.0.0.0/24 is subnetted, 1 subnets
O　　　55.55.55.0 [110/128] via 66.66.66.1, 01:15:52, Serial2/0
　　22.0.0.0/24 is subnetted, 1 subnets
O　　　22.22.22.0 [110/2] via 11.11.11.2, 01:15:52, FastEthernet0/0
　　44.0.0.0/24 is subnetted, 1 subnets
O　　　44.44.44.0 [110/67] via 11.11.11.2, 01:15:52, FastEthernet0/0
R1#

　　3）观察各种 IP 路由协议信息

R1#show ip protocols
Routing Protocol is "ospf 100"　　　//路由协议是 OSPF,进程号是 100
　Outgoing update filter list for all interfaces is not set
　Incoming update filter list for all interfaces is not set
//进出的接口上都没有加过滤列表
　Router ID 201.201.201.201　　//路由器 ID 号
　Number of areas in this router is 1. 1 normal 0 stub 0 nssa　　//本路由器位于 1 个标准区域
　Maximum path: 4　　//等价负载均衡默认路径数是 4
　Routing for Networks:
　　11.11.11.0 0.0.0.255 area 0
　　66.66.66.0 0.0.0.255 area 0
　　201.201.201.201 0.0.0.0 area 0
//本路由器三个网段所在的区域
　Routing Information Sources:
　　Gateway　　　　　Distance　　　Last Update
　　206.206.206.206　　　110　　　　00:27:29

167

  205.205.205.205   110   00:27:29
  204.204.204.204   110   00:27:29
  203.203.203.203   110   00:27:29
  202.202.202.202   110   00:27:29
  201.201.201.201   110   00:27:29

//路由信息来源于这6个网关

 Distance：(default is 110)

//管理距离为110

 4)观察路由器的OSPF信息

R1#show ip ospf

Routing Process "ospf 100" with ID 201.201.201.201

//OSPF进程及RID

Supports only single TOS(TOS0) routes

Supports opaque LSA

SPF schedule delay 5 secs, Hold time between two SPFs 10 secs

Minimum LSA interval 5 secs. Minimum LSA arrival 1 secs

Number of external LSA 0. Checksum Sum 0x000000

Number of opaque AS LSA 0. Checksum Sum 0x000000

Number of DCbitless external and opaque AS LSA 0

Number of DoNotAge external and opaque AS LSA 0

Number of areas in this router is 1. 1 normal 0 stub 0 nssa

External flood list length 0

  Area BACKBONE(0)

    Number of interfaces in this area is 3 //有3个接口在区域0

    Area has no authentication //本区域无认证

    SPF algorithm executed 20 times //SPF算法被执行20次

    Area ranges are

    Number of LSA 9. Checksum Sum 0x04E0B2 //LSA数量是9

    Number of opaque link LSA 0. Checksum Sum 0x000000

    Number of DCbitless LSA 0

    Number of indication LSA 0

    Number of DoNotAge LSA 0

    Flood list length 0

 5)观察路由器接口信息

R1#show int f0/0

FastEthernet0/0 is up, line protocol is up //物理接口和链路层协议起来

 Hardware is AmdFE, address is cc00.2db4.0000 (bia cc00.2db4.0000) //MAC地址

 Internet address is 11.11.11.1/24 //IP地址

 MTU 1500 bytes, BW 100000 Kbit, DLY 100 usec,

  reliability 255/255, txload 1/255, rxload 1/255 //MTU、带宽、时延、可靠性

Encapsulation ARPA, loopback not set   //链路层封装格式
Keepalive set (10 sec)
Full-duplex, 100Mb/s, 100BaseTX/FX   //工作模式
   6）观察路由器接口 OSPF 信息
R1#show ip ospf int f0/0
FastEthernet0/0 is up, line protocol is up
  Internet Address 11.11.11.1/24, Area 0
  Process ID 100, Router ID 201.201.201.201, Network Type BROADCAST, Cost：1 //进程号、RID、网络类型、代价值
  Transmit Delay is 1 sec, State DR, Priority 1 //是 DR,接口优先级是 1
  Designated Router (ID) 201.201.201.201, Interface address 11.11.11.1 //DR 的 RID 及 IP 地址
  Backup Designated router (ID) 202.202.202.202, Interface address 11.11.11.2   //BDR 的 RID 及 IP 地址
  Timer intervals configured, Hello 10, Dead 40, Wait 40, Retransmit 5   //时间参数
    Hello due in 00:00:08
  Index 1/1, flood queue length 0
  Next 0x0(0)/0x0(0)
  Last flood scan length is 1, maximum is 2
  Last flood scan time is 0 msec, maximum is 0 msec
  Neighbor Count is 1, Adjacent neighbor count is 1
    Adjacent with neighbor 202.202.202.202   (Backup Designated Router) //接口邻居
  Suppress hello for 0 neighbor(s)
   7）观察路由器的邻居
R1#show ip ospf neighbor
Neighbor ID   Pri   State   Dead Time   Address   Interface
206.206.206.206   1   FULL/ -   00:00:39   66.66.66.1   Serial2/0
202.202.202.202   1   FULL/BDR   00:00:39   11.11.11.2   FastEthernet0/0
//有 2 个邻居，与 202.202.202.202 通过以太网相连,建立全连接,自己是 DR；与 206.206.206.206 通过串口建立全连接,不用选举 DR。
   8）观察路由器的邻居数据库
R1#show ip ospf database
        OSPF Router with ID (201.201.201.201) (Process ID 100)
        Router Link States (Area 0)
Link ID   ADV Router   Age   Seq#   Checksum Link count
201.201.201.201 201.201.201.201   525   0x80000008   0x00A156   4
202.202.202.202 202.202.202.202   756   0x80000008   0x007F3E   3
203.203.203.203 203.203.203.203   1644   0x80000007   0x00D558   3
204.204.204.204 204.204.204.204   833   0x80000007   0x003C9C   4
205.205.205.205 205.205.205.205   347   0x80000007   0x008AF8   5

206.206.206.206 206.206.206.206 483   0x80000008 0x00C63B   5
//router LSA 有 6 个
                Net Link States（Area 0）
Link ID   ADV Router   Age   Seq#   Checksum
11.11.11.1   201.201.201.201 1015   0x80000004 0x00C4D6
22.22.22.1   202.202.202.202 756   0x80000004 0x006D01
33.33.33.1   203.203.203.203 1644   0x80000003 0x00182A
//DR router LSA 共 3 个。

9）结论

区域 0 能正确通信,各路由器路由表齐全。

5. 问题分析及解决方法

对于 R1-R2 网段,与它们相连接口的优先级都是 1,R1 的 ID 是 201.201.201.201,R2 的 ID 地址是 202.202.202.202,现在 R1 是 DR,R2 是 BDR,这不合理,怎么解决？

1）分析

优先级低的路由器先启动 40s 后,如果优先级高的路由器还没启动,则前者会自认为是 DR,后面即使有优先级更高的路由器也不会被认为是 DR,即 DR 不具有抢占性。

2）解决办法

①重启路由器,会重新选举 DR；
②清除 R1、R2 路由进程也可以重新选举 DR。

3）方案

①重启路由器,观察 DR 的选举；
②控制 R1 选举为 DR,R2 选举为 DRother；
③清除 R1、R2 路由器上的进程,观察 DR 选举。

4）实施

（1）重启路由器,观察 DR 的选举

R1#reload
R1#debug ip ospf adj
R1#debug ip ospf adj
OSPF adjacency events debugging is on
R1#
00:00:43: OSPF: end of Wait on interface FastEthernet0/0
00:00:43: OSPF: DR/BDR election on FastEthernet0/0   //f0/0 上发生选举 DR
00:00:43: OSPF: Elect BDR 202.202.202.202
00:00:43: OSPF: Elect DR 202.202.202.202
00:00:43:   DR: 202.202.202.202（Id)   BDR: 202.202.202.202（Id)
00:00:43: OSPF: Send DBD to 202.202.202.202 on FastEthernet0/0 seq 0x1A71 opt 0x42 flag 0x7 len 32   //数据库同步开始,R1 先发 DBD 包
00:00:44: OSPF: Rcv DBD from 202.202.202.202 on FastEthernet0/0 seq 0x1D0F opt 0x42 flag 0x7 len 32 mtu 1500 state EXSTART   //R2 认为自己是 master,重发 DBD 包,0x7 = 111,意味着第一个 DBD,但不是最后一个,自己是主路由器

00:00:44: OSPF: NBR Negotiation Done. We are the SLAVE　　//协商一致,R1 为 slave
00:00:44: OSPF: Send DBD to 202.202.202.202 on FastEthernet0/0 seq 0x1D0F opt 0x42 flag 0x2 len 112　　//采用 R2 的序列号交换 DBD,ox2 =010,意味着不是第一个 DBD,不是最后一个,自己是从路由器
R1#
00:00:44: OSPF: Neighbor change Event on interface FastEthernet0/0
00:00:44: OSPF: DR/BDR election on FastEthernet0/0
00:00:44: OSPF: Elect BDR 201.201.201.201　　//R1 是 BDR
00:00:44: OSPF: Elect DR 202.202.202.202　　//R2 是 DR
00:00:44: OSPF: Elect BDR 201.201.201.201
00:00:44: OSPF: Elect DR 202.202.202.202
00:00:44:　　　　DR: 202.202.202.202（Id）　BDR: 201.201.201.201（Id）
00:00:44: OSPF: Rcv DBD from 202.202.202.202 on FastEthernet0/0 seq 0x1D10 opt 0x42 flag 0x3 len 52　mtu 1500 state EXCHANGE　　//第二个 DBD
00:00:44: OSPF: Send DBD to 202.202.202.202 on FastEthernet0/0 seq 0x1D10 opt 0x42 flag 0x0 len 32　　//R1 DBD 交换完成
00:00:44: OSPF: Database request to 202.202.202.202
00:00:44: OSPF: sent LS REQ packet to 11.11.11.2, length 12　　//R1 发送 LSR 给 R2
00:00:44: OSPF: Rcv DBD from 202.202.202.202 on FastEthernet0/0 seq 0x1D11 opt 0x42 flag 0x1 len 32　mtu 1500 state EXCHANGE　　//R2 DBD 交换完成
00:00:44: OSPF: Exchange Done with 202.202.202.202 on FastEthernet0/0
00:00:44: OSPF: Send DBD to 202.202.202.202 on FastEthernet0/0 seq 0x1D11 opt 0x42 flag 0x0 len 32　　//
00:00:44: OSPF: Synchronized with 202.202.202.202 on FastEthernet0/0, state FULL
00:00:44: % OSPF-5-ADJCHG: Process 100, Nbr 202.202.202.202 on FastEthernet0/0 from LOADING to FULL, Loading Done　　//建立邻接关系
00:00:45: OSPF: Build router LSA for area 0, router ID 201.201.201.201, seq 0x80000003
R1#
R1#
　　（2）控制 R1 先举为 DR,R2 选举为 DRother
路由器的优先级是基于端口的,调整 R1 端口的优先级为 10,R2 端口优先级为 0。
R1#conf t
Enter configuration commands, one per line.　End with CNTL/Z.
R1(config)#int f0/0
R1(config-if)#ip ospf priority 10　　//定义接口优先级为 10
R1(config-if)#
01:05:50: OSPF: Neighbor change Event on interface FastEthernet0/0　　//f0/0 上邻居改变
01:05:50: OSPF: DR/BDR election on FastEthernet0/0　　//选举发生
01:05:50: OSPF: Elect BDR 202.202.202.202　　//R2 成为 BDR
01:05:50: OSPF: Elect DR 201.201.201.201　　//R1 成为 DR

01:05:50:   DR:201.201.201.201（Id）   BDR:202.202.202.202（Id）
R1(config-if)#end
R1#
01:06:15:%SYS-5-CONFIG_I:Configured from console by console
R1#show ip ospf neighbor
Neighbor ID   Pri   State   Dead Time   Address   Interface
206.206.206.206   1   FULL/ -   00:00:33   66.66.66.1   Serial2/0
202.202.202.202   1   FULL/BDR   00:00:32   11.11.11.2   FastEthernet0/0
//此时 R2 为 BDR
R2#conf t
Enter configuration commands, one per line.   End with CNTL/Z.
R2(config)#int f0/0
R2(config-if)#ip ospf priority 0   //定义接口优先级为 0
R2(config-if)#end
R2#write
[OK]
R1#   //R1 上观察
01:07:31: OSPF: Neighbor change Event on interface FastEthernet0/0
01:07:31: OSPF: DR/BDR election on FastEthernet0/0   //重新选举 DR
01:07:31: OSPF: Elect BDR 0.0.0.0   //无 BDR
01:07:31: OSPF: Elect DR 201.201.201.201   //R1 为 DR
01:07:31:   DR:201.201.201.201（Id）   BDR: none
R1#
R1#show ip ospf neighbor
Neighbor ID   Pri   State   Dead Time   Address   Interface
206.206.206.206   1   FULL/ -   00:00:34   66.66.66.1   Serial2/0
202.202.202.202   0   FULL/DROTHER   00:00:33   11.11.11.2   FastEthernet0/0
//R2 为 DRohter

二、配置区域 0（area 0,骨干区域）的认证

为了安全起见，可以在相同 OSPF 区域的路由器上启用身份验证的功能，只有经过身份验证的同一区域的路由器才能互相通告路由信息。从认证的类型来看，目前 OSPF 主要使用明文认证和 MD5 认证两种；从认证的方式来看，主要有基于接口的认证和基于区域的认证。

纯文本身份验证传送的身份验证口令为纯文本，它会被网络探测器确定，所以不安全，不建议使用。而消息摘要（MD5）身份验证在传输身份验证口令前，要对口令进行加密，所以一般建议使用此种方法进行身份验证。

在默认情况下 OSPF 不使用区域验证。

1.目标

区域 0 路由器之间配置成 MD5 区域认证，如图 7-31 所示。

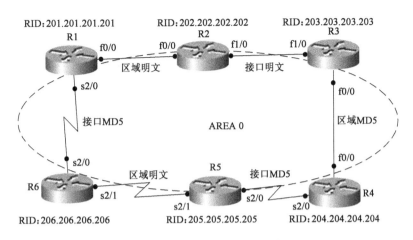

图 7-31　区域 0 路由器间的 MD5 认证

2. 知识准备

1）区域认证

（1）明文认证

Router(config-router)# area *area-ID* authentication　　//在该区域启用明文认证
Router(config)# int *interface*　　//指定接口
Router(config-if)# ip ospf authentication-key *key*　　//指定明文密码

（2）加密认证（MD5）

Router(config-router)# area *area-ID* authentication message-digest //在该区域开启 MD5 认证
Router(config)# int *interface*　　//指定接口
Router(config-if)# ip ospf message-digest-key *Key-ID* md5 *key*　　//指定 MD5 密码
//Key-ID：密匙链 ID，取值 1~255，验证双方需一样

2）接口认证

（1）明文认证

Router(config-if)# ip ospf authentication　　//在该接口启用明文认证
Router(config-if)# ip ospf authentication-key *key*　　//指定明文密码

（2）加密认证（MD5）

Router(config-if)# ip ospf authentication message-digest //在该接口开启 MD5 认证
Router(config-if)# ip ospf message-digest-key *Key-ID* md5 *key*　　//指定 MD5 密码
//Key-ID：密匙链 ID，取值 1~255，验证双方需一样

3. 配置

1）R1 与 R2 采用区域明文

（1）R1 的配置

R1#conf t
Enter configuration commands, one per line.　End with CNTL/Z.
R1(config)#router ospf 100
R1(config-router)#area 0 authentication　　//区域 0 启用明文认证

R1(config-router)#int f0/0

R1(config-if)#ip ospf authentication-key hy1   //接口上定义区域明文认证的密码为 hy1

00:02:01: %OSPF-5-ADJCHG: Process 100, Nbr 206.206.206.206 on Serial2/0 from FULL to DOWN, Neighbor Down: Dead timer expired   //与 R6 断开链接

00:02:04: %OSPF-5-ADJCHG: Process 100, Nbr 202.202.202.202 on FastEthernet0/0 from FULL to DOWN, Neighbor Down: Dead timer expired   //与 R2 断开链接

R1(config-if)#

00:05:34: %OSPF-5-ADJCHG: Process 100, Nbr 202.202.202.202 on FastEthernet0/0 from LOADING to FULL, Loading Done   //在 R2 做完区域明文配置后,R1 重新与 R2 建立链接

R1(config-if)#

(2) R2 的配置

R2#conf t

Enter configuration commands, one per line. End with CNTL/Z.

R2(config)#router ospf 100

R2(config-router)#area 0 authentication

R2(config-router)#int f0/0

R2(config-if)#ip ospf authentication-key hy1

R2(config-if)#

00:05:33: %OSPF-5-ADJCHG: Process 100, Nbr 201.201.201.201 on FastEthernet0/0 from LOADING to FULL, Loading Done   //R2 与 R1 建立邻居关系

R2(config-if)#

00:05:34: %OSPF-5-ADJCHG: Process 100, Nbr 203.203.203.203 on FastEthernet1/0 from FULL to DOWN, Neighbor Down: Dead timer expired   //R2 与 R3 断开邻居关系

R2(config-if)#

(3) 检查 R1 的路由表

R1#show ip route

Gateway of last resort is not set

    201.201.201.0/32 is subnetted, 1 subnets

C   201.201.201.201 is directly connected, Loopback0

    202.202.202.0/32 is subnetted, 1 subnets

O   202.202.202.202 [110/2] via 11.11.11.2, 00:07:59, FastEthernet0/0

    66.0.0.0/24 is subnetted, 1 subnets

C   66.66.66.0 is directly connected, Serial2/0

    22.0.0.0/24 is subnetted, 1 subnets

O   22.22.22.0 [110/2] via 11.11.11.2, 00:07:59, FastEthernet0/0

    11.0.0.0/24 is subnetted, 1 subnets

C   11.11.11.0 is directly connected, FastEthernet0/0

路由表中共有 3 条直连路由,2 条 OSPF 路由,意味着 R1 与 R2 是相通的,但与其他路由器失去联系,因为 R1 与 R2 定义了区域密码认证,所以要求该区域所有的路由器必须有相同的区域认证。

2) R2 与 R3 采用接口明文

(1) R2 的配置

R2(config-if)#int f1/0

R2(config-if)#ip ospf authentication   //定义接口明文认证

R2(config-if)#ip ospf authentication-key hy2   //定义接口明文认证的密码

R2(config-if)#

00:43:14: %OSPF-5-ADJCHG: Process 100, Nbr 203.203.203.203 on FastEthernet1/0 from LOADING to FULL, Loading Done   //在 R3 配置了同样的接口明文认证后,与 R3 建立邻接关系

R2(config-if)#

(2) R3 的配置

R3#conf t

Enter configuration commands, one per line. End with CNTL/Z.

R3(config)#int f1/0

R3(config-if)#ip ospf authentication

R3(config-if)#ip ospf authentication-key hy2

R3(config-if)#

00:43:12: %OSPF-5-ADJCHG: Process 100, Nbr 202.202.202.202 on FastEthernet1/0 from LOADING to FULL, Loading Done

R3(config-if)#

(3) 检查 R1 的路由表

R1#show ip route

Gateway of last resort is not set

  204.204.204.0/32 is subnetted, 1 subnets

O 204.204.204.204 [110/4] via 11.11.11.2, 00:20:33, FastEthernet0/0

  205.205.205.0/32 is subnetted, 1 subnets

O 205.205.205.205 [110/68] via 11.11.11.2, 00:20:33, FastEthernet0/0

  206.206.206.0/32 is subnetted, 1 subnets

O 206.206.206.206 [110/132] via 11.11.11.2, 00:20:33, FastEthernet0/0

  201.201.201.0/32 is subnetted, 1 subnets

C 201.201.201.201 is directly connected, Loopback0

  202.202.202.0/32 is subnetted, 1 subnets

O 202.202.202.202 [110/2] via 11.11.11.2, 00:20:34, FastEthernet0/0

  203.203.203.0/32 is subnetted, 1 subnets

O 203.203.203.203 [110/3] via 11.11.11.2, 00:20:34, FastEthernet0/0

  33.0.0.0/24 is subnetted, 1 subnets

O 33.33.33.0 [110/3] via 11.11.11.2, 00:20:36, FastEthernet0/0

  55.0.0.0/24 is subnetted, 1 subnets

O 55.55.55.0 [110/131] via 11.11.11.2, 00:20:36, FastEthernet0/0

  66.0.0.0/24 is subnetted, 1 subnets

C 66.66.66.0 is directly connected, Serial2/0
  22.0.0.0/24 is subnetted, 1 subnets
O 22.22.22.0 [110/2] via 11.11.11.2, 00:20:36, FastEthernet0/0
  11.0.0.0/24 is subnetted, 1 subnets
C 11.11.11.0 is directly connected, FastEthernet0/0
  44.0.0.0/24 is subnetted, 1 subnets
O 44.44.44.0 [110/67] via 11.11.11.2, 00:20:36, FastEthernet0/0

路由表中共有 3 条直连路由,9 条 OSPF 路由,由于 R2 与 R3 采用的是接口明文认证,不影响 R3 与其他路由器的邻接关系。

3) R3 与 R4 采用区域 MD5 认证

(1) R3 的配置

R3#conf t

Enter configuration commands, one per line. End with CNTL/Z.

R3(config)#router ospf 100

R3(config-router)#area 0 authentication message-digest //启用区域 MD5

R3(config-router)#int f0/0

01:24:26: %OSPF-5-ADJCHG: Process 100, Nbr 204.204.204.204 on FastEthernet0/0 from FULL to DOWN, Neighbor Down: Dead timer expired //R3 与 R4 邻接关系断开

R3(config-if)#ip ospf message-digest-key 3 md5 hy3 //定义 MD5 密码

R3(config-if)#

01:26:36: %OSPF-5-ADJCHG: Process 100, Nbr 204.204.204.204 on FastEthernet0/0 from LOADING to FULL, Loading Done //在 R4 区域 MD5 认证配好后,R3 与 R4 建立邻接关系

R3(config-if)#

(2) R4 的配置

R4#conf t

Enter configuration commands, one per line. End with CNTL/Z.

R4(config)#router ospf 100

R4(config-router)#area 0 authentication message-digest

R4(config-router)#int f0/0

01:26:24: %OSPF-5-ADJCHG: Process 100, Nbr 205.205.205.205 on Serial2/0 from FULL to DOWN, Neighbor Down: Dead timer expired

R4(config-if)#ip ospf message-digest-key 3 md5 hy3

R4(config-if)#

01:26:42: %OSPF-5-ADJCHG: Process 100, Nbr 203.203.203.203 on FastEthernet0/0 from LOADING to FULL, Loading Done

R4(config-if)#

(3) 检查 R1 的路由表

R1#show ip route

Gateway of last resort is not set

  204.204.204.0/32 is subnetted, 1 subnets

O   204.204.204.204 [110/4] via 11.11.11.2, 00:14:26, FastEthernet0/0
        201.201.201.0/32 is subnetted, 1 subnets
C   201.201.201.201 is directly connected, Loopback0
        202.202.202.0/32 is subnetted, 1 subnets
O   202.202.202.202 [110/2] via 11.11.11.2, 00:14:26, FastEthernet0/0
        203.203.203.0/32 is subnetted, 1 subnets
O   203.203.203.203 [110/3] via 11.11.11.2, 00:14:26, FastEthernet0/0
        33.0.0.0/24 is subnetted, 1 subnets
O   33.33.33.0 [110/3] via 11.11.11.2, 00:14:27, FastEthernet0/0
        66.0.0.0/24 is subnetted, 1 subnets
C   66.66.66.0 is directly connected, Serial2/0
        22.0.0.0/24 is subnetted, 1 subnets
O   22.22.22.0 [110/2] via 11.11.11.2, 00:14:29, FastEthernet0/0
        11.0.0.0/24 is subnetted, 1 subnets
C   11.11.11.0 is directly connected, FastEthernet0/0
        44.0.0.0/24 is subnetted, 1 subnets
O   44.44.44.0 [110/67] via 11.11.11.2, 00:14:29, FastEthernet0/0
R1#

路由表中共有3条直连路由,6条OSPF路由,由于R3与R4采用的是区域MD5认证,影响R4与其他路由器的邻接关系,R4与R5断开邻接关系。

4) R4与R5采用接口MD5认证

(1) R4的配置

R4(config-if)#

R4(config-if)#int s2/0

R4(config-if)#ip ospf authentication message-digest   //启用端口MD5认证

R4(config-if)#ip ospf message-digest-key 4 md5 hy4   //定义MD5认证的密码

R4(config-if)#

01:48:24: %OSPF-5-ADJCHG: Process 100, Nbr 205.205.205.205 on Serial2/0 from LOADING to FULL, Loading Done   //在R5配置完成后,R4与R5建立邻接关系

R4(config-if)#

(2) R5的配置

R5#conf t

Enter configuration commands, one per line. End with CNTL/Z.

R5(config)#int s2/0

R5(config-if)#ip ospf authentication message-digest

R5(config-if)#ip ospf message-digest-key 4 md5 hy4

R5(config-if)#

01:48:22: %OSPF-5-ADJCHG: Process 100, Nbr 204.204.204.204 on Serial2/0 from LOADING to FULL, Loading Done

R5(config-if)#

(3) 检查 R1 的路由表

```
R1#show ip route
Gateway of last resort is not set

     204.204.204.0/32 is subnetted, 1 subnets
O       204.204.204.204 [110/4] via 11.11.11.2, 00:03:00, FastEthernet0/0
     205.205.205.0/32 is subnetted, 1 subnets
O       205.205.205.205 [110/68] via 11.11.11.2, 00:03:00, FastEthernet0/0
     206.206.206.0/32 is subnetted, 1 subnets
O       206.206.206.206 [110/132] via 11.11.11.2, 00:03:00, FastEthernet0/0
     201.201.201.0/32 is subnetted, 1 subnets
C       201.201.201.201 is directly connected, Loopback0
     202.202.202.0/32 is subnetted, 1 subnets
O       202.202.202.202 [110/2] via 11.11.11.2, 00:03:01, FastEthernet0/0
     203.203.203.0/32 is subnetted, 1 subnets
O       203.203.203.203 [110/3] via 11.11.11.2, 00:03:01, FastEthernet0/0
     33.0.0.0/24 is subnetted, 1 subnets
O       33.33.33.0 [110/3] via 11.11.11.2, 00:03:04, FastEthernet0/0
     55.0.0.0/24 is subnetted, 1 subnets
O       55.55.55.0 [110/131] via 11.11.11.2, 00:03:06, FastEthernet0/0
     66.0.0.0/24 is subnetted, 1 subnets
C       66.66.66.0 is directly connected, Serial2/0
     22.0.0.0/24 is subnetted, 1 subnets
O       22.22.22.0 [110/2] via 11.11.11.2, 00:03:06, FastEthernet0/0
     11.0.0.0/24 is subnetted, 1 subnets
C       11.11.11.0 is directly connected, FastEthernet0/0
     44.0.0.0/24 is subnetted, 1 subnets
O       44.44.44.0 [110/67] via 11.11.11.2, 00:03:06, FastEthernet0/0
```

路由表中共有 3 条直连路由, 9 条 OSPF 路由, 由于 R4 与 R5 采用的是接口 MD5 认证, 不影响 R5 与其他路由器的邻接关系。

5) R5 与 R6 采用区域明文认证

(1) R5 的配置

```
R5(config-if)#router ospf 100
R5(config-router)#area 0 authentication        //启用区域明文认证
R5(config-router)#int s2/1
01:55:14: %OSPF-5-ADJCHG: Process 100, Nbr 206.206.206.206 on Serial2/1 from FULL to
DOWN, Neighbor Down: Dead timer expired       //与 R6 断开邻接关系
R5(config-if)#ip ospf authentication-key hy5
R5(config-if)#
01:57:14: %OSPF-5-ADJCHG: Process 100, Nbr 206.206.206.206 on Serial2/1 from LOADING
to FULL, Loading Done      //R6 配置区域明文后, R5 与 R6 建立邻接关系
```

R5(config-if)#

(2)R6 的配置

R6#conf t

Enter configuration commands, one per line. End with CNTL/Z.

R6(config)#router ospf 100

R6(config-router)#area 0 authentication

R6(config-router)#int s2/1

01:56:24: %OSPF-5-ADJCHG: Process 100, Nbr 201.201.201.201 on Serial2/0 from LOADING to FULL, Loading Done   //R6 与 R1 都是区域明文,即使无密码也建立邻接关系

R6(config-if)#ip ospf authentication-key hy5

R6(config-if)#

01:57:12: %OSPF-5-ADJCHG: Process 100, Nbr 205.205.205.205 on Serial2/1 from LOADING to FULL, Loading Done   //R6 与 R5 建立邻接关系

R6(config-if)#

(3)检查 R1 的路由表

R1#show ip route

Gateway of last resort is not set

```
     204.204.204.0/32 is subnetted, 1 subnets
O       204.204.204.204 [110/4] via 11.11.11.2, 00:03:00, FastEthernet0/0
     205.205.205.0/32 is subnetted, 1 subnets
O       205.205.205.205 [110/68] via 11.11.11.2, 00:03:00, FastEthernet0/0
     206.206.206.0/32 is subnetted, 1 subnets
O       206.206.206.206 [110/132] via 11.11.11.2, 00:03:00, FastEthernet0/0
     201.201.201.0/32 is subnetted, 1 subnets
C       201.201.201.201 is directly connected, Loopback0
     202.202.202.0/32 is subnetted, 1 subnets
O       202.202.202.202 [110/2] via 11.11.11.2, 00:03:01, FastEthernet0/0
     203.203.203.0/32 is subnetted, 1 subnets
O       203.203.203.203 [110/3] via 11.11.11.2, 00:03:01, FastEthernet0/0
     33.0.0.0/24 is subnetted, 1 subnets
O       33.33.33.0 [110/3] via 11.11.11.2, 00:03:04, FastEthernet0/0
     55.0.0.0/24 is subnetted, 1 subnets
O       55.55.55.0 [110/131] via 11.11.11.2, 00:03:06, FastEthernet0/0
     66.0.0.0/24 is subnetted, 1 subnets
C       66.66.66.0 is directly connected, Serial2/0
     22.0.0.0/24 is subnetted, 1 subnets
O       22.22.22.0 [110/2] via 11.11.11.2, 00:03:06, FastEthernet0/0
     11.0.0.0/24 is subnetted, 1 subnets
C       11.11.11.0 is directly connected, FastEthernet0/0
     44.0.0.0/24 is subnetted, 1 subnets
```

O　　　　44.44.44.0 [110/67] via 11.11.11.2, 00:03:06, FastEthernet0/0

路由表中共有3条直连路由,9条OSPF路由,由于R5与R6采用的是区域明文认证,R1定义的也恰好是区域明文认证,R6与R1也建立邻接关系。

6)R6与R1采用接口MD5认证

(1)R6的配置

R6(config-if)#int s2/0

R6(config-if)#ip ospf authentication message-digest　　//启用端口MD5

02:18:36:%OSPF-5-ADJCHG:Process 100, Nbr 201.201.201.201 on Serial2/0 from FULL to DOWN, Neighbor Down:Dead timer expired　　//R6与R1断开邻接关系

R6(config-if)#ip ospf message-digest-key 6 md5 hy6　　//定义R6的端口MD5密码

R6(config-if)#

(2)R1的配置

R1#conf t

Enter configuration commands, one per line. End with CNTL/Z.

R1(config)#int s2/0

R1(config-if)#ip ospf authentication message-digest

R1(config-if)#ip ospf message-digest-key 6 md5 hy6

R1(config-if)#

02:21:42:%OSPF-5-ADJCHG:Process 100, Nbr 206.206.206.206 on Serial2/0 from LOADING to FULL, Loading Done　　//R1与R6建立邻接关系

R1(config-if)#

(3)检查R1的路由表

R1#show ip route

Gateway of last resort is not set

　　　204.204.204.0/32 is subnetted, 1 subnets

O　　　　204.204.204.204 [110/4] via 11.11.11.2, 00:03:00, FastEthernet0/0

　　　205.205.205.0/32 is subnetted, 1 subnets

O　　　　205.205.205.205 [110/68] via 11.11.11.2, 00:03:00, FastEthernet0/0

　　　206.206.206.0/32 is subnetted, 1 subnets

O　　　　206.206.206.206 [110/132] via 11.11.11.2, 00:03:00, FastEthernet0/0

　　　201.201.201.0/32 is subnetted, 1 subnets

C　　　　201.201.201.201 is directly connected, Loopback0

　　　202.202.202.0/32 is subnetted, 1 subnets

O　　　　202.202.202.202 [110/2] via 11.11.11.2, 00:03:01, FastEthernet0/0

　　　203.203.203.0/32 is subnetted, 1 subnets

O　　　　203.203.203.203 [110/3] via 11.11.11.2, 00:03:01, FastEthernet0/0

　　　33.0.0.0/24 is subnetted, 1 subnets

O　　　　33.33.33.0 [110/3] via 11.11.11.2, 00:03:04, FastEthernet0/0

　　　55.0.0.0/24 is subnetted, 1 subnets

O　　　　55.55.55.0 [110/131] via 11.11.11.2, 00:03:06, FastEthernet0/0

	66.0.0.0/24 is subnetted, 1 subnets
C	66.66.66.0 is directly connected, Serial2/0
	22.0.0.0/24 is subnetted, 1 subnets
O	22.22.22.0 [110/2] via 11.11.11.2, 00:03:06, FastEthernet0/0
	11.0.0.0/24 is subnetted, 1 subnets
C	11.11.11.0 is directly connected, FastEthernet0/0
	44.0.0.0/24 is subnetted, 1 subnets
O	44.44.44.0 [110/67] via 11.11.11.2, 00:03:06, FastEthernet0/0

路由表中共有3条直连路由,9条OSPF路由,区域0中所有路由器间都采用了合适的认证方式。

(4)检查R1的链路状态数据库

R1#show ip ospf database

　　　　OSPF Router with ID (201.201.201.201) (Process ID 100)

　　　　　　Router Link States (Area 0)

Link ID	ADV Router	Age	Seq#	Checksum	Link count
201.201.201.201	201.201.201.201	670	0x8000000C	0x00995A	4
202.202.202.202	202.202.202.202	564	0x8000000B	0x008F2A	3
203.203.203.203	203.203.203.203	104	0x8000000B	0x000622	3
204.204.204.204	204.204.204.204	636	0x8000000A	0x006470	4
205.205.205.205	205.205.205.205	90	0x8000000A	0x0084FB	5
206.206.206.206	206.206.206.206	99	0x8000000D	0x0020DC	5

//有6台路由器发送LSA1

　　　　　　Net Link States (Area 0)

Link ID	ADV Router	Age	Seq#	Checksum
11.11.11.1	201.201.201.201	889	0x80000006	0x00C0D8
22.22.22.2	203.203.203.203	590	0x80000005	0x003335
33.33.33.2	204.204.204.204	141	0x80000006	0x00D960

R1#

//有3台路由器发送LSA2

(5)检查R1的邻居

R1#show ip ospf neighbor

Neighbor ID	Pri	State	Dead Time	Address	Interface
206.206.206.206	1	FULL/ -	00:00:38	66.66.66.1	Serial2/0
202.202.202.202	0	FULL/DROTHER	00:00:31	11.11.11.2	FastEthernet0/0

R1#

//R1只有2个邻居,一个是R6,另一个是R2。R1与R2通过以太网相连,是BMA网络,要选举DR;R1与R6通过串口相连,是PtP网络,不需选举DR。

7)总结

①路由器之间定义的是区域认证时,要求与之相邻的路由器全部采用区域相同的认证。

②路由器之间采用接口认证时,只要求这两台相连的路由器采用相同的认证,对与它们相

邻的路由器没有影响。

③路由器之间同时定义了接口认证与区域认证,接口优先级高。

三、配置区域1、区域2、区域3(area1、area2、area3,标准区域)

区域1、区域2、区域3 是整个 OSPF 网络中的3个标准区域,它与外部的联系是通过区域0进行的。主要配置本区域的拓扑、基本配置、OSPF 进程、虚连接。

1. 目标

如图 7-32 所示,区域1由2台路由器 R1 和 R7 组成,区域2由2台路由器 R2 与 R8 组成,区域3由 R8 与 R9 组成。区域3通过虚连接与区域0相连,它们配置 OSPF 路由协议,各台路由器的 ID 为环回地址 200 + 编号,要求区域0、区域1、区域2和区域3互通。

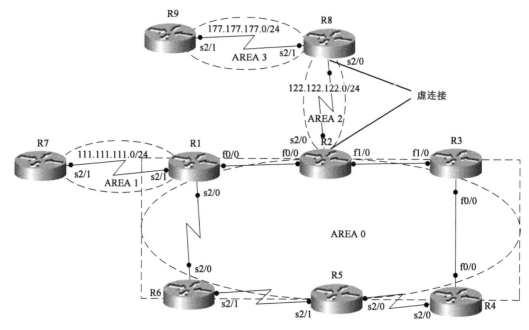

图 7-32　标准区域 1/2/3 配置

2. 知识准备

1) 路由器上配置虚连接

(1) router(config-router)#area *area-id* virtual-link *router-id*

该命令让路由器建立虚接。area-id 是虚连接所经过的其他区域的 ID 号,router-id 是虚连接对端的路由器的 ID 号,虚连接两端的路由器上都要做这种配置。

虚连接的功能是将远离区域0的区域与区域0连接起来,或者是将不相连的区域0连接起来,因此,router-id 所指的是各对端区域的 ABR。

如要取消这个虚连接,使用命令 router(config-router)#no area *area-id* virtual-link *router-id* 即可。

(2) router#show ip ospf virtual-links

该命令将显示路由器上虚连接的详细信息。

2) 远离区域0的虚连接一端路由器应知晓区域0路由器的认证方式

(1)如区域 0 路由器配置的是明文认证

router(config-router)# area *area-id* virtual-link *router-id* authentication

//告知对端路由器,区域 0 采用的是明文认证

router(config-router)# area *area-id* virtual-link *router-id* authentication-key key

//告知对端路由器,明文认证密码是"key"

(2)如区域 0 路由器配置的是 MD5 认证

router(config-router)# area *area-id* virtual-link *router-id* authentication message-digest

//告知对端路由器,区域 0 采用的是 MD5 认证

router(config-router)# area *area-id* virtual-link *router-id* message-digest-key *key-number* md5 *key*

//告知对端路由器,MD5 认证密码是"key"

3．配置

1)区域 1 配置

R1#conf t

R1(config)#int s2/1   //进入端口

R1(config-if)#ip add 111.111.111.1 255.255.255.0

R1(config-if)#no shut

R1(config-if)#router ospf 100

R1(config-router)#network 111.111.111.0 0.0.0.255 area 1   //在区域 1 中宣告网段

R7#conf t

R7(config)#int s2/1

R7(config-if)#ip add 111.111.111.2 255.255.255.0

R7(config-if)#no shut

R7(config-if)#int loopback 0

R7(config-if)#ip add 207.207.207.207 255.255.255.255

R7(config-if)#router ospf 100

R7(config-router)#network 111.111.111.0 0.0.0.255 area 1   //在区域 1 中宣告网段

R7(config-router)#network 207.207.207.207 0.0.0.0 area 1   //在区域 1 中宣告环回地址

R7(config-router)#router-id 207.207.207.207

2)区域 1 配置检查

(1)查看 R7 上的邻居

R7#show ip ospf neighbor

Neighbor ID	Pri	State	Dead Time	Address	Interface
201.201.201.201	1	FULL/ -	00:00:32	111.111.111.1	Serial2/1

//R7 与 R1 建立邻接关系

(2)查看 R7 上的路由

R7#show ip route

Gateway of last resort is not set

　　207.207.207.0/32 is subnetted, 1 subnets

C　　207.207.207.207 is directly connected, Loopback0

　　111.0.0.0/24 is subnetted, 1 subnets

```
C        111.111.111.0 is directly connected, Serial2/1
         204.204.204.0/32 is subnetted, 1 subnets
O IA     204.204.204.204 [110/68] via 111.111.111.1, 00:10:52, Serial2/1
         205.205.205.0/32 is subnetted, 1 subnets
O IA     205.205.205.205 [110/132] via 111.111.111.1, 00:10:52, Serial2/1
         206.206.206.0/32 is subnetted, 1 subnets
O IA     206.206.206.206 [110/129] via 111.111.111.1, 00:10:52, Serial2/1
         201.201.201.0/32 is subnetted, 1 subnets
O IA     201.201.201.201 [110/65] via 111.111.111.1, 00:10:54, Serial2/1
         202.202.202.0/32 is subnetted, 1 subnets
O IA     202.202.202.202 [110/66] via 111.111.111.1, 00:10:54, Serial2/1
         203.203.203.0/32 is subnetted, 1 subnets
O IA     203.203.203.203 [110/67] via 111.111.111.1, 00:10:58, Serial2/1
         33.0.0.0/24 is subnetted, 1 subnets
O IA     33.33.33.0 [110/67] via 111.111.111.1, 00:10:58, Serial2/1
         55.0.0.0/24 is subnetted, 1 subnets
O IA     55.55.55.0 [110/192] via 111.111.111.1, 00:10:58, Serial2/1
         66.0.0.0/24 is subnetted, 1 subnets
O IA     66.66.66.0 [110/128] via 111.111.111.1, 00:10:58, Serial2/1
         22.0.0.0/24 is subnetted, 1 subnets
O IA     22.22.22.0 [110/66] via 111.111.111.1, 00:10:58, Serial2/1
         11.0.0.0/24 is subnetted, 1 subnets
O IA     11.11.11.0 [110/65] via 111.111.111.1, 00:10:58, Serial2/1
         44.0.0.0/24 is subnetted, 1 subnets
O IA     44.44.44.0 [110/131] via 111.111.111.1, 00:10:58, Serial2/1
```

//路由表中有 2 条直链路由,12 条"O IA"路由。说明 R7 已经学习到了区域 0 中的路由

(3)查看 R7 上的链路数据库

```
R7#show ip ospf database

        OSPF Router with ID (207.207.207.207) (Process ID 100)

                Router Link States (Area 1)

Link ID         ADV Router      Age     Seq#        Checksum Link count
201.201.201.201 201.201.201.201 889     0x80000003 0x00CEA7 2
207.207.207.207 207.207.207.207 863     0x80000003 0x00B558 3
//只有 2 个 LSA1
                Summary Net Link States (Area 1)

Link ID         ADV Router      Age     Seq#        Checksum
11.11.11.0      201.201.201.201 1020    0x80000001 0x006093
22.22.22.0      201.201.201.201 1020    0x80000001 0x00DCF4
33.33.33.0      201.201.201.201 1020    0x80000001 0x005956
44.44.44.0      201.201.201.201 1020    0x80000001 0x004EFF
```

55.55.55.0	201.201.201.201 1020	0x80000001 0x0025CA
66.66.66.0	201.201.201.201 1020	0x80000001 0x0015F9
201.201.201.201	201.201.201.201 1020	0x80000001 0x00AB42
202.202.202.202	201.201.201.201 1020	0x80000001 0x008761
203.203.203.203	201.201.201.201 1020	0x80000001 0x006380
204.204.204.204	201.201.201.201 1022	0x80000001 0x003F9F
205.205.205.205	201.201.201.201 1022	0x80000001 0x009307
206.206.206.206	201.201.201.201 1022	0x80000001 0x004752

R7#

//有12个LSA3

3）区域2配置

R2#conf t

R2(config)#int s2/0

R2(config-if)#ip add 122.122.122.1 255.255.255.0

R2(config-if)#no shut

R2(config-if)#router ospf 100

R2(config-router)#network 122.122.122.0 0.0.0.255 area 2

R2(config-router)#

R8#conf t

R8(config)#int s2/0

R8(config-if)#ip add 122.122.122.2 255.255.255.0

R8(config-if)#no shut

R8(config-if)#int loopback 0

R8(config-if)#ip add 208.208.208.208 255.255.255.255

R8(config-if)#router ospf 100

R8(config-router)#network 122.122.122.0 0.0.0.255 area 2

R8(config-router)#network 208.208.208.208 0.0.0.0 area 2

R8(config-router)#router-id 208.208.208.208

R8(config-router)#

4）区域2配置检查

(1)查看R8上的邻居

R8#show ip ospf neighbor

Neighbor ID	Pri	State	Dead Time	Address	Interface
202.202.202.202	1	FULL/ -	00:00:35	122.122.122.1	Serial2/0

//R8与R2建立邻接关系

(2)查看R8上的路由

R8#show ip route

Gateway of last resort is not set

208.208.208.0/32 is subnetted, 1 subnets

C 208.208.208.208 is directly connected, Loopback0

```
          122.0.0.0/24 is subnetted, 1 subnets
C           122.122.122.0 is directly connected, Serial2/0
          204.204.204.0/32 is subnetted, 1 subnets
O IA        204.204.204.204 [110/67] via 122.122.122.1, 00:08:11, Serial2/0
          205.205.205.0/32 is subnetted, 1 subnets
O IA        205.205.205.205 [110/131] via 122.122.122.1, 00:08:11, Serial2/0
          206.206.206.0/32 is subnetted, 1 subnets
O IA        206.206.206.206 [110/130] via 122.122.122.1, 00:08:11, Serial2/0
          207.207.207.0/32 is subnetted, 1 subnets
O IA        207.207.207.207 [110/130] via 122.122.122.1, 00:08:11, Serial2/0
          201.201.201.0/32 is subnetted, 1 subnets
O IA        201.201.201.201 [110/66] via 122.122.122.1, 00:08:13, Serial2/0
          202.202.202.0/32 is subnetted, 1 subnets
O IA        202.202.202.202 [110/65] via 122.122.122.1, 00:08:13, Serial2/0
          203.203.203.0/32 is subnetted, 1 subnets
O IA        203.203.203.203 [110/66] via 122.122.122.1, 00:08:15, Serial2/0
          33.0.0.0/24 is subnetted, 1 subnets
O IA        33.33.33.0 [110/66] via 122.122.122.1, 00:08:15, Serial2/0
          55.0.0.0/24 is subnetted, 1 subnets
O IA        55.55.55.0 [110/193] via 122.122.122.1, 00:08:15, Serial2/0
          66.0.0.0/24 is subnetted, 1 subnets
O IA        66.66.66.0 [110/129] via 122.122.122.1, 00:08:15, Serial2/0
          22.0.0.0/24 is subnetted, 1 subnets
O IA        22.22.22.0 [110/65] via 122.122.122.1, 00:08:15, Serial2/0
          111.0.0.0/24 is subnetted, 1 subnets
O IA        111.111.111.0 [110/129] via 122.122.122.1, 00:08:15, Serial2/0
          11.0.0.0/24 is subnetted, 1 subnets
O IA        11.11.11.0 [110/65] via 122.122.122.1, 00:08:15, Serial2/0
          44.0.0.0/24 is subnetted, 1 subnets
O IA        44.44.44.0 [110/130] via 122.122.122.1, 00:08:17, Serial2/0
```

//R8 上有 2 条直连路由,14 条"O IA"性质路由,说明 R8 已成功学习到区域 0 与区域 1 的路由

(3)查看 R8 上的链路数据库

```
R8#show ip ospf database
        OSPF Router with ID (208.208.208.208) (Process ID 100)
            Router Link States (Area 2)
Link ID         ADV Router      Age         Seq#        Checksum Link count
202.202.202.202 202.202.202.202 694         0x80000003  0x00C85F 2
208.208.208.208 208.208.208.208 676         0x80000003  0x001D9E 3
```

//2 个 LSA1

```
            Summary Net Link States (Area 2)
```

Link ID	ADV Router	Age	Seq#	Checksum
11.11.11.0	202.202.202.202	775	0x80000001	0x0042AD
22.22.22.0	202.202.202.202	775	0x80000001	0x00B41A
33.33.33.0	202.202.202.202	775	0x80000001	0x00317B
44.44.44.0	202.202.202.202	775	0x80000001	0x002625
55.55.55.0	202.202.202.202	775	0x80000001	0x0011D9
66.66.66.0	202.202.202.202	775	0x80000001	0x000109
111.111.111.0	202.202.202.202	775	0x80000001	0x00A6DB
201.201.201.201	202.202.202.202	775	0x80000001	0x009751
202.202.202.202	202.202.202.202	775	0x80000001	0x005F86
203.203.203.203	202.202.202.202	777	0x80000001	0x003BA5
204.204.204.204	202.202.202.202	777	0x80000001	0x0017C4
205.205.205.205	202.202.202.202	777	0x80000001	0x006B2C
206.206.206.206	202.202.202.202	779	0x80000001	0x003361
207.207.207.207	202.202.202.202	779	0x80000001	0x00058B

//14 个 LSA14

（4）查看 R2 上的路由

R2#show ip route

Gateway of last resort is not set

    202.202.202.0/32 is subnetted, 1 subnets
C   202.202.202.202 is directly connected, Loopback0
    22.0.0.0/24 is subnetted, 1 subnets
C   22.22.22.0 is directly connected, FastEthernet1/0
    11.0.0.0/24 is subnetted, 1 subnets
C   11.11.11.0 is directly connected, FastEthernet0/0
    122.0.0.0/24 is subnetted, 1 subnets
C   122.122.122.0 is directly connected, Serial2/0
    204.204.204.0/32 is subnetted, 1 subnets
O   204.204.204.204 [110/3] via 22.22.22.2, 00:14:42, FastEthernet1/0
    205.205.205.0/32 is subnetted, 1 subnets
O   205.205.205.205 [110/67] via 22.22.22.2, 00:14:42, FastEthernet1/0
    206.206.206.0/32 is subnetted, 1 subnets
O   206.206.206.206 [110/66] via 11.11.11.1, 00:14:42, FastEthernet0/0
    201.201.201.0/32 is subnetted, 1 subnets
O   201.201.201.201 [110/2] via 11.11.11.1, 00:14:44, FastEthernet0/0
    203.203.203.0/32 is subnetted, 1 subnets
O   203.203.203.203 [110/2] via 22.22.22.2, 00:14:46, FastEthernet1/0
    208.208.208.0/32 is subnetted, 1 subnets
O   208.208.208.208 [110/65] via 122.122.122.2, 00:13:11, Serial2/0
    33.0.0.0/24 is subnetted, 1 subnets

O   33.33.33.0 [110/2] via 22.22.22.2, 00:14:46, FastEthernet1/0
     55.0.0.0/24 is subnetted, 1 subnets
O   55.55.55.0 [110/129] via 11.11.11.1, 00:14:46, FastEthernet0/0
     66.0.0.0/24 is subnetted, 1 subnets
O   66.66.66.0 [110/65] via 11.11.11.1, 00:14:46, FastEthernet0/0
     44.0.0.0/24 is subnetted, 1 subnets
O   44.44.44.0 [110/66] via 22.22.22.2, 00:14:48, FastEthernet1/0
     207.207.207.0/32 is subnetted, 1 subnets
O IA   207.207.207.207 [110/66] via 11.11.11.1, 00:13:07, FastEthernet0/0
     111.0.0.0/24 is subnetted, 1 subnets
O IA   111.111.111.0 [110/65] via 11.11.11.1, 00:13:11, FastEthernet0/0
//4条直连路由,10条"O"性质路由,来自于R2所在的区域,2条"O IA"性质路由,来自与R2不同的区域

(5)查看R2上的链路数据库
R2#show ip ospf database

　　　　OSPF Router with ID (202.202.202.202) (Process ID 100)

　　　　　Router Link States (Area 0)

Link ID   ADV Router   Age   Seq#   Checksum Link count
201.201.201.201   201.201.201.201   427   0x80000007   0x00A651 4
202.202.202.202   202.202.202.202   668   0x80000006   0x009C21 3
203.203.203.203   203.203.203.203   499   0x80000005   0x00121C 3
204.204.204.204   204.204.204.204   491   0x80000006   0x006C6C 4
205.205.205.205   205.205.205.205   435   0x80000005   0x008EF6 5
206.206.206.206   206.206.206.206   443   0x80000005   0x0030D4 5
//区域0有6个LSA1

　　　　　Net Link States (Area 0)

Link ID   ADV Router   Age   Seq#   Checksum
11.11.11.1   201.201.201.201   427   0x80000003   0x00C6D5
22.22.22.2   203.203.203.203   499   0x80000003   0x003733
33.33.33.2   204.204.204.204   491   0x80000003   0x00DF5D
//区域0有3个LSA2

　　　　　Summary Net Link States (Area 0)

Link ID   ADV Router   Age   Seq#   Checksum
111.111.111.0   201.201.201.201   427   0x80000003   0x00B6CE
122.122.122.0   202.202.202.202   907   0x80000001   0x000F53
207.207.207.207   201.201.201.201   432   0x80000003   0x00157E
208.208.208.208   202.202.202.202   812   0x80000001   0x00CCC0
//区域0有4个LSA3

　　　　　Router Link States (Area 2)

Link ID	ADV Router	Age	Seq#	Checksum	Link count
202.202.202.202	202.202.202.202	836	0x80000003	0x00C85F	2
208.208.208.208	208.208.208.208	819	0x80000003	0x001D9E	3

//区域2有2个LSA1

Summary Net Link States（Area 2）

Link ID	ADV Router	Age	Seq#	Checksum
11.11.11.0	202.202.202.202	917	0x80000001	0x0042AD
22.22.22.0	202.202.202.202	917	0x80000001	0x00B41A
33.33.33.0	202.202.202.202	917	0x80000001	0x00317B
44.44.44.0	202.202.202.202	917	0x80000001	0x002625
55.55.55.0	202.202.202.202	917	0x80000001	0x0011D9
66.66.66.0	202.202.202.202	917	0x80000001	0x000109
111.111.111.0	202.202.202.202	919	0x80000001	0x00A6DB
201.201.201.201	202.202.202.202	919	0x80000001	0x009751
202.202.202.202	202.202.202.202	919	0x80000001	0x005F86
203.203.203.203	202.202.202.202	919	0x80000001	0x003BA5
204.204.204.204	202.202.202.202	925	0x80000001	0x0017C4
205.205.205.205	202.202.202.202	925	0x80000001	0x006B2C
206.206.206.206	202.202.202.202	925	0x80000001	0x003361
207.207.207.207	202.202.202.202	925	0x80000001	0x00058B

//区域2有14个LSA3

(6) 查看R1上的链路数据库

R1#show ip ospf database

OSPF Router with ID（201.201.201.201）（Process ID 100）

Router Link States（Area 0）

Link ID	ADV Router	Age	Seq#	Checksum	Link count
201.201.201.201	201.201.201.201	145	0x80000009	0x00A253	4
202.202.202.202	202.202.202.202	433	0x80000008	0x009823	3
203.203.203.203	203.203.203.203	195	0x80000007	0x000E1E	3
204.204.204.204	204.204.204.204	228	0x80000008	0x00686E	4
205.205.205.205	205.205.205.205	213	0x80000007	0x008AF8	5
206.206.206.206	206.206.206.206	131	0x80000007	0x002CD6	5

//区域0上有6个LSA1

Net Link States（Area 0）

Link ID	ADV Router	Age	Seq#	Checksum
11.11.11.1	201.201.201.201	145	0x80000005	0x00C2D7
22.22.22.2	203.203.203.203	195	0x80000005	0x003335
33.33.33.2	204.204.204.204	228	0x80000005	0x00DB5F

//区域0上有3个LSA2

Summary Net Link States (Area 0)

Link ID	ADV Router	Age	Seq#	Checksum
111.111.111.0	201.201.201.201	145	0x80000005	0x00B2D0
122.122.122.0	202.202.202.202	680	0x80000003	0x000B55
207.207.207.207	201.201.201.201	148	0x80000005	0x001180
208.208.208.208	202.202.202.202	680	0x80000003	0x00C8C2

//区域 0 上有 4 个 LSA3

Router Link States (Area 1)

Link ID	ADV Router	Age	Seq#	Checksum	Link count
201.201.201.201	201.201.201.201	148	0x80000007	0x00C6AB	2
207.207.207.207	207.207.207.207	1874	0x80000006	0x00AF5B	3

Summary Net Link States (Area 1)

Link ID	ADV Router	Age	Seq#	Checksum
11.11.11.0	201.201.201.201	148	0x80000005	0x005897
22.22.22.0	201.201.201.201	148	0x80000005	0x00D4F8
33.33.33.0	201.201.201.201	148	0x80000005	0x00515A
44.44.44.0	201.201.201.201	148	0x80000005	0x004604
55.55.55.0	201.201.201.201	148	0x80000005	0x001DCE
66.66.66.0	201.201.201.201	148	0x80000005	0x000DFD
122.122.122.0	201.201.201.201	640	0x80000003	0x003330
201.201.201.201	201.201.201.201	150	0x80000005	0x00A346
202.202.202.202	201.201.201.201	150	0x80000005	0x007F65
203.203.203.203	201.201.201.201	150	0x80000005	0x005B84
204.204.204.204	201.201.201.201	152	0x80000005	0x0037A3
205.205.205.205	201.201.201.201	152	0x80000005	0x008B0B
206.206.206.206	201.201.201.201	152	0x80000005	0x003F56
208.208.208.208	201.201.201.201	642	0x80000003	0x00F09D

R1#

(7) 总结

可以看出,R1、R2 同在区域 0,它们在区域 0 中的 LSDB 是一致的;R2、R8 同在区域 2 中,它们在区域 2 中的 LSDB 相同。即相同区域的路由器 LSDB 相同。其次,由于 R2 与 R8 这两台路由器的最短路径树不同,可以看出它们的路由表也不同。

5) 区域 3 配置

R8#conf t
R8(config)#int s2/1
R8(config-if)#ip add 177.177.177.1 255.255.255.0
R8(config-if)#no shut
R8(config-if)#router ospf 100
R8(config-router)#network 177.177.177.0 0.0.0.255 area 3
R9#conf t

R9(config)#int s2/1
R9(config-if)#ip add 177.177.177.2 255.255.255.0
R9(config-if)#no shut
R9(config-if)#int loopback 0
R9(config-if)#ip add 209.209.209.209 255.255.255.255
R9(config-if)#router ospf 100
R9(config-router)#router-id 209.209.209.209
R9(config-router)#network 177.177.177.0 0.0.0.255 area 3
R9(config-router)#network 209.209.209.209 0.0.0.0 area 3

  6）区域 3 配置检查
  （1）查看 R9 上的邻居
R9#show ip ospf neighbor

Neighbor ID	Pri	State	Dead Time	Address	Interface
208.208.208.208	1	FULL/ –	00:00:37	177.177.177.1	Serial2/1

//R9 与 R8 建立邻接关系
  （2）查看 R9 上的路由
  R9#show ip route
Gateway of last resort is not set
  209.209.209.0/32 is subnetted, 1 subnets
C   209.209.209.209 is directly connected, Loopback0
  177.177.0.0/24 is subnetted, 1 subnets
C   177.177.177.0 is directly connected, Serial2/1
//很明显，R9 没有学习到区域 3 外的任何路由，主要原因是区域 3 没有虚连接与区域 0 对接
  7）区域 3 虚连接配置
R8#conf t
R8(config)#router ospf 100
R8(config-router)#area 2 virtual-link 202.202.202.202   //R8 上配置虚连接
R8(config-router)#
R2#conf t
R2(config)#router ospf 100
02:43:49: %OSPF-4-ERRRCV: Received invalid packet: mismatch area ID, from backbone area must be virtual-link but not found from 122.122.122.2, Serial2/0   //对端没有配置虚连接
R2(config-router)#area 2 virtual-link 208.208.208.208   //R2 上配置虚连接
R2(config-router)#
  8）区域 3 配置检查
  （1）R2 上虚连接检查
R2#show ip ospf virtual-links
Virtual Link OSPF_VL0 to router 208.208.208.208 is up   //到 R8 的虚连接已建立
  Run as demand circuit
  DoNotAge LSA allowed.

Transit area 2, via interface Serial2/0, Cost of using 64
　　Transmit Delay is 1 sec, State POINT_TO_POINT,
　　Timer intervals configured, Hello 10, Dead 40, Wait 40, Retransmit 5
Hello due in 00:00:00
　　Simple password authentication enabled　　//看不出邻接关系已建立
　　(2)查看 R9 上的邻居
R9#show ip ospf neighbor

Neighbor ID	Pri	State	Dead Time	Address	Interface
208.208.208.208	1	FULL/ -	00:00:37	177.177.177.1	Serial2/1

//R9 与 R8 建立邻接关系
　　(3)查看 R9 上的路由
　　R9#show ip route
Gateway of last resort is not set
　　177.177.0.0/24 is subnetted, 1 subnets
C　　　177.177.177.0 is directly connected, Serial2/1
　　209.209.209.0/32 is subnetted, 1 subnets
C　　　209.209.209.209 is directly connected, Loopback0
　　208.208.208.0/32 is subnetted, 1 subnets
O IA　　208.208.208.208 [110/65] via 177.177.177.1, 00:42:47, Serial2/1
　　122.0.0.0/24 is subnetted, 1 subnets
O IA　　122.122.122.0 [110/128] via 177.177.177.1, 00:42:47, Serial2/1
//很明显,R9 只学习到区域 2 的路由,没有学习到区域 3 外的其他任何路由,主要原因是区域 2 没有任何认证,而区域 0 是有认证的,从而让 R8 知道区域 0 的认证即可。由于 R2 在区域 0 中采用区域明文与区域接口,任意知会一种即可
　　9)告知区域 3 中 R8 对端区域的认证方式
R8#conf t
R8(config)#router ospf 100
R8(config-router)#area 2 virtual-link 202.202.202.202 authentication　　//告诉 R8 对端 R2 采用明文认证
R8(config-router)#area 2 virtual-link 202.202.202.202 authentication-key hy1 //明文认证密码为 hy1
R8(config-router)#
　　10)区域 3 配置检查
　　(1)R2 上虚连接检查
R2#show ip ospf virtual-links
Virtual Link OSPF_VL0 to router 208.208.208.208 is up
　Run as demand circuit
　DoNotAge LSA allowed.
　　Transit area 2, via interface Serial2/0, Cost of using 64
　　Transmit Delay is 1 sec, State POINT_TO_POINT,

Timer intervals configured, Hello 10, Dead 40, Wait 40, Retransmit 5
  Hello due in 00:00:04
  Adjacency State FULL (Hello suppressed)   //邻接关系已建立
  Index 3/4, retransmission queue length 0, number of retransmission 2
  First 0x0(0)/0x0(0) Next 0x0(0)/0x0(0)
  Last retransmission scan length is 1, maximum is 1
  Last retransmission scan time is 0 msec, maximum is 0 msec
  (2)查看 R9 上的邻居
R9#show ip ospf neighbor
Neighbor ID   Pri   State   Dead Time   Address   Interface
208.208.208.208   1   FULL/ -   00:00:37   177.177.177.1   Serial2/1
//R9 与 R8 建立邻接关系
  (3)查看 R9 上的路由
  R9#show ip route
Gateway of last resort is not set
C   路由
O   路由
O IA   路由
//很明显,R9 学到所有区域的路由。

四、配置 Stub area(末节区域)

区域 4 是整个 OSPF 网络中的 1 个末节区域,它与外部的联系是通过区域 0 进行的。主要配置本区域的拓扑、基本配置、OSPF 进程、Stub area 配置。

1.目标

如图 7-33 所示,区域 4 由 2 台路由器 R3 和 R10 组成,配置成 Stub area,均配置 OSPF 路由协议,各台路由器的 ID 为环回地址 200 + 编号,要求区域 4 与其他区域互通。

2.知识准备:在路由器上配置 Stub area

router(config-router)#area *area-id* stub
该命令告诉路由器哪个区域是 Stub 区域,区域内的每台路由器都要做相同的配置。
Stub 区域只能支持 LSA1、LSA2 和 LSA3,因此它不能是骨干区域、标准区域、不能连接 ASBR。也不能作为虚连接的转接区。

3.配置

R3#
R3#conf t
R3(config)#int s2/0
R3(config-if)#ip add 133.133.133.1 255.255.255.0
R3(config-if)#no shut
R3(config-if)#router ospf 100
R3(config-router)#network 133.133.133.0 0

R3(config-router)#network 133.133.133.0 0.0.0.255 area 4
R3(config-router)#area 4 stub   //配置末节区域
R10#conf t
R10(config)#int s2/0
R10(config-if)#ip add 133.133.133.2 255.255.255.0
R10(config-if)#no shut
R10(config-if)#int loopback 0
R10(config-if)#ip add 210.210.210.210 255.255.255.255
R10(config-if)#router ospf 100
R10(config-router)#router-id 210.210.210.210
R10(config-router)#network 133.133.133.0 0.0.0.255 area 4
R10(config-router)#network 205.205.205.205 0.0.0.0 area 4
R10(config-router)#area 4 stub   //配置末节区域
R10(config-router)#

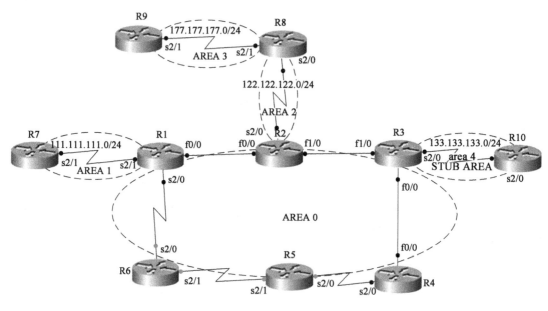

图 7-33 配置末节区域

4. 检验

1) R10 的邻居

R10#show ip ospf neighbor

Neighbor ID	Pri	State	Dead Time	Address	Interface
203.203.203.203	1	FULL/ -	00:00:34	133.133.133.1	Serial2/0

//R10 与 R3 建立邻接关系

2) R10 的路由表

R10#show ip route

Gateway of last resort is 133.133.133.1 to network 0.0.0.0
C   路由
O   路由
O IA   路由
O * IA 0.0.0.0/0 [110/65] via 133.133.133.1, 00:45:34, Serial2/0
R10#//R10 上有 2 条直连路由;18 条"O IA"性质路由,用来路由区域间的数据包;1 条默认路由,用来路由外部系统的数据包

3)R10 的 LSDB
R10#show ip ospf database
//有 2 种 LSA1
//有 19 种 LSA3,其中包括默认路由的 LSA3

5. 总结

①STUB 区域只有一个出口,不能是骨干区域或标准区域。
②只允许泛洪 LSA1、LSA2、LSA3,不允许大量存在的 LSA5 泛洪,路由器要求低。
③去自治系统外部可通过默认路由来传送数据包。
④区域内的所有路由器都要做配置 router(config-router)#area area-id stub。

五、配置 Totally Stub area(完全末节区域)

区域 5 是整个 OSPF 网络中的 1 个完全末节区域,它与外部的联系是通过区域 0 进行的。主要配置本区域的拓扑、基本配置、OSPF 进程、Totally Stub area 配置。

1. 目标

如图 7-34 所示,区域 5 由 2 台路由器 R4 和 R11 组成,配置成 Totally stub area,均配置 OSPF 路由协议,各台路由器的 ID 为环回地址 200 + 编号,且区域 5 与其他区域互通。

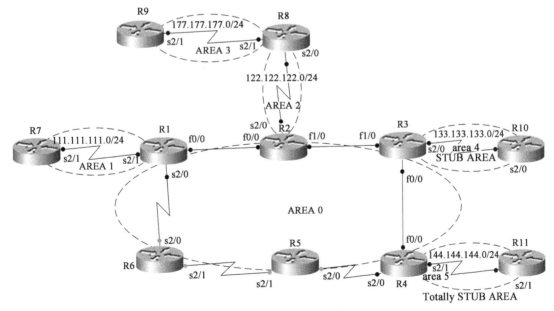

图 7-34 配置完全末节区域

2. 知识准备

在路由器上配置 Totally Stub area(完全末节区域)

(1) router(config-router)#area *area-id* stub no – summary

该命令告诉 ABR 路由器哪个区域是完全 Stub 区域,区域内只有 ABR 路由器都要做这种配置。

Totally Stub 区域只能支持 LSA1 和 LSA2,因此它不能是骨干区域、标准区域、不能连接 ASBR。也不能作为虚连接的转接区。

(2) router(config-router)#area *area-id* stub

该命令告诉其他路由器哪个区域是 Stub 区域,区域内除 ABR 路由器外都要做这种配置。

3. 配置

R4#conf t

R4(config)#int s2/1

R4(config-if)#ip add 144.144.144.1 255.255.255.0

R4(config-if)#no shut

R4(config-if)#router ospf 100

R4(config-router)#network 144.144.144.0 0.0.0.255 area 5

R4(config-router)#area 5 stub no-summary   //配置完全末节区域

R11#conf t

R11(config)#int s2/1

R11(config-if)#ip add 144.144.144.2 255.255.255.0

R11(config-if)#no shut

R11(config-if)#int loopback 0

R11(config-if)#ip add 211.211.211.211 255.255.255.255

R11(config-if)#router ospf 100

R11(config-router)#network 211.211.211.211 0.0.0.0 area 5

R11(config-router)#network 144.144.144.0 0.0.0.255 area 5

R11(config-router)#area 5 stub   //配置末节区域

4. 检验

1) R11 的邻居

R11#show ip ospf neighbor

Neighbor ID	Pri	State	Dead Time	Address	Interface
204.204.204.204	1	FULL/ -	00:00:38	144.144.144.1	Serial2/1

//R11 与 R4 建立邻接关系

2) R11 的路由表

R11#show ip route

Gateway of last resort is 133.133.133.1 to network 0.0.0.0

  211.211.211.0/32 is subnetted, 1 subnets

C   211.211.211.211 is directly connected, Loopback0

  144.144.0.0/24 is subnetted, 1 subnets

C   144.144.144.0 is directly connected, Serial2/1
O * IA 0.0.0.0/0 [110/65] via 144.144.144.1, 00:00:28, Serial2/1
//R11上有2条直连路由；1条默认路由,用来路由区域间与外部系统的数据包

  3) R11 的 LSDB

R11#show ip ospf database

    OSPF Router with ID (211.211.211.211) (Process ID 100)

      Router Link States (Area 5)

Link ID   ADV Router   Age   Seq#   Checksum Link count
204.204.204.204 204.204.204.204 501   0x80000003 0x00FC8C 2
211.211.211.211 211.211.211.211 501   0x80000003 0x0052BA 3

//有 2 种 LSA1

      Summary Net Link States (Area 5)

Link ID   ADV Router   Age   Seq#   Checksum
0.0.0.0   204.204.204.204 622   0x80000001 0x00B159

//有 1 种 LSA3

  5.总结

①Totally STUB 区域只有一个出口,不能是骨干区域或标准区域。
②只允许泛洪 LSA1、LSA2,不允许大量存在的 LSA5 泛洪及相对多的 LSA3,路由器要求更低。
③去其他区域和自治系统外部可通过默认路由来传送数据包。
④区域内只要求 ABR 上做配置 router(config-router)#area area-id stub no-summary,其他所有路由器要做配置 router(config-router)#area area-id stub。

  六、配置 NSSA(非末节区域)

  区域 6 是整个 OSPF 网络中的 1 个次末节区域,它与外部的联系是通过区域 0 进行的。主要配置本区域的拓扑、基本配置、OSPF 进程、NSSA 配置。

  1.目标

  如图 7-35 所示,区域 6 由 2 台路由器 R5 和 R12 组成,配置成 NSSA,它们配置 OSPF 路由协议,各台路由器的 ID 为环回地址 200 + 编号,要求区域 6 与其他区域互通。

  2.知识准备

路由器上配置 NSSA(次末节区域)

router(config-router)#area *area-id* nssa

该命令告诉路由器哪个区域是完全 NSSA 区域,区域内所有路由器都要做这种配置。

NSSA 区域只能支持 LSA1、LSA2、LSA3 和 LSA7,它不能是骨干区域、标准区域,可以连接 ASBR,但不能作为虚连接的转接区。

  3.配置

R5#conf t
R5(config)#int s2/2
R5(config-if)#ip add 155.155.155.1 255.255.255.0
R5(config-if)#no shut

R5(config-if)#router ospf 100
R5(config-router)#network 155.155155.0 0.0.0.255 area 6
R5(config-router)#area 6 nssa   //配置次末节区域
R12#conf t
R12(config)#int s2/2
R12(config-if)#ip add 155.155.155.2 255.255.255.0
R12(config-if)#no shut
R12(config-if)#int loopback 0
R12(config-if)#ip add 212.212.212.212 255.255.255.255
R12(config-if)#router ospf 100
R12(config-router)#router-id 212.212.212.212
R12(config-router)#network 212.212.212.212 0.0.0.0 area 6
R12(config-router)#network 155.155.155.0 0.0.0.255 area 6
R12(config-router)#area 6 nssa   //配置次末节区域
R12(config-router)#

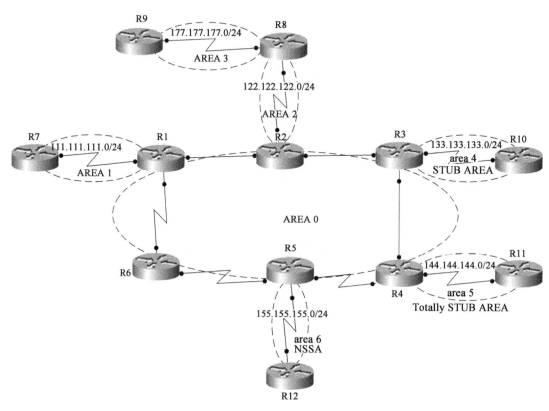

图 7-35　配置非末节区域

4. 检验

1) R12 的邻居

R11#show ip ospf neighbor
Neighbor ID   Pri   State   Dead Time   Address   Interface

205.205.205.205   1   FULL/   -   00:00:32   155.155.155.1   Serial2/2

//R12 与 R5 建立邻接关系

  2）R12 的路由表

R12#show ip route

Gateway of last resort is not set

O IA   路由

C   路由

O   路由

//R12 上有 2 条直连路由，22 条区域间路由，用于路由区域间与外部系统的数据包

  3）R12 的 LSDB

  结合路由表，观察并分析 R12 的 LSDB。

//有 2 种 LSA1

//有 22 种 LSA3

  5. 总结

  ①NSSA 区域一边连 ASBR，另一边连 ABR，不能是骨干区域或标准区域。

  ②只允许泛洪 LSA1、LSA2、LSA3 和 LSA7，不允许大量存在的 LSA5 泛洪，路由器要求较低。

  ③区域内所有路由器要做配置 router(config-router)#area area-id nssa。

  ④NSSA 区域中没有注入默认路由，会导致一些严重后果，在路由重分布章进行描述。

七、配置 Totally NSSA（完全非末节区域）

  区域 7 是整个 OSPF 网络中的 1 个完全次末节区域，它与外部的联系是通过区域 0 进行的。主要配置本区域的拓扑、基本配置、OSPF 进程、Totally NSSA 配置。

  1. 目标

  如图 7-36 所示，区域 7 由 2 台路由器 R6 和 R13 组成，配置成 Totally NSSA，它们均配置 OSPF 路由协议，各台路由器的 ID 为环回地址 200 + 编号，要求区域 7 与其他区域互通。

  2. 知识准备

  路由器上配置完全 NSSA（次末节区域）

  （1）router(config-router)#area *area-id* nssa no – summary

  该命令告诉 ABR 路由器哪个区域是完全 NSSA 区域，区域内只有 ABR 路由器做这种配置。

  完全 NSSA 区域只能支持 LSA1、LSA2 和 LSA7，它不能是骨干区域、标准区域，可以连接 ASBR，但不能作为虚连接的转接区。

  （2）router(config-router)#area *area-id* nssa

  该命令告诉路由器哪个区域是 NSSA 区域，区域内除 ABR 之外的路由器都要做这种配置。

  3. 配置

R6#conf t

R6(config)#int s2/2

R6(config-if)#ip add 166.166.166.1 255.255.255.0

R6(config-if)#no shut
R6(config-if)#router ospf 100
R6(config-router)#network 166.166.166.0 0.0.0.255 area 7
R6(config-router)#area 7 nssa no-summary   //配置完全次末节区域,只有ABR上做此配置
R13#conf t
R13(config)#int s2/2
R13(config-if)#ip add 166.166.166.2 255.255.255.0
R13(config-if)#no shut
R13(config-if)#int loopback 0
R13(config-if)#ip add 213.213.213.213 255.255.255.255
R13(config-if)#router ospf 100
R13(config-router)#router-id 213.213.213.213
R13(config-router)#network 213.213.213.213 0.0.0.0 area 7
R13(config-router)#network 166.166.166.0 0.0.0.255 area 7
R13(config-router)#area 7 nssa   //配置次末节区域,除ABR外所有路由器上做此配置
R13(config-router)#

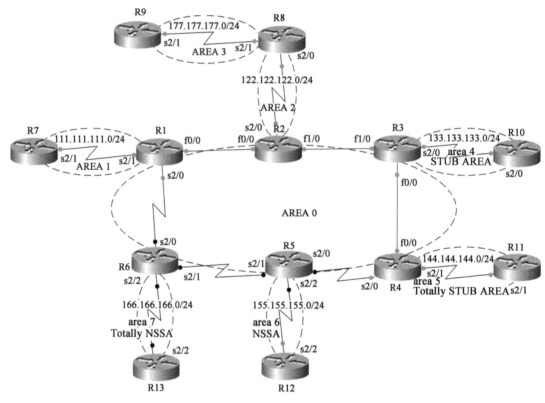

图 7-36 配置完全非末节区域

4. 检验

1) R13 的邻居

R13#show ip ospf neighbor

Neighbor ID	Pri	State	Dead Time	Address	Interface
206.206.206.206	1	FULL/ -	00:00:35	166.166.166.1	Serial2/2

//R13 与 R6 建立邻接关系

2）R13 的路由表

R13#show ip route

Gateway of last resort is not set

    213.213.213.0/32 is subnetted, 1 subnets

C   213.213.213.213 is directly connected, Loopback0

    166.166.0.0/24 is subnetted, 1 subnets

C   166.166.166.0 is directly connected, Serial2/2

O*IA 0.0.0.0/0 [110/65] via 166.166.166.1, 00:05:26, Serial2/2

//R13 上有 2 条直连路由；1 条区域间默认路由，用于路由区域间与外部系统的数据包

3）R13 的 LSDB

R13#show ip ospf database

    OSPF Router with ID (213.213.213.213) (Process ID 100)

      Router Link States (Area 7)

Link ID	ADV Router	Age	Seq#	Checksum	Link count
206.206.206.206	206.206.206.206	413	0x80000003	0x007E64	2
213.213.213.213	213.213.213.213	413	0x80000003	0x00D28D	3

//有 2 种 LSA1

      Summary Net Link States (Area 7)

Link ID	ADV Router	Age	Seq#	Checksum
0.0.0.0	206.206.206.206	538	0x80000001	0x00FCFD

//有 1 种 LSA3

5. 总结

①Totally NSSA 区域一边连 ASBR，另一边连 ABR，不能是骨干区域或标准区域。

②只允许泛洪 LSA1、LSA2 和 LSA7，不允许其他区域大量存在的 LSA3、LSA5 泛洪，路由器要求更低。

③在 ABR 上要配置 router(config-router)#area area-id nssa no-summary，区域内所有路由器要做配置 router(config-router)#area area-id nssa。

④通过默认路由达到其他区域和外部区域。

八、重分布默认路由、直连路由、静态路由

图 7-37 最左侧区域配置成静态路由，它与 OSPF 区域通过 ASBR 路由器 R7 对接。主要配置本区域的拓扑、基本配置、静态路由、重分布默认路由、直连路由和静态路由。

1. 目标

图 7-37 最左侧区域为一个静态路由区域，R7 到 R14、R15 的 RID 采用静态路由，R7 到 192.168.111.0 为直连路由，R7 到 192.168.112.0/113.0 网段采用默认路由，各台路由器的 ID 为环回地址 200＋编号，要求方框区域与其他区域互通。

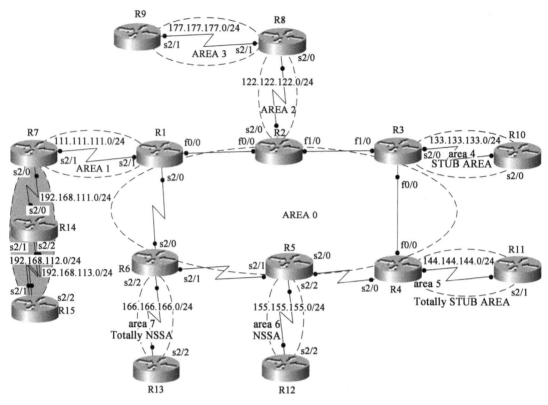

图 7-37 路由重分布拓扑图

2. 知识准备

1) 注入默认路由采用的两种方法

(1) 方法一

①router(config-router)#default-information originate [route-map *route-map-name*]

在 ASBR 上配置该命令,可向 OSPF 区域中注入默认路由。

命令中的 route-map 定义了策略路由。

②router(config)#ip route 0.0.0.0 0.0.0.0 next-hop

在 ASBR 上配置该命令,可定义要注入的默认路由。

(2) 方法二

router(config-router)# default-information originate [always] [metric *metric-value*] [metric-type *type-value*] [route-map *map-name*]

在 ASBR 上配置该命令,并分布进入 OSPF 区域。

其中:always:自动生成一条默认路由。

metric:默认路由注入 OSPF 区域的度量。

metric-type:度量的类型,可能是 1 类,也可能是 2 类,默认情况是 2 类。

route-map:定义了策略路由。

2) 重分布直连路由

router(config-router)#redistribute connected [subnets] [metric *metric-value*] [metric-type {1 |2}] [tag *tag-value*] [route-map *map-tag*]

在 ASBR 上配置该命令,分布直连路由进入 OSPF 区域。

其中:

subnets:向 OSPF 重新分配路由时使用,它指明子网的细节将被重新分配。没有它,仅重新分配主网地址。

metric:默认路由注入 OSPF 区域的度量。

metric-type:度量的类型,可能是 1 类,也可能是 2 类。默认情况是 2 类。

route-map:定义了策略路由。

tag:外部路由附带的 32 位二进制数制,用于 EGP。

3)重分布静态路由

router(config-router)#redistribute static [subnets] [metric *metric-value*] [metric-type {1 | 2}] [tag *tag-value*] [route-map *map-tag*]

在 ASBR 上配置该命令,分布静态路由进入 OSPF 区域。

其中:

subnets:向 OSPF 重新分配路由时使用,它指明子网的细节将被重新分配。没有它,仅重新分配主网地址。

metric:默认路由注入 OSPF 区域的度量。

metric-type:度量的类型,可能是 1 类,也可能是 2 类。默认情况是 2 类。

route-map 定义了策略路由。

tag:外部路由附带的 32 位二进制数制,用于 EGP。

3. 配置

R7#conf t

Enter configuration commands, one per line.　End with CNTL/Z.

R7(config)#int s2/0

R7(config-if)#ip add 192.168.111.1 255.255.255.0

R7(config-if)#no shut

R7(config)#ip route 214.214.214.214 255.255.255.255 192.168.111.2

R7(config)#ip route 215.215.215.215 255.255.255.255 192.168.111.2

R7(config)#ip route 0.0.0.0 0.0.0.0 192.168.111.2

R14#conf t

Enter configuration commands, one per line.　End with CNTL/Z.

R14(config)#int s2/0

R14(config-if)#ip add 192.168.111.2 255.255.255.0

R14(config-if)#no shut

R14(config-if)#int s2/1

R14(config-if)#ip add 192.168.112.1 255.255.255.0

R14(config-if)#no shut

R14(config-if)#int s2/2

R14(config-if)#ip add 192.168.113.1 255.255.255.0

R14(config-if)#no shut

R14(config-if)#exit

R14(config)#ip route 215.215.215.215 255.255.255.255 192.168.112.2 10
R14(config)#ip route 215.215.215.215 255.255.255.255 192.168.113.2 20
R14(config)#ip route 0.0.0.0 0.0.0.0 192.168.111.1   //这一条很重要
R14(config)#
R14(config)#int loopback 0
R14(config-if)#ip add 214.214.214.214 255.255.255.255
R15#conf t
Enter configuration commands, one per line. End with CNTL/Z.
R15(config)#int s2/1
R15(config-if)#ip add 192.168.112.2 255.255.255.0
R15(config-if)#no shut
R15(config-if)#int s2/2
R15(config-if)#ip add 192.168.113.2 255.255.255.0
R15(config-if)#no shut
R15(config)#int loopback 0
R15(config-if)#ip add 215.215.215.215 255.255.255.255
R15(config-if)#exit
R15(config)#ip route 0.0.0.0 0.0.0.0 192.168.112.1 10
R15(config)#ip route 0.0.0.0 0.0.0.0 192.168.113.1 20
R15(config)#

4. 检验

1) R7 的路由表

R7#show ip route
Gateway of last resort is 192.168.111.2 to network 0.0.0.0
O IA   路由
C   192.168.111.0/24 is directly connected, Serial2/0   //直连路由
S   215.215.215.215 [1/0] via 192.168.111.2   //静态路由
     214.214.214.0/32 is subnetted, 1 subnets
S   214.214.214.214 [1/0] via 192.168.111.2   //静态路由
     209.209.209.0/32 is subnetted, 1 subnets
S*   0.0.0.0/0 [1/0] via 192.168.111.2   //默认路由
//R7 上存在静态路由、默认路由与动态路由

2) R1 的路由表

R1#show ip route
Gateway of last resort is not set
C   路由
O   路由
O IA 路由
//R1 上没有 R7 上的三种路由,怎么办?说明它们没有与 OSPF 区域发生信息交换。

5. 路由重分布配置

R7#conf t
Enter configuration commands, one per line.   End with CNTL/Z.
R7(config)#router ospf 100
R7(config-router)#default-information originate   //重分布默认路由
R7(config-router)#redistribute connected subnets   //重分布直连路由
R7(config-router)#redistribute static subnets   //重分布静态路由
R7(config-router)#

6. 检验

R1 的路由表

R1#show ip route
Gateway of last resort is 111.111.111.2 to network 0.0.0.0
C   路由
O   路由
O IA   路由
O E2   215.215.215.215 [110/20] via 111.111.111.2, 00:00:25, Serial2/1   //静态路由已重分布进来,路径代价为 20
O E2 192.168.111.0/24 [110/20] via 111.111.111.2, 00:00:42, Serial2/1   //直连路由已分布进来,路径代价是 20
O*E2 0.0.0.0/0 [110/1] via 111.111.111.2, 00:00:56, Serial2/1   //默认路由已分布进来,路径代价是 20
R1#

7. 总结

①静态路由、默认路由与直连路由成功引入 OSPF 区域。
②引入的路径类型是 E2 类,路径代价默认是 20。

8. 再检验 R9、R10、R12

1) R9(标准区域的路由器)的路由表

R9#show ip route
Gateway of last resort is 177.177.177.1 to network 0.0.0.0
C   路由
O   路由
O IA   路由
     215.215.215.0/32 is subnetted, 1 subnets
O E2   215.215.215.215 [110/20] via 177.177.177.1, 00:16:13, Serial2/1
     214.214.214.0/32 is subnetted, 1 subnets
O E2   214.214.214.214 [110/20] via 177.177.177.1, 00:16:13, Serial2/1
O E2 192.168.111.0/24 [110/20] via 177.177.177.1, 00:16:30, Serial2/1
O*E2 0.0.0.0/0 [110/1] via 177.177.177.1, 00:16:40, Serial2/1
可见标准区域成功地引入了外部路由。

2）R10(Stub 区域的路由器)的路由表

R10#show ip route

Gateway of last resort is 133.133.133.1 to network 0.0.0.0

C　　路由

O　　路由

O IA　　路由

O * IA 0.0.0.0/0 [110/65] via 133.133.133.1, 01:35:04, Serial2/0

//Stub 区域不允许外部路由进入

3）R12(NSSA 区域的路由器)的路由表

R12#show ip route

Gateway of last resort is not set

C　　路由

O　　路由

O IA　　路由

//NSSA 区域不允许外部路由进入

9.总结(对于不同区域)

对于骨干区域、标准区域,外部路由可以正常传入。

对于 Stub、NSSA 区域,外部路由不可以传入,即 LSA5 不能进入,也不能转成 LSA7 进入。

九、重分布 rip V2 路由

图 7-38 左上角与最下面区域配置成 RIP V2 动态路由,它与 OSPF 区域通过 ASBR 路由器 R8、R12 和 R13 对接。主要配置本区域的拓扑、基本配置、RIP V2 路由、双向重分布 RIP V2 路由和 OSPF 路由。

1.目标

图 7-38 左上角与最下面为三个 RIP V2 路由区域,R8 到 R16、R12 到 R17、R13 到 R18 之间运行 RIP V2 协议,现要求将 R8 到 R16 的 RIP V2 与 OSPF 普通区域做双向路由重分布;将 R12 到 R17 的 RIP V2 与 OSPF 的 NSSA 区域做双向路由重分布;将 R13 到 R18 的 RIP V2 与 OSPF 的 Totally NSSA 区域做双向路由重分布;各台路由器的 ID 为环回地址 200 + 编号,要求上述三个 RIP V2 区域与其他 OSPF 区域互通。

2.知识准备

1）路由重分布意义

IP 网络中一般会存在多种路由协议和多个厂商提供的路由设备,由于不同的路由协议或不同的厂家设备,在网络参数方面会有不同,路由协议无法相互理解,必须人为地在不同的协议间做参数的映射,让协议间相互理解。

执行路由重分布的路由器被称为边界路由器,因为它们位于两个或多个自治系统的边界上。路由重分布时计量单位和管理距离是必须要考虑的。每一种路由协议都有自己度量标准,所以在进行重分布时必须转换度量标准,使得它们兼容。

2）管理距离与度量值

(1)管理距离

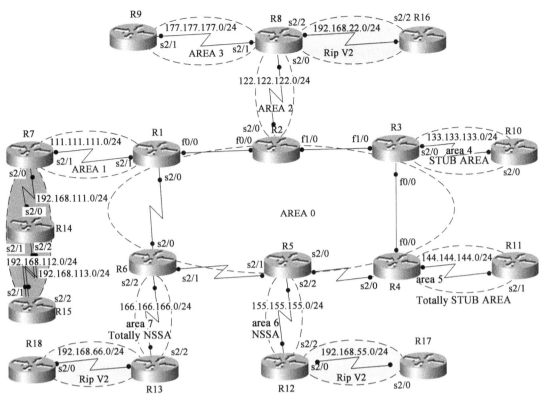

图 7-38 RIP 与 OSPF 路由重分布拓扑图

不同的路由协议有不同的管理距离,在 CISCO 路由器上常用路由协议的管理距离如表 7-14 所示。

不同路由协议的管理距离　　　　　　　　　　表 7-14

路 由 协 议	默认的管理距离	路 由 协 议	默认的管理距离
直连接口	0	IS-IS	115
静态路由	1	RIP	120
OSPF	110	BGP	200

(2) 度量值

不同的路由协议有不同的度量值,在 CISCO 路由器上常用路由协议的种子度量值如表 7-15 所示。

不同路由协议的默认度量值　　　　　　　　　　表 7-15

路 由 协 议	默认的种子度量值	路 由 协 议	默认的种子度量值
RIP	无穷大	IS-IS	0
OSPF	BGP 为 1,其他为 20	BGP	IGP 的度量值

※注意:RIP 协议认为,其他路由协议分布进 RIP 区域时,其度量值为无穷大,因此,必须为引入的路由协议指定度量值。

3) 重分布动态路由

router(config-router) #redistribute protocol [process-id] [subnets] [metric *metric-value*] [metric-type{1 | 2}] [tag *tag-value*] [route-map *map-tag*]

在 ASBR 上配置该命令,分布静态路由进入 OSPF 区域。

其中:protocl:被分布的路由协议。

process-id:被分布路由协议的进程 ID。

subnets:向 OSPF 重新分配路由时使用,它指明子网的细节将被重新分配。没有它,仅重新分配主网地址。

metric:指定一种路由协议注入另一种路由协议的度量。

metric-type:度量的类型,可能是 1 类,也可能是 2 类。默认情况是 2 类。

route-map 定义了策略路由。

tag:外部路由附带的 32 位二进制数制,用于 EGP。

4)指定默认的度量值

router(config-router)#default-metric *value*

指定其他路由协议分布进来后的度量值,除非通过重分布中 redistribute 命令中的 metric 字节指定,否则以该值为准。

3. 配置

1)R8 对 R16 RIP V2 路由基本配置

R8#conf t

Enter configuration commands, one per line. End with CNTL/Z.

R8(config)#int s2/2

R8(config-if)#ip add 192.168.22.1 255.255.255.0

R8(config-if)#no shut

R8(config-if)#router rip

R8(config-router)#version 2

R8(config-router)#no auto-summary

R8(config-router)#network 192.168.22.0

R8(config-router)#

R16#conf t

Enter configuration commands, one per line. End with CNTL/Z.

R16(config)#int s2/2

R16(config-if)#ip add 192.168.22.2 255.255.255.0

R16(config-if)#no shut

R16(config-if)#int loopback 0

R16(config-if)#ip add 216.216.216.216 255.255.255.255

R16(config-if)#router rip

R16(config-router)#version 2

R16(config-router)#no auto-summary

R16(config-router)#network 216.216.216.216

R16(config-router)#network 192.168.22.0

R16(config-router)#

2)配置 R12 对 R17 RIP V2 路由

采用同样的方法配置。

3)配置 R13 对 R18 RIP V2 路由

采用同样的方法配置。

4. 检验

1)R16 的路由表

R16#show ip route

Gateway of last resort is not set

216.216.216.0/32 is subnetted, 1 subnets

C   216.216.216.216 is directly connected, Loopback0

C   192.168.22.0/24 is directly connected, Serial2/2

//RIP 区域中的 R16 并没有学到 OSPF 区域的任何路由。

2)R2 的路由表

R2#show ip route

Gateway of last resort is 11.11.11.1 to network 0.0.0.0

C 路由

O * E2 默认路由

O 路由

O IA 路由

O E2 路由

//重要的是 OSPF 区域中的 R2 并没有学到 RIP 区域中的任何路由。

5. 配置

1)R8 上 RIP V2 与 OSPF 双向路由重分布

R8(config)#router rip   //进入 RIP 的路由模式

R8(config-router)#default-metric 5   //定义分布进 RIP 区域默认的度量值是 5

R8(config-router)#redistribute ospf 100 //将 OSPF 100 引入 RIP 区域

R8(config-router)#router ospf 100   //进入 OSPF 的路由模式

R8(config-router)#redistribute rip subnets   //将 RIP 引入 OSPF 区域,度量值默认为 20,采用 E2 外部路由

2)R12 上 RIP V2 与 OSPF 双向路由重分布

R12#conf t

R12(config)#router rip

R12(config-router)#version 2

R12(config-router)#redistribute ospf 100 metric 10 //将 OSPF 100 引入 RIP 区域,路径代价为 10

R12(config-router)#router ospf 100

R12(config-router)#redistribute rip subnets metric 30 metric-type 1 //将 RIP 引入 OSPF 区域,度量值是 30,采用 E1 类路由。

3)R13 上 RIP V2 与 OSPF 双向路由重分布

R13#conf t

Enter configuration commands, one per line.   End with CNTL/Z.

R13(config)#router rip
R13(config-router)#redistribute ospf 100 metric 13
R13(config-router)#router ospf 100
R13(config-router)#redistribute rip subnets metric 40 metric-type 1
R13(config-router)#

6. 检验标准区域

1) R16 的路由表

R16#show ip route
Gateway of last resort is 192.168.22.1 to network 0.0.0.0
C 路由
R * 默认路由
R 路由
//RIP 区域中的 R16 学到 OSPF 区域的所有路由

2) R8 的路由表

R8#show ip route
Gateway of last resort is 122.122.122.1 to network 0.0.0.0
区域 0 的路由
区域 1 的路由
区域 2 的路由
区域 3 的路由
Stub 区域的路由
Totally Stub 区域的路由
NSSA 区域的路由
Totally NSSA 区域的路由
RIP 区域的路由
从 NSSA 区域 ASBR 上 RIP 引入的路由,定义为 E1
从 Totally NSSA 区域 ASBR 上 RIP 引入的路由,定义为 E1
通过重分布默认路由、静态路由、直连路由得到的 E2 外部路由
OSPF 区域中的 R8 学习到 RIP 区域中的所有路由。

对照路由表,分清楚上述各类路由,并分析各路由形成的原因。

3) R8 的 LSDB

R8#show ip ospf database
结合路由表,观察并分析 R8 的 LSDB。

7. 检验标准区域结论

①标准区域路由器能学到所有 OSPF 区域的路由细节,能正常传播 LSA1、LSA2、LSA3、LSA4 和 LSA5;

②标准区域路由器能正常学习由静态路由重分布、默认路由引入、直连路由重分布所引入的外部路由;

③标准区域路由器能正常学习由 NSSA 及 totally NSSA 区域所引入的外部路由。

8. 检验 STUB 区域

1) R10 的路由表

R10#show ip route
Gateway of last resort is 133.133.133.1 to network 0.0.0.0
C　　路由
O IA　路由
O * IA 路由

2) R10 的 LSDB

R10#show ip ospf database
结合路由表,分析 LSDB。
//R10 上只有 OSPF 区域中的路由信息

3) R10 上追踪到 R18 的包

R10#traceroute 218.218.218.218
Type escape sequence to abort.
Tracing the route to 218.218.218.218
　1 133.133.133.1 68 msec 32 msec 32 msec　　//这里走的是默认路由传递数据包
　2 22.22.22.1 92 msec 124 msec 96 msec
　3 11.11.11.1 156 msec 184 msec 156 msec
　4 66.66.66.1 156 msec 204 msec 108 msec
　5 166.166.166.2 204 msec 112 msec 280 msec
　6 192.168.66.2 344 msec 200 msec 280 msec
R10#

4) R3 的路由表

R3#show ip route
Gateway of last resort is 22.22.22.1 to network 0.0.0.0
C　　　路由
O　　　路由
O * E2　默认路由
O IA　　路由
O E1　　路由
O E2　　路由
　　可见 R3 上即有 OSPF 内的精确路由,又有 OSPF 区域外的外部路由。

5) R3 的 LSDB

R3#show ip ospf database
结合路由表,分析 LSDB。

9. 检验 Stub 区域结论

①Stub 区域路由器能学到所有 OSPF 区域的路由细节,能正常传播 LSA1、LSA2、LSA3;
②Stub 区域路由器不能学习从其他区域传过来的外部路由,也无法自己引入外部路由;
③所有去往外部的消息通过默认路由传送。

10. 检验 Totally Stub 区域

1）R11 的路由表

R11#show ip route

Gateway of last resort is 144.144.144.1 to network 0.0.0.0

  211.211.211.0/32 is subnetted, 1 subnets
C   211.211.211.211 is directly connected, Loopback0
  144.144.0.0/24 is subnetted, 1 subnets
C   144.144.144.0 is directly connected, Serial2/1
O*IA 0.0.0.0/0 [110/65] via 144.144.144.1, 07:36:20, Serial2/1

//只有直连路由与默认路由

2）R11 的 LSDB

R11#show ip ospf database

   OSPF Router with ID (211.211.211.211) (Process ID 100)

    Router Link States (Area 5)

Link ID   ADV Router   Age   Seq#   Checksum Link count
204.204.204.204 204.204.204.204 1544 0x80000010 0x00E299 2
211.211.211.211 211.211.211.211 1283 0x8000000F 0x00C739 3

    Summary Net Link States (Area 5)

Link ID   ADV Router   Age   Seq#   Checksum
0.0.0.0   204.204.204.204 1544 0x8000000E 0x009766

//只有 LSA1 与 1 条 LSA3

3）R4 的路由表

R4#show ip route

C 路由
O 路由
O*E2 默认路由
O IA 路由
O E1 路由
O E2 路由

  可见 R4 上即有 OSPF 内的精确路由，又有 OSPF 区域外的外部路由。

4）R4 的 LSDB

R4#show ip ospf database

结合路由表，分析 LSDB。

11. 检验 Totally Stub 区域结论

①Totally Stub 区域路由器只能学到本区域的路由，它并不能学到其他区域和外部的路由，也无法自己引入外部路由。

②去往其他区域或者外部的数据包必须通过默认路由转接。

12. 检验 NSSA 区域

1）R12 的路由表

R12#show ip route

C　路由

R　路由

O IA 路由

//R12 学到了 OSPF 区域的路由,以及与之相邻的 RIP 区域的路由,但没有学到 R16、R18 所在的 RIP 区域的路由

2)R12 的 LSDB

R12#show ip ospf database

结合路由表,分析 LSDB。

Type-7 AS External Link States (Area 6)

Link ID	ADV Router	Age	Seq#	Checksum Tag
192.168.55.0	212.212.212.212	1765	0x8000000A	0x00B10B 0
217.217.217.217	212.212.212.212	1767	0x80000005	0x00A753 0

//R12 作为 NSSA 区域的 ASBR,产生了 2 个 LSA7

3)R5 的路由表

R5#show ip route

C　　路由

O　　路由

O IA　路由

O N1　路由

//NSSA 引入的 LSA7

O E2　路由

O E1　路由

O * E2 默认路由

4)R5 的 LSDB

R5#show ip ospf database

结合路由表,分析 LSDB。

13. 检验 NSSA 区域结论

①NSSA 区域路由器能学到 OSPF 区域的部分路由,只能传播 LSA1、LSA2、LSA3、LSA7。

②NSSA 区域路由器能正常引入外部路由,并以 LSA7 的形式在本区域传播,但超过 ABR 后,会变成 LSA5 进行传播。

③NSSA 区域路由器不能正常学习其他区域所引入的外部路由,去往这些地方的数据包也无默认路由进行路由。

④需要在 NSSA 区域 ABR 上引入默认路由以解决无外部网络路由问题。可以通过下面命令来注入一条默认路由:R5(config-router)#area 6 nssa default-information-originate。

此时可以在 R12 上看到如下路由表:

R12#show ip route

Gateway of last resort is 155.155.155.1 to network 0.0.0.0

C　路由

R　路由

O IA 路由

O * N2 0.0.0.0/0 [110/1] via 155.155.155.1, 00:00:11, Serial2/2
//R12 上有一条默认路由指向 R5,所有系统外路由可通过这条路径送达

  14. 检验 Totally NSSA 区域
   1) R13 的路由表
R13#show ip route
Gateway of last resort is 166.166.166.1 to network 0.0.0.0
  218.218.218.0/32 is subnetted, 1 subnets
R 218.218.218.218 [120/1] via 192.168.66.2, 00:00:22, Serial2/0
  213.213.213.0/32 is subnetted, 1 subnets
C 213.213.213.213 is directly connected, Loopback0
C 192.168.66.0/24 is directly connected, Serial2/0
  166.166.0.0/24 is subnetted, 1 subnets
C 166.166.166.0 is directly connected, Serial2/2
O * IA 0.0.0.0/0 [110/65] via 166.166.166.1, 04:31:18, Serial2/2
//只能学习 R13 所在区域的路由,其他区域或系统外部数据包通过默认路由进行传递

  2) R13 的 LSDB
R13#show ip ospf database

   OSPF Router with ID (213.213.213.213) (Process ID 100)

    Router Link States (Area 7)

Link ID ADV Router Age Seq# Checksum Link count
206.206.206.206 206.206.206.206 1649 0x80000012 0x006073 2
213.213.213.213 213.213.213.213 459 0x80000012 0x001E31 3

    Summary Net Link States (Area 7)

Link ID ADV Router Age Seq# Checksum
0.0.0.0 206.206.206.206 1649 0x80000010 0x00DE0D

    Type-7 AS External Link States (Area 7)

Link ID ADV Router Age Seq# Checksum Tag
192.168.66.0 213.213.213.213 459 0x80000009 0x00B2ED 0
218.218.218.218 213.213.213.213 459 0x80000009 0x00E9F6 0

//产生了 2 种 LSA7

  3) R6 的路由表
R6#show ip route
Gateway of last resort is 66.66.66.2 to network 0.0.0.0
C 路由
O 路由
O IA 路由
O N1 路由
//由 R13 引入的外部路由,在本区域以 LSA7 传播,但在 ABR 处转成 LSA5 向外传播

O E2　路由

O E1　路由

O * E2 默认路由

4) R6 的 LSDB

R6#show ip ospf database

结合路由表,分析 LSDB。

15. 检验 Totally NSSA 区域结论

①Totally NSSA 区域路由器只能学习本区域的路由。

②Totally NSSA 区域路由器只能通过默认路由发送数据包给其他区域或外部系统。

③Totally NSSA 区域路由器能引入外部路由,并以 LSA7 在本区域传播,在 ABR 处转换成 LSA5 向前传播。

十、路由汇总

OSPF 路由汇总可以大量减少 LSA3 与 LSA5 在自治系统内的泛洪,减少路由器的 CPU 及内存压力,也在一定程度上隐藏网络的变化,减少路由的振荡。路由汇总分两种,一种是为了减少区域间路由信息的泛洪,称为区域间路由汇总,这种汇总需要手工在 ABR 上配置;另一种是为减少外部路由信息的泛洪,称为外部路由汇总,这种汇总需要手工在 ASBR 上配置。

1. 目标

图 7-39 中 RT 和 R15 之间是一个静态路由网络,路由器 R7 上有 6 个环回地址,它们是在 B 类地址 172.172.0.0 下的一个细分,要求 ABR 路由器 R1 上做一个区域间路由汇总,只传一条路由到其他区域;同时,在 R16 上有 6 个环回地址,通过 ASBR 路由器 R8 做一个外部路由汇总,只传一条路由到 OSPF 区域,要求全网互通。

2. 知识准备

1) 区域间路由汇总

router(config-router)#area *area-id* range *ip-address mask*

该命令配置在 ABR 路由器上,是对 LSA3 进行汇总,各字段的含义如下:

area-id:指定要进行路由汇总的区域 ID;

ip-address:汇总后的地址;

mask:汇总路由的 IP 子网掩码。

2) 外部路由汇总

router(config-router)#summary-address *ip-address mask*

该命令配置在 ASBR 路由器上,是对 LSA5 进行汇总,各字段的含义如下:

ip-address:汇总后的地址;

mask:汇总路由的 IP 子网掩码。

3. 配置

1) R7 基本配置

R7#conf t

Enter configuration commands, one per line.　End with CNTL/Z.

R7(config)#int loopback 1

R7(config-if)#ip add 172.172.1.1 255.255.255.255
R7(config-if)#int loopback 2
R7(config-if)#ip add 172.172.2.1 255.255.255.255
R7(config-if)#int loopback 3
R7(config-if)#ip add 172.172.3.1 255.255.255.255
R7(config-if)#int loopback 4
R7(config-if)#ip add 172.172.4.1 255.255.255.255
R7(config-if)#int loopback 5
R7(config-if)#ip add 172.172.5.1 255.255.255.255
R7(config-if)#int loopback 6
R7(config-if)#ip add 172.172.6.1 255.255.255.255
R7(config-if)#router ospf 100
R7(config-router)#network 172.172.1.1 0.0.0.0 area 1
R7(config-router)#network 172.172.2.1 0.0.0.0 area 1
R7(config-router)#network 172.172.3.1 0.0.0.0 area 1
R7(config-router)#network 172.172.4.1 0.0.0.0 area 1
R7(config-router)#network 172.172.5.1 0.0.0.0 area 1
R7(config-router)#network 172.172.6.1 0.0.0.0 area 1
R7(config-router)#

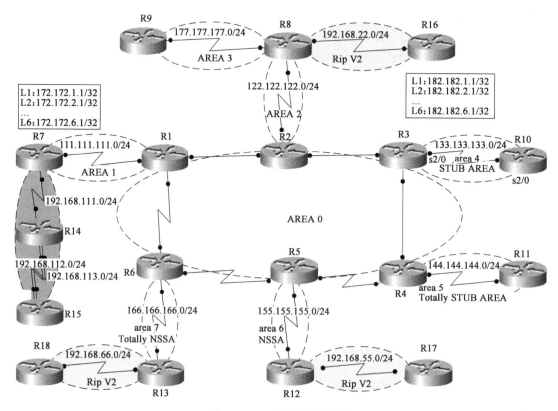

图 7-39　OSPF 路由汇总拓扑图

2) R16 基本配置

R16#conf t

Enter configuration commands, one per line.　End with CNTL/Z.

R16(config)#int loopback 1

R16(config-if)#ip add 182.182.1.1 255.255.255.255

R16(config-if)#int loopback 2

R16(config-if)#ip add 182.182.2.1 255.255.255.255

R16(config-if)#int loopback 3

R16(config-if)#ip add 182.182.3.1 255.255.255.255

R16(config-if)#int loopback 4

R16(config-if)#ip add 182.182.4.1 255.255.255.255

R16(config-if)#int loopback 5

R16(config-if)#ip add 182.182.5.1 255.255.255.255

R16(config-if)#int loopback 6

R16(config-if)#ip add 182.182.6.1 255.255.255.255

R16(config-if)#router rip

R16(config-router)#version 2

R16(config-router)#network 182.182.1.0

R16(config-router)#network 182.182.2.0

R16(config-router)#network 182.182.3.0

R16(config-router)#network 182.182.4.0

R16(config-router)#network 182.182.5.0

R16(config-router)#network 182.182.6.0

R16(config-router)#

4. 检查

R3#show ip route

Gateway of last resort is 22.22.22.1 to network 0.0.0.0

C 路由

O*E2 默认路由

O 路由

O IA 路由

O E2 路由

O E1 路由

　　172.172.0.0/32 is subnetted, 6 subnets

O IA　　172.172.1.1 [110/67] via 22.22.22.1, 00:09:37, FastEthernet1/0

O IA　　172.172.3.1 [110/67] via 22.22.22.1, 00:08:59, FastEthernet1/0

O IA　　172.172.2.1 [110/67] via 22.22.22.1, 00:09:09, FastEthernet1/0

O IA　　172.172.5.1 [110/67] via 22.22.22.1, 00:08:33, FastEthernet1/0

O IA　　172.172.4.1 [110/67] via 22.22.22.1, 00:08:43, FastEthernet1/0

O IA　　172.172.6.1 [110/67] via 22.22.22.1, 00:08:23, FastEthernet1/0

//新增6条区域间的路由
  182.182.0.0/32 is subnetted, 6 subnets
O E2 182.182.1.1 [110/20] via 22.22.22.1, 00:03:44, FastEthernet1/0
O E2 182.182.3.1 [110/20] via 22.22.22.1, 00:03:44, FastEthernet1/0
O E2 182.182.2.1 [110/20] via 22.22.22.1, 00:03:44, FastEthernet1/0
O E2 182.182.5.1 [110/20] via 22.22.22.1, 00:03:44, FastEthernet1/0
O E2 182.182.4.1 [110/20] via 22.22.22.1, 00:03:44, FastEthernet1/0
O E2 182.182.6.1 [110/20] via 22.22.22.1, 00:03:46, FastEthernet1/0
//新增6条外部路由
R3#
//新增的12条路由,实际上面对寻址没多大帮助,且是连续网段,可以通过手工汇总提高路由器资源使用率

  5. 配置

   1)R1 上配置区域间路由汇总

R1#conf t

Enter configuration commands, one per line. End with CNTL/Z.

R1(config)#router ospf 100

R1(config-router)#area 1 range 172.172.0.0 255.255.248.0

R1(config-router)#

   2)R8 上配置外部路由汇总

R8#conf t

Enter configuration commands, one per line. End with CNTL/Z.

R8(config)#router ospf 100

R8(config-router)#summary-address 182.182.0.0 255.255.248.0

R8(config-router)#

  6. 检查

R3#show ip route

C 路由

O * E2 默认路由

O 路由

O IA 路由

O E2 路由

O E1 路由

  172.172.0.0/21 is subnetted, 1 subnets

O IA 172.172.0.0 [110/67] via 22.22.22.1, 00:02:50, FastEthernet1/0

//6条区域间路由汇总成了1条路由

  182.182.0.0/21 is subnetted, 1 subnets

O E2 182.182.0.0 [110/20] via 22.22.22.1, 00:01:36, FastEthernet1/0

//6条外部路由汇总成了1条路由

7. 总结

①区域间路由汇总配置在 ABR 上,对 LSA3 路由进行了汇总。

②外部路由汇总配置在 ASBR 上,对 LSA5 路由进行了汇总。

难点分析

OSPF 协议中知识点很多,网络也比较复杂,主要是要从原理上去了解 OSPF 协议,一方面要能做好 OSPF 章节的实验,另一方面要能解释这些实验的结果。这章需要注意的地方有:

1. OSPF 的各种 LSA 的作用

①能正确解释各种 LSA 的字段含义。

②能理解路由器的 LSDB 及路由表,并从 LSA 的角度进行解释。

2. OSPF 的 8 种状态

①理解 OSPF 区域中路由器的 8 种工作状态的含义。

②知道只有 2-way、full 为两种稳定状态,其他为过渡状态。

3. DR 的选举及个数

①DR 的选举是通过 OSPF 的 Hello 报文来完成的。

②DR 选举是一个基于端口的局部过程,通过端口优先级及 RID 大小来实现选举。

③路由器启动后,会启动一个计时器,在这个计时器到时之前,所有启动的路由器参与选举,选举后,即使其他路由器优先级再高,RID 再大,也不能成为 DR,只有重新启动路由器或清除 OSPF 进程后才能成为 DR。

4. 网络类型

①OSPF 网络中主要有 4 类网络,它们在二层上的工作方式并不相同,BMA、PTP 为广播式链路,NBMA、PTMP 为非广播型链路;BMA 主要工作在以太网类型的网络上,PTP 主要工作在 HDLC 与 PPP 类型的网络上,NBMA、PTMP 主要工作在 FR 网络上。

②BMA 与 NBMA 需要选举 DR,但 PTP 与 PTMP 两种网络不需要选举 DR。

③实际上并不存在 PTMP 网络,它是由 NBMA 网络改造而来。

5. 密钥设定

①OSPF 有区域与接口密钥认证之分,接口优先于区域。

②在虚连接中,要注意一定要在一端知会另一端的认证情况,否则即使建立了虚连接,也不能从另一端学到路由。

6. 特殊区域的理解

①Stub 区域只支持 LSA1、LSA2 和 LSA3,用来减少大量存在的五类路由,以降低路由器的档次,但可通过默认路由传递外部网络的数据包。

②Totally Stub 只支持 LSA1、LSA2,将三类、五类路由消除,进一步降低路由器的档次,但可通过默认路由传递区域间与外部网络的数据包。

③NSSA 区域和 Stub 区域比,还能支持 7 类路由,但是它只能引入而不能传入 7 类路由,即单向支持外部路由,并且,NSSA 区域还不能自动产生默认路由,导致系统外部不可达,必须

通过以下命令给 NSSA 区域 ABR 注入一条默认路由，R5(config-router)#area 6 nssa default-information-originate。

但可通过默认路由及 7 类路由传递外部网络的数据包。

④totally NSSA 与 totally stub 区域比，不能支持 7 类路由，但是它只能引入而不能传入 7 类路由，即单向支持外部路由，但可通过默认路由及 7 类路由传递外部网络的数据包。

习题

一、填空题

1. OSPF 是运行在_____协议之上的一种路由协议，使用协议号是_____。
2. OSPF 以组播地址发送协议报文，对所有 DR/BDR 路由器的组播地址是_____；对所有的 SPF 路由器的组播地址是_____。
3. OSPF 支持大型网络，和 RIP 网络不同，没有_____限制。
4. OSPF 能支持大型网络，可以划分出以下_____、_____、_____、_____、_____和_____这 6 种区域。
5. 骨干区域的 ID 是_____，也称为区域 0，骨干区域必须是连续的，并且其他区域也必须与骨干区域直接相连，如果没有直接相连链路，一般采用_____技术进行连接。
6. 骨干区域和标准区域能够支持各种路由信息，如支持_____、_____、_____、_____和_____。
7. Stub 区域不允许存在虚拟链路，也不允许存在 ASBR，在他内部只能存在_____、_____和_____三种路由消息。如果要将信息发给系统外部必须通过_____。
8. NSSA 区域不允许存在虚拟链路，但可以存在 ASBR，在他内部只能存在_____、_____和_____三种路由消息。如果要将信息发给区域外路由器，必须通过手工配置_____。
9. OSPF 能发送 5 种路由报文，它们分别是_____、_____、_____、_____和_____。
10. OSPF 网络中，如果网络类型是 BMA 和 NBMA，路由器之间要选举_____和_____。
11. 在路由器选举 DR/BDR 过程中，首先比较路由器_____的优先级，如果优先级相同，再比较路由器的_____。
12. OSPF 网络中能支持的网络类型有_____、_____、_____和_____四种。
13. OSPF 路由器启动路由的命令为_____，其中 process-id 取值必须在 1 到_____之间。
14. OSPF 路由器的认证主要有_____与_____两种。
15. 静态路由、RIP 路由要进入 OSPF 区域，必须做_____配置。

二、简答题

1. OSPF 路由器有哪几种状态机？
2. 怎样确定路由器的 ID？

模块八 交换机的配置

学习目标

按要求配置如图 8-1 所示的网络,掌握交换机的基本原理、特征、配置。

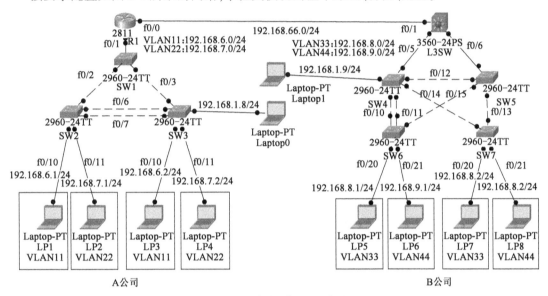

图 8-1 两公司网络互通示意图

任务要求

1. A 公司网络

①图 8-1 左侧为 A 公司,它采用路由器 R1 与外网相连,运行 OSPF 协议。

②路由器 R1 通过子接口与交换机不同的 VLAN 相连,VLAN 通过独臂路由在三层上互通。

③SW1、SW2 和 SW3 相互连接,它们之间配置 RSTP 协议,SW1 为根桥。

④SW1 与 SW2、SW1 与 SW3 之间的链路组成交换网的生成树,SW2 与 SW3 之间的两条链路都被阻塞,上边链路用于 VLAN11 的备份,下边链路用于 VLAN22 的备份。

⑤所有边缘端口直接进入转发状态。

⑥SW1 为 VTP server,SW2 和 SW3 为 VTP client,要求在 SW1 统一配置 VLAN,在 SW2 和 SW3 上配置端口的 VLAN 归属。

⑦配置各交换机的 VLAN1 为交换机的管理地址,地址前缀为 192.168.1.0,最后一位为

交换机的编号。

2. B 公司网络

①图 8-1 右侧为 B 公司，它采用三层交换机 L3SW 与外网相连，运行 OSPF 协议。

②整个交换网络采用 PVST 生成树协议。

③对 VLAN33，其根为 SW4，相应生成树为 SW4-SW5-SW7 和 SW4-SW6。

④对 VLAN44，其根为 SW5，相应生成树为 SW5-SW4-SW6 和 SW5-SW7。

⑤SW4 与 SW6 之间配置 EtherChannel。

⑥SW4 为 VTP server，其余交换机为 VTP client。

⑦配置各交换机的 VLAN1 为交换机的管理地址，地址前缀为 192.168.1.0，最后一位为交换机的编号。

⑧所有终端配置基于端口的 VLAN 接入。

⑨所有边缘端口启用 portfast。

3. 路由网络

①路由器 R1 与三层交换机 L3SW 之间运行 OSPF 路由协议。

②R1、L3SW 上建立环回地址用于管理，地址为 1.1.1.1 和 2.2.2.2。

相关知识点

一、交换机介绍

涉及的基本概念如下。

1）冲突域与广播域

（1）冲突域

冲突域是一个物理网段的概念，所有设备都共享同一个物理通道，因此如果要通信的话必须竞争获取信道的使用权，同一时刻只允许一个用户使用信道。典型的设备是集线器，它工作在 OSI 参考模型的物理层，其功能主要是信号的中继。工作时采用的协议 CSMA/CD（带冲突检测的载波侦听多路接入），每个站点在发送数据之前首先要侦听网络是否空闲，如果空闲就发送数据。否则，继续侦听直到网络空闲。如果两个站点同时检测到介质空闲并同时发送出一帧数据，则会导致数据帧的冲突，双方的数据帧均被破坏。这时，两个站点将采用"二进制指数退避"的方法各自等待一段随机的时间再侦听、发送。并且，由于集线器只是单纯地中继信号，并无地址管理功能，它从一个端口收到的任何消息都会以广播的形式从其他所有端口发送出去，因此冲突域必然也是一个广播域（图 8-2）。冲突域对网络的有效访问形成了瓶颈。

（2）广播域

广播域是一个逻辑网段的概念，能将一个大的物理网段分成多个小的逻辑网络，每个逻辑网段中的设备接收同样的广播消息。如该逻辑网段中任意一台设备发送一个广播帧，则该网段中所有其他设备均会收到这个广播帧。网络设备很多时候都会产生广播帧，所以如果不维护，就会消耗大量的带宽，降低网络的效率。由于广播域被认为是 OSI 模型的第二层概念，所以像集线器、网桥、交换机等第一、第二层设备连接的节点被认为都是在同一个广播域，具体如图 8-3 所示。广播域的存在严重地限制了网络规模的扩展。

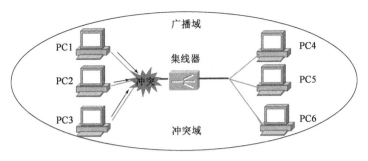

图 8-2 网络冲突域

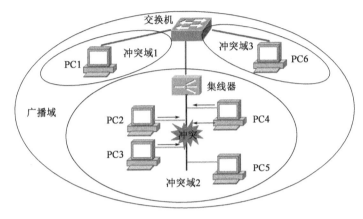

图 8-3 网络单广播域

(3)广播域细分

广播域可由路由器来细分,路由器工作在 OSI 模型的第三层,路由器的一个端口就是一个广播域,所有面向该域的广播信息无法通过路由器的端口向外传送,具体如图 8-4 所示。因此,在网络上引入路由器,可以合理地规划广播域的大小,从而提高网络工作效率。

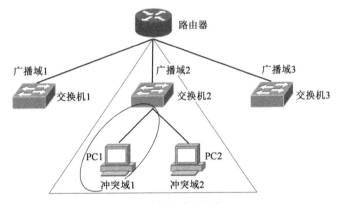

图 8-4 网络多广播域

2)端口、MAC 地址与 IP 地址

端口、MAC 地址与 IP 地址这三者在交换设备(网络设备)中是相互关联的,它们分别是对同一个接口不同层面上的描述。

(1)端口

端口就是设备的接口,主要是对线序和电平做了一些规定,属于物理层上的概念。对交换

223

机而言,大量的接口是 RJ45 接口和光接口。

(2) MAC 地址

MAC 地址是业务板上对应接口的物理地址,一共 48 位,前 24 位是由生产厂家向 IEEE 申请的厂商地址,后 24 位是生产厂家自行确定的,这个地址是直接写到接口卡硬件里面的,不可变更。MAC 地址是数据链路层的概念,是交换机等二层设备寻址的依据。

MAC 地址由 12 位 16 进制的数来代替,每两个数为一段,共有 6 段,段之间用 ":" 分开,如图 8-5 所示。

(3) IP 地址

IP 地址是接口上的逻辑地址,共 32 位,这些地址由电信运营商向 NIC 中心申请,可以根据具体使用情况进行变更,因此,IP 地址是网络层次化设计的决定因素。IP 地址是网络层的概念,直接写在交换机的配置文件里,是路由器第三层设备寻址的依据。

IP 地址分为 4 组数,每组 8 位,每组用 10 进制数表示,组与组之间用 "." 隔开,如图 8-6 所示。

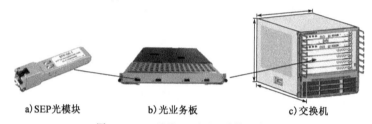

图 8-5 MAC 地址示意图　　　　　　　图 8-6 IP 地址示意图

(4) 三者关系(以光接口为例,)如图 8-7 所示

①光接口封装在一个光模块中,最常用的光模块为 SFP(Small Form-factor Pluggable transceiver)。

②MAC 地址通常存储在交换机的光业务板的 ROM 中,固化在光业务板串行 EEPROM 中的物理地址。

③IP 地址通常存储在内存的配置文件中。

3) ARP 与 RARP

(1) ARP

ARP 协议是 "Address Resolution Protocol"(地址解析协议)首字母的缩写。在局域网中,网络中实际传输的是"帧",帧里面是有目标主机的 MAC 地址的。在以太网中,一个主机要与另一个主机进行直接通信,必须要知道目标主机的 MAC 地址。但这个目标 MAC 地址是如何获得的呢? 它就是通过地址解析协议获得的。所谓"地址解析"就是主机在发送帧前将目标 IP 地址转换成目标 MAC 地址的过程。ARP 协议的基本功能就是通过目标设备的 IP 地址,查询目标设备的 MAC 地址,以保证通信的顺利进行。

下面以主机 A(192.168.1.5)向主机 B(192.168.1.1)发送数据为例进行说明。当发送数据时,主机 A 会在自己的 ARP 缓存表中寻找是否有目标 IP 地址。如果找到了,也就知道了目标 MAC 地址,直接把目标 MAC 地址写入帧里面发送就可以了;如果在 ARP 缓存表中没有找到相对应的 IP 地址,主机 A 就会在网络上发送一个广播,目标 MAC 地址是"FF. FF. FF. FF. FF. FF",这表示向同一网段内的所有主机发出这样的询问:"192.168.1.1 的 MAC 地址是什么?"网络上其他主机并不响应 ARP 询问,只有主机 B 接收到这个帧时,才向主机 A 做出这样的回应:"192.168.1.1 的 MAC 地址是 00-aa-00-62-c6-09"。这样,主机 A 就知道了主机 B 的 MAC 地址,它就可以向主机 B 发送数据了。同时它还更新了自己的 ARP 缓存表,下次再向主机 B 发送信息时,直接从 ARP 缓存表里查找就可以了。ARP 缓存表采用了老化机制,在一段时间内如果表中的某一行没有使用,就会被删除,这样可以大大减少 ARP 缓存表的长度,加快查询速度。

(2) RARP

RARP 协议是"Reverse Address Resolution Protocol"(反向地址转换协议)首字母的缩写。反向地址转换协议允许局域网的物理机器从网关服务器的 ARP 表或者缓存上请求其 IP 地址。网络管理员在局域网网关路由器里创建一个表以映射物理地址(MAC)和与其对应的 IP 地址。当设置一台新的机器时,其 RARP 客户机程序需要向路由器上的 RARP 服务器请求相应的 IP 地址。假设在路由表中已经设置了一个记录,RARP 服务器将会返回 IP 地址给机器,此机器就会存储起来以便日后使用。

4) CAM 表、ARP 缓存表及 VLAN 表

(1) CAM 表

当交换机接收到一个数据帧,会把数据帧的源 MAC 地址提取出来,查询 CAM 表,查看 CAM 表中是否有针对该 MAC 地址的转发项。如果没有,则把该 MAC 地址和接收到该 MAC 地址的端口绑定起来,插入 CAM 表项,这样当接收到一个发送到该 MAC 地址的数据帧时,就不需要向所有端口广播,而仅向这一个端口发送即可。可见 CAM 表的学习则是以源 MAC 地址为依据。交换机动态学习的 CAM 表项并不是一成不变的,而是启动一个定时器,当该定时器递减到零时,该 CAM 表项被删除,每使用一次该 CAM 表项进行转发,则恢复定时器初始值。

通过下列命令可查看交换机的 CAM 表,这台交换机是支持 VLAN 的,因此在 CAM 表中有三项关系相互对应,它们分别是 VLAN ID、MAC 地址和端口号。

```
Switch > show mac-address-table
Mac Address Table
-------------------------------------------

Vlan    Mac Address      Type       Ports
----    -----------      ----       -----

1       0001.43a3.061c   DYNAMIC    Fa0/1
1       0001.63b6.3bc0   DYNAMIC    Fa0/3
1       0060.5c69.d337   DYNAMIC    Fa0/2
```

(2) ARP 缓存表

ARP 缓存表是指在以太局域网内数据包传输依靠的是 MAC 地址,IP 地址与 MAC 对应的关系依靠 ARP 表,每台安装有 TCP/IP 协议的主机(包括网关)都有一个 ARP 缓存表。该表中

保存这网络中各个计算机的 IP 地址和 MAC 地址的对照关系。

从 PC 机上来看缓存表,可见它主要包括了 IP 地址与 MAC 地址,主要完成的是 IP 地址到 MAC 地址的转化。

C:\>arp -a

Internet Address	Physical Address	Type
192.168.1.6	00e0.f7d0.eed8	dynamic
192.168.1.7	000a.4164.4b5e	dynamic
192.168.1.8	0010.11c6.902a	dynamic

(3) VLAN 表

目前的交换机基本都支持 VLAN 功能,默认情况下,所有端口都在 VLAN 1 中,如果要将端口划入其他的 VLAN 需要给交换机做一些配置。查看交换机的 VLAN 表可以用如下命令。

Switch>show vlan (brief)

VLAN	Name	Status	Ports
1	default	active	Fa0/1, Fa0/2, Fa0/3, Fa0/4, Fa0/5
			Fa0/6, Fa0/7, Fa0/8, Fa0/9, Fa0/10
			Fa0/11, Fa0/12, Fa0/13, Fa0/14, Fa0/15
			Fa0/16, Fa0/17, Fa0/18, Fa0/19, Fa0/20
			Fa0/21, Fa0/22, Fa0/23, Fa0/24
			Gig0/1, Gig0/2
1002	fddi-default	active	
1003	token-ring-default	active	
1004	fddinet-default	active	
1005	trnet-default	active	

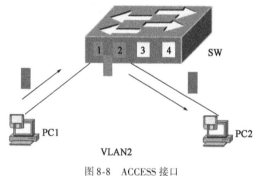

图 8-8 ACCESS 接口

5) Access 接口与 Trunk 接口

(1) Access 接口

Access 接口(图 8-8)用于连接终端设备。

Access 接口对入端口报文打上端口 pvid 的 tag,出端口报文则剥去 tag。Access 口只有一个 VLAN,即 pvid 标识的 VLAN,并只允许这个 VLAN 的报文通过。

(2) Trunk 接口

Trunk 接口(图 8-9)用于连接交换机。它有两种封装方式,一种是 ISL(Inter-Switch Link Protocol),属于思科的私有协议;另一种是 IEEE802.1Q,属于 IEEE 制定的国际标准,所有厂家都支持。

对入端口的 untagged 报文打上端口 pvid 的 tag,tagged 报文查看是否带允许通过的 VLAN tag,允许则通过,不允许则丢弃。

对出端口报文则会比较报文所带 tag,若跟 pvid 相同就剥去 VLAN tag;不同就不做任何处理允许通过。

Trunk 口除 pvid 标识的 VLAN,还可以设置允许多个,甚至所有 VLAN 报文通过。

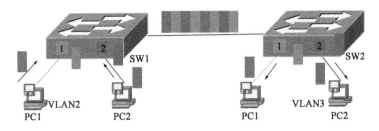

图 8-9　trunk 接口

6) VLAN、EhterChannel 及 VTP

(1) VLAN(Virtual Local Area Network)

为什么要使用 VLAN 呢?

交换机是一个二层设备,它能建设只有一个广播域的网络。在这样一个广播域中,一个用户发出的广播消息,整个网络都会收到,并且在真实的二层网络中,广播包非常频繁,严重地影响了工作效率。另外,二层网络安全问题严峻,如 DHCP 耗竭与欺骗、DOS 攻击、MAC 欺骗、ARP 欺骗及生成树欺骗等。为了较好地解决以上问题,有效地利用交换机设备,引入了 VLAN 技术,VLAN 的中文意思为"虚拟局域网",在计算机网络中,一个二层网络可以被划分为多个不同的广播域,一个广播域对应了一个特定的用户组,默认情况下这些不同的广播域是相互隔离的。不同的广播域之间想要通信,需要通过一个或多个路由器。这样的一个广播域就称为 VLAN。VLAN 技术可以使人们很容易地控制广播域的大小。VLAN 的划分有多种办法,最常见的是基于端口的 VLAN 划分方法和基于 MAC 地址的 VLAN 划分方法,另外还有基于 IP 子网的划分方法。

与传统的局域网技术相比较,虚拟局域网是一组逻辑上的设备和用户,这些设备和用户并不受物理位置的限制,因此技术更加灵活,它具有以下优点:网络设备的移动、添加和修改的管理开销减少;可以控制广播活动;可提高网络的安全性。

①基于端口的 VLAN

这是最常应用的一种 VLAN 划分方法,应用也最为广泛、最有效,目前绝大多数 VLAN 协议的交换机都提供这种 VLAN 配置方法。这种划分 VLAN 的方法是根据以太网交换机的交换端口来划分的,它是将 VLAN 交换机上的物理端口和 VLAN 交换机内部的 PVC(永久虚电路)端口分成若干个组,每个组构成一个虚拟网,相当于一个独立的 VLAN 交换机。

对于不同部门需要互访时,可通过路由器转发,并配合基于 MAC 地址的端口过滤。对某站点的访问路径上最靠近该站点的交换机、路由交换机或路由器的相应端口上,设定可通过的 MAC 地址集。这样就可以防止非法入侵者从内部盗用 IP 地址从其他可接入点入侵的可能。

从这种划分方法本身可以看出,这种划分的方法的优点是定义 VLAN 成员时非常简单,只要将所有的端口都定义为相应的 VLAN 组即可。适合于任何大小的网络。它的缺点是如果某用户离开了原来的端口,到了一个新的交换机的某个端口,必须重新定义。

借助下面案例来可以理解基于端口的 VLAN,在一台未设置任何 VLAN 的二层交换机上,任何广播帧都会被转发给除接收端口外的所有其他端口(Flooding)。例如,计算机 PC1 发送广播信息后,会被转发给端口 2、端口 3、端口 4,如图 8-10 所示。

在交换机上划分 VLAN2 和 VLAN3;将端口 1、端口 2 归入 VLAN2、端口 3、端口 4 归入

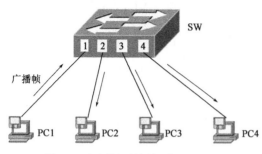

图 8-10 新交换机所有端口位于 VLAN1

VLAN3。再从 PC1 发出广播帧的话,交换机就只会把它转发给同属于一个 VLAN 的其他端口——端口 2,不会再转发给 VLAN3 的任何端口。同理,PC3 发送广播信息时,只会被转发给 VLAN3 的端口,不会被转发给 VLAN2 的端口,如图 8-11 所示。

可见,通过 VLAN 划分可限制广播帧转发的范围。相当于原来的一台交换机被逻辑上分成了 2 个小的交换机。并且这两个小交换机无法进行通信,如图 8-12 所示。

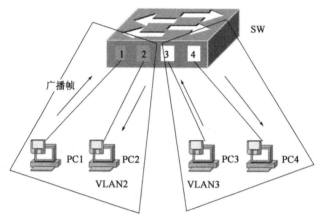

图 8-11 基于端口的 VLAN

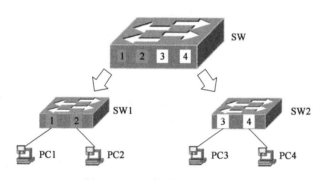

图 8-12 基于端口的 VLAN 等效图

② 基于 MAC 的 VLAN

VLAN 是根据每个主机的 MAC 地址来划分,实现的机制就是每一块网卡都对应唯一的 MAC 地址,VLAN 交换机跟踪属于 VLAN MAC 的地址。这种方式的 VLAN 允许网络用户从一个物理位置移动到另一个物理位置时,自动保留其所属 VLAN 的成员身份。

这种 VLAN 的划分方法的最大优点就是当用户物理位置移动时,即从一个交换机换到其他的交换机时,VLAN 不用重新配置。这种方法的缺点是初始化时,所有的用户都必须进行配置,如果用户过多的话,配置工作量大,所以这种划分方法通常适用于小型局域网。

具体做法是先以支持 VMPS(VLAN management policy server)的高档交换机配置成服务器模式,在交换机上首先创建一个 VMPS 数据库,收集 VLAN 与 MAC 地址的对应信息并写入数据库,然后激活数据库。然后将下层交换机配置成客户(client)模式,这个设备一开机就会主动访问 VMPS 服务器,并将 MAC 地址-VLAN 号映射表下载到本地,并监听各个端口接入主机的 MAC 地址,通过映射表将接入的主机划入不同的 VLAN(图 8-13)。

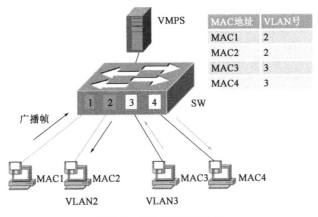

图 8-13　基于 MAC 的 VLAN

③基于 IP 子网的 VLAN

做法与基于 MAC 的 VLAN 相似,只是这里要求 IP 地址与 LAN 号对应。这种 VLAN 划分不依赖于 1、2 层的端口和 MAC,非常灵活,如图 8-14 所示。

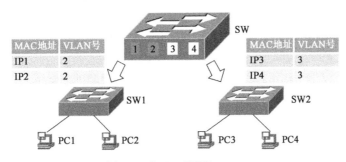

图 8-14　基于 IP 子网的 VLAN

(2) EtherChannel

VLAN 技术非常灵活,可以在多个交换机上组建多个局域网,不同 VLAN 数据在交换机之间传输必须要区分开,有两种方法,一种方法是每个 VLAN 提供一条物理链路,另一种方法是不同的 VLAN 共享一条物理链路,显然后一种方法比较节省成本,且易于实施,但是每个 VLAN 的数据要分别打上标签,因此一条链路上要传输多个 VLAN 数据,这就是 Trunk 链路。Trunk 链路要传输多个局域网的数据,有时一个物理端口不够,必须绑定多个物理端口为一个逻辑端口,这就要求利用 EhterChannel 技术来绑定多个端口成一个大的逻辑端口。

EtherChannel 实现有两种方式,一种是强制方式,另一种是协商方式。

对于强制方式,当配置一个 EtherChannel 通道为 on 模式,并不进行协商,交换机强制EtherChannel通道中所有成员端口为活动端口。EtherChannel 通道的另一端(另一台交换机)必须也得被配置为 on 模式,否则,可能发生数据包丢失。

协商方式又分为两种,一种是 PAgA(Port Aggregation Protocol),另一种是 LACP(Link Aggregation Control Protocol)。其中 PAgA 是思科的私有协议,只能运行在思科的交换机或支持 PAgP 的交换机上。LACP 是 IEEE 定义的一个标准协议,所有厂家都支持。

①PAgA 方式

PAgP 能很方便的通过以太网端口间的 PAgP 包使 EtherChannel 自动创建。通过使用 PAgP,交换机学习支持 PAgP 的伙伴的身份和每一个端口的能力。然后它动态地聚合相同配置(硬件、管理、端口参数)的端口到一个单一的逻辑链路(通道或聚合端口)。例如,PAgP 聚合端口以有相同的速度、双工模式、Native VLAN、VLAN 范围、Trunking 的状态和类型。然后聚合这些链路到一个 EtherChannel 中,PAgP 添加这个分组到生成树做为一个单独的交换机接口。

※注意:PAgP 模式中端口协商模式有两种,一种是 Auto,另一种是 Desirable。它们的功能如表 8-1 所示。

PAgP 模式中端口协商模式　　　　　　　　　　表 8-1

模式	说明
Auto(自动)	设置一个接口为被动协商状态,它响应接收到的 PAgP 包,但是不会发起 PAgP 包。此设置最大限度地减少 PAgP 包传输
Desirable(期望)	设置一个接口为主动协商状态,它通过发起 PAgP 包与其他接口协商

当接口处于不同的模式只要模式匹配它们就可以组建一个 EtherChannel。例如:

a. 一个接口处于 Desirable 模式,另一端只要是 Desirable 或 Auto 模式就可以组建一个 EtherChannel。

b. 一个接口处于 Auto 模式,另一端只有处于 Desirable 模式才能组建一个 EtherChannel。

在 2 层 EtherChannel 里,通道里的第一个端口提供它的 MAC 地址给 EtherChannel。如果这个接口被移除,EtherChannel 中其余的一个接口提供它的 MAC 地址给 EtherChannel。

②LACP 方式

LACP 通过在以太网端口间交换 LACP 数据包自动创建 EtherChannel。它的两种工作模式如表 8-2 所示。

LACP 方式的工作模式　　　　　　　　　　表 8-2

模式	说明
Active 活跃	配置一个接口为活跃的协商状态使其通过发送 LACP 包与其他接口协商
Passive 被动	配置一个接口为被动的协商状态它只响应接收到 LACP 包,但不会发起 LACP 协议商

当接口处于不同的模式只要模式匹配它们就可以组建一个 EtherChannel。例如:

a. 一个接口处于 Active 模式,另一端只要是 Active 或 Passive 模式就可以组建一个 Ether-Channel。

b. 一个接口处于 Passive 模式,另一端只有处于 Active 模式才能组建一个 EtherChannel

(3) VTP(VLAN Trunking Protocol)

在配置 VLAN 时,一般都在相应的交换机上做配置,但是这会带来一个问题,就是配置的数据不一致,VTP 可避免这种情况出现。VTP 通过思科公司私有 DTP(Dynamic Trunking Protocol)帧保持 VLAN 配置统一性。VTP 在系统级上管理增加、删除和调整 VLAN,自动地将 VLAN 信息向网络中其他的交换机广播。

VTP 将交换机分成服务器模式(Server)、客户端模式(Client)和透明模式(Transparent)三种角色。

①服务器模式

服务器模式的交换机,提供 VTP 消息(包括 VLAN ID 和名字信息)、学习相同域名的 VTP

消息、转发相同域名的 VTP 消息，并可以创建、删除和更改 VLAN，VLAN 信息写入 NVRAM。

② 客户端模式

客户端模式(Client)的交换机，请求 VTP 消息、学习相同域名的 VTP 消息、转发相同域名的 VTP 消息、不可以创建、删除和更改 VLAN，VLAN 信息不会写入 NVRAM。

③ 透明模式

透明模式(Transparent)的交换机，不提供 VTP 消息、不学习 VTP 消息、可转发 VTP 消息，可以创建、删除和更改本地有效的 VLAN，VLAN 信息写入 NVRAM。

7) STP、PVST、RSTP 及 MSTP

交换机在转发数据的过程中，最怕的是产生信息环路，这将很快耗尽带宽资源，使网络变得低效，甚至不能使用，为了解决上述问题，引入了生成树协议。

(1) STP(Spanning Tree Protocol)

STP 生成树协议来源于 IEEE 802.1D，它描述的是交换机通过某种特定的算法来逻辑地阻塞某些端口以达到避免数据转发循环，从而生成一个无环路的数据转发路径的一种二层协议。

STP 的基本思想就是生成"一棵树"，树的根是一个称为根桥的交换机，根据设置不同，不同的交换机会被选为根桥，但任意时刻只能有一个根桥。由根桥开始，逐级形成一棵树，根桥定时发送配置报文，非根桥接收配置报文并转发，如果某台交换机能够从两个以上的端口接收到配置报文，则说明从该交换机到根桥有不止一条路径，便构成了循环回路，此时交换机根据端口的配置选出一个端口并把其他的端口阻塞，消除循环。当某个端口长时间不能接收到配置报文时，交换机认为端口的配置超时，网络拓扑可能已经改变，此时重新计算网络拓扑，重新生成一棵树。

交换机相互连接后，它们彼此通过 BPDU(Bridge Protocol Data Unit)这种消息帧交互链路的数据，交换机的每个端口都是每 2s(使用缺省定时值时)发送一个 BPDU。然而，如果一个端口收到另外一个网桥发送过来的 BPDU，而这个 BPDU 比它正在发送的 BPDU 更优，则本地端口会停止发送自己 BPDU，改为转发更优的 BPDU 报文。如果在一段时间(缺省为 20s)后它不再接收到邻居的更优的 BPDU，则本地端口会再次发送 BPDU。BPDU 中含有一些重要的信息如根网桥 ID、根路径成本、发送网络桥 ID、端口 ID 等，通过比较交换机之间彼此交互的 BPDU 中的相关参数，选出根网桥、指定网桥、根端口、指定端口，剩下的则为阻塞端口。

在 STP 的选举措过程中，始终可以利用优先级顺序如下的四个原则进行最优 BPDU 报文选择：

a. 最小的根网桥 ID；

b. 到根网桥最小的开销；

c. 最小的发送者 ID；

d. 最小的端口 ID。

通过图 8-15 拓扑来进行详细分析。

① 选择根网桥

在所有交换机中具有最小网桥 ID 的交换机即为根网桥。网桥 ID 由两部分组成，网桥优先级和网桥 MAC 地址。网桥优先级为 1～32768 之间，越小越好，默认为 32768。网桥 MAC 地址

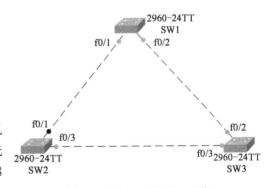

图 8-15 运行 STP 的交换机网络

为交换机 VLAN 的 MAC 地址,需要注意的是这个地址和端口的 MAC 地址不同。首先比较优先级,最小的为根网桥;如果优先级相同,就比较 VLAN 的 MAC 地址,地址小的为根网桥。可通过如下命令查看图 8-15 中各交换机的网桥 ID。

```
SW1#show spanning-tree vlan 1
VLAN0001
  Spanning tree enabled protocol ieee
  Root ID    Priority      32769
             Address       0005.5E26.5EC5
             Cost          19
             Port          2(FastEthernet0/2)
             Hello Time  2 sec  Max Age 20 sec   Forward Delay 15 sec
  Bridge ID  Priority      32769    (priority 32768 sys-id-ext 1)      //优先级
             Address       000B.BEA6.704C       //MAC 地址
             Hello Time  2 sec  Max Age 20 sec   Forward Delay 15 sec
             Aging Time    20

Interface       Role Sts Cost      Prio. Nbr Type
---------------- ---- --- ---- -------- --------
Fa0/1           Desg FWD 19        128.1     P2p
Fa0/2           Root FWD 19        128.2     P2p

SW2#show spanning-tree vlan 1
VLAN0001
  Spanning tree enabled protocol ieee
  Root ID    Priority      32769
             Address       0005.5E26.5EC5
             Cost          19
             Port          3(FastEthernet0/3)
             Hello Time  2 sec  Max Age 20 sec   Forward Delay 15 sec
  Bridge ID  Priority      32769    (priority 32768 sys-id-ext 1)
             Address       00D0.5839.4A95
             Hello Time  2 sec  Max Age 20 sec   Forward Delay 15 sec
             Aging Time    20

Interface       Role Sts Cost      Prio. Nbr Type
---------------- ---- --- ---- -------- --------
Fa0/1           Altn BLK 19        128.1     P2p
Fa0/3           Root FWD 19        128.3     P2p

SW3#show spanning-tree vlan 1
VLAN0001
  Spanning tree enabled protocol ieee
  Root ID    Priority      32769
             Address       0005.5E26.5EC5
```

```
                    This bridge is the root
                    Hello Time   2 sec    Max Age 20 sec    Forward Delay 15 sec
Bridge ID   Priority      32769    (priority 32768 sys – id – ext 1)
            Address       0005.5E26.5EC5
            Hello Time   2 sec    Max Age 20 sec    Forward Delay 15 sec
            Aging Time    20
Interface          Role Sts Cost       Prio. Nbr Type
-------------------------------------------------------------------
Fa0/2              Desg FWD 19         128.2    P2p
Fa0/3              Desg FWD 19         128.3    P2p
```

由上可知它们的优先级与 MAC 地址如表 8-3 所示。

优先级与 MAC 地址关系　　　　　表 8-3

	SW1	SW2	SW3
优先级	32768	32768	32768
MAC 地址	000B.BEA6.704C	00D0.5839.4A95	0005.5E26.5EC5

很显然,桥 ID 最小的是 SW3,它的 ID 值为 32768 + 0005.5E26.5EC5。

根网桥中所有端口处于转发状态,这些端口为指定口(Designated Port)。

②选择根口

根网桥已选择出来,其他交换机都要选择一个到根网桥的最小路径,这个路径对应的接口叫根口。

各种接口的 STP 默认开销如表 8-4 所示。

链路开销表　　　　　表 8-4

链路速度(b/s)	IEEE 指定开销	链路速度(b/s)	IEEE 指定开销
10G	2	100M	19
1G	4	10M	100

在表 8-3 中,所采用的都是 FE 口,每段链路开销值都为 19,对 SW1 到来说 f0/2 接口比 f0/1 接口到 SW3 有小一半的开销,因此 SW1 中的 f0/2 为根口;同理,SW2 也会选出根口 f0/3。所有根口处于转发状态。

③选择指定口

SW1 的 f0/1 和 SW2 的 f0/1 口状态还没确定,根据前面提到的四个原则进行比较,发现它们的根桥 ID 与根路径开销都一样,再比较它们的发送 ID,发现 SW1 的较小,因此 SW1 上的接口 f0/1 被选为指定口。

④选择阻塞口

即不是指定口,又不是根口的接口全部是阻塞口,这种接口不允许发送数据。

⑤端口的不同状态

对交换机而言,所有端口都可能存在以下几种状态:

a. 阻塞(默认为 20s):此时交换机丢弃从该接口收到的正常数据帧,不会从该接口发送正常数据帧;不会在该接口上学习 mac – address – table;不会从该接口发送 BPDU,会从该接口接收对端发送的 BPDU。

b. 监听(默认15s):丢弃从该接口收到的正常数据帧,不会从该接口发送正常数据帧;不会在该接口上学习 mac – address – table;会从该接口接收和发送 BPDU。

c. 学习(默认15s):丢弃从该接口收到的正常数据帧,不会从该接口发送正常数据帧;会在该接口上学习 mac – address – table;会从该接口接收和发送 BPDU。

d. 转发:从该接口接收和发送正常数据帧;会在该接口上学习 mac – address – table;会从该接口接收和发送 BPDU。

对于上述结果,可总结出如下经验:

a. One root bridge per network →每个交换网络,都有一个唯一的根桥 RB(根交换机:优先级最小 + Bridge-ID 最小的交换机);

b. One root port per non-root bridge →每个非根桥,都有一个唯一的根端口 RP(根端口:去往根桥开销最小的端口);

c. One designated port per segement →每条网络介质,都必定有一个唯一的指定端口 DP(指定端口、根端口都是转发数据包 Forwarding 状态的);

d. Nondesignated ports are unused →没有获得任何标记的端口 NDP(指定端口、根端口以外的端口),都被禁用,不转发数据包。

※注意:交换机开机时认为自己是根桥。根桥上没有根端口,所有端口(参与了 STP 运算的所有端口,通常是交换机与交换机相连的端口)都是指定端口。

图 8-16 运行 PVST 之前的交换机网络

(2) PVST(Per VLAN Spanning Tree Protocol)

针对图 8-16 所示的网络,在 SW1 与 SW2 之间有两条链路,分别是 f0/1 和 f0/2,它们在运行 STP 后,为了避免环路,肯定有一条链路会被阻塞,这相当于浪费了一半的带宽,如何才能有效地利用这些带宽呢?

一种办法就是针对不同的 VLAN 可以采用不同的 STP,如对 VLAN2,生成树可以是二个交换机 f0/1 之间的链路。对于 VLAN3,生成树则为两个交换机 f0/2 之间的链路。

这个实现又有两种方法。

①通过修改交换机 ID 和端口 cost 值来实现

由于本实验中用的是 PT6,不支持 cost 值的修改,此处不讨论。

②通过修改交换机 ID 和端口 ID 来实现

如表 8-5 所述要调整 VLAN2 中 SW2 的根口和 VLAN3 中 SW1 的根口,均需在对端交换机做配置。

交换机端口 ID 与优先级对应关系　　　　表 8-5

VLAN 名称	根 网 桥	Port-ID	配　　置
VLAN2	SW1	F0/1 32.1 F0/2 128.2	SW1 上优先级改为 4096 SW1 上做端口优先级 f0/1 32
VLAN3	SW2	F0/1 128.1 F0/2 32.2	SW2 上优先级改为 4096 SW2 上做端口优先级 f0/2 32

a. 基本配置

SW1(vlan)#vlan 2 name teacher　　　//配置 VLAN2

VLAN 2 added:

    Name: teacher

SW1(vlan)#vlan 3 name student

VLAN 3 added:

Name: student

SW1(vlan)#exit

APPLY completed.

Exiting....

SW1#conf t

SW1(config)#int f0/1

SW1(config-if)#switchport mode trunk //定义 f0/1 为 trunk 口

SW1(config-if)#switchport trunk allowed vlan all //可以通过所有 vlan

SW1(config-if)#int f0/2

SW1(config-if)#switch

SW1(config-if)#switchport mode trunk

SW1(config-if)#switchport trunk allowed vlan all

SW1(config-if)#exit

SW1(config)#exit

SW1#

    在 SW2 上做相同配置。

    b. 在 SW1 上检验

SW1#show spanning-tree

VLAN0001

  Spanning tree enabled protocol ieee

  Root ID   Priority   32769

              Address   0001.42BC.7BCD

              Cost   19

              Port   1(FastEthernet0/1)

              Hello Time 2 sec Max Age 20 sec Forward Delay 15 sec

  Bridge ID Priority   32769 (priority 32768 sys-id-ext 1)

              Address   0010.11B9.9940

              Hello Time 2 sec Max Age 20 sec Forward Delay 15 sec

              Aging Time 20

Interface   Role Sts Cost   Prio. Nbr Type

---------------- ---- --- ------ -------- --------------------------------

Fa0/1   Root FWD 19   128.1   P2p

Fa0/2   Altn BLK 19   128.2   P2p

VLAN0002

  Spanning tree enabled protocol ieee

  Root ID   Priority   32770

```
                Address      0001.42BC.7BCD
                Cost         19
                Port         1(FastEthernet0/1)
                Hello Time   2 sec    Max Age 20 sec    Forward Delay 15 sec
   Bridge ID    Priority     32770   (priority 32768 sys-id-ext 2)
                Address      0010.11B9.9940
                Hello Time   2 sec    Max Age 20 sec    Forward Delay 15 sec
                Aging Time   20
Interface         Role Sts Cost       Prio.Nbr Type
---------------- ---- --- --------- -------- --------------------------------
Fa0/1             Root FWD 19         128.1    P2p
Fa0/2             Altn BLK 19         128.2    P2p
VLAN0003
  Spanning tree enabled protocol ieee
   Root ID      Priority     32771
                Address      0001.42BC.7BCD
                Cost         19
                Port         1(FastEthernet0/1)
                Hello Time   2 sec    Max Age 20 sec    Forward Delay 15 sec
   Bridge ID    Priority     32771   (priority 32768 sys-id-ext 3)
                Address      0010.11B9.9940
                Hello Time   2 sec    Max Age 20 sec    Forward Delay 15 sec
                Aging Time   20
Interface         Role Sts Cost       Prio.Nbr Type
---------------- ---- --- --------- -------- --------------------------------
Fa0/1             Root FWD 19         128.1    P2p
Fa0/2             Altn BLK 19         128.2    P2p
```
可以看出 VLAN2 和 VLAN3 生成树一样,都是 f0/1。

c. 配置 PVST

SW1(config)#spanning-tree vlan 2 priority 4096   //SW1 在 VLAN2 中优先级为 4096
SW1(config)#int f0/1
SW1(config-if)#spanning-tree vlan 2 port-priority 32 //VLAN2 中端口 f0/1 优先级为 32
SW2(config)#spanning-tree vlan 3 priority 4096   //SW2 在 VLAN3 中优先级为 4096
SW2(config)#int f0/2
SW2(config-if)#spanning-tree vlan 3 port-priority 32 //VLAN3 中端口 f0/2 优先级为 32

d. 验证 PVST

SW1#show spanning-tree
VLAN0002
  Spanning tree enabled protocol ieee
   Root ID   Priority   4098

```
               Address         0010.11B9.9940
               This bridge is the root
               Hello Time   2 sec   Max Age 20 sec   Forward Delay 15 sec
  Bridge ID    Priority     4098   (priority 4096 sys-id-ext 2)
               Address         0010.11B9.9940
               Hello Time   2 sec   Max Age 20 sec   Forward Delay 15 sec
               Aging Time   20
Interface         Role Sts Cost      Prio. Nbr Type
---------------- ---- --- --------- -------- --------------------------------
Fa0/1             Desg FWD 19         32.1    P2p
Fa0/2             Desg FWD 19        128.2    P2p
VLAN0003
  Spanning tree enabled protocol ieee
  Root ID      Priority     4099
               Address         0001.42BC.7BCD
               Cost            19
               Port            2(FastEthernet0/2)
               Hello Time   2 sec   Max Age 20 sec   Forward Delay 15 sec
  Bridge ID    Priority     32771  (priority 32768 sys-id-ext 3)
               Address         0010.11B9.9940
               Hello Time   2 sec   Max Age 20 sec   Forward Delay 15 sec
               Aging Time   20
Interface         Role Sts Cost      Prio. Nbr Type
---------------- ---- --- --------- -------- --------------------------------
Fa0/1             Altn BLK 19        128.1    P2p
Fa0/2             Root FWD 19        128.2    P2p
SW2#show spanning-tree
VLAN0002
  Spanning tree enabled protocol ieee
  Root ID      Priority     4098
               Address         0010.11B9.9940
               Cost            19
               Port            1(FastEthernet0/1)
               Hello Time   2 sec   Max Age 20 sec   Forward Delay 15 sec
  Bridge ID    Priority     32770  (priority 32768 sys-id-ext 2)
               Address         0001.42BC.7BCD
               Hello Time   2 sec   Max Age 20 sec   Forward Delay 15 sec
               Aging Time   20
Interface         Role Sts Cost      Prio. Nbr Type
---------------- ---- --- --------- -------- --------------------------------
```

| Fa0/1 | Root FWD 19 | 128.1 | P2p |
| Fa0/2 | Altn BLK 19 | 128.2 | P2p |

VLAN0003
  Spanning tree enabled protocol ieee
  Root ID   Priority   4099
               Address   0001.42BC.7BCD
               This bridge is the root
               Hello Time 2 sec   Max Age 20 sec   Forward Delay 15 sec
  Bridge ID   Priority   4099   （priority 4096 sys – id – ext 3）
               Address   0001.42BC.7BCD
               Hello Time 2 sec   Max Age 20 sec   Forward Delay 15 sec
               Aging Time 20

Interface   Role Sts Cost   Prio. Nbr Type

| Fa0/1 | Desg FWD 19 | 128.1 | P2p |
| Fa0/2 | Desg FWD 19 | 32.2 | P2p |

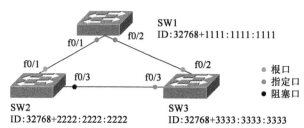

图 8-17 运行 PVST 之后的交换机网络

由上述生成树可见,对于 VLAN2 来说,SW2 上的 f0/2 被阻塞,STP 为 f0/1。对于 VLAN3 来说,SW1 上的 f0/1 被阻塞,STP 为 f0/2。不同的 VLAN 有不同的 STP,从而实现了 PVST。运行 PVST 后的交换机网络如图 8-17 所示。

（3）RSTP（Rapid Spanning Tree Protocol）

STP 的工作原理决定了其在网络拓扑发生变化时有较大的收敛时间,如图 8-18 所示。

图 8-18 运行 STP 的交换机网络

当 SW3 的根端口 f0/2 出现故障时（图 8-19）,需要重新建立生成树,它的过程如图 8-19 所示。

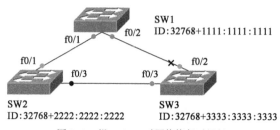

图 8-19 根口 down 时网络恢复时间长

根网桥 SW1 检测到故障,将其 MAC 地址老化时间(300s)设为 forwarding delay(30s),并在一个 TC 周期内(forwardign delay + max age = 30 + 20 = 50S)向所有指定端口下发 TC BPDU;SW2 立即收到这个 TC BPDU,也重置自己的 MAC 地址老化时间,但其端口 F0/3 处于阻塞状态,在经过 max age 没收到 BPDU 消息后,开始转为侦听状态,并发送最优的 BPDU;与此同时,SW3 由于在 max age 没有收到最佳 BPDU,原来的 BPDU 老化,f0/3 会发送自认为是根网桥的 BPDU,但它立即会发现,SW2 发给它的 BPDU 更优,因此,SW3 立即重置自己的 MAC 地址老化时间,让 f0/3 口停止发送自己的 BPDU,并选择 f0/3 口为其根口,指向指定网桥 SW2,此时新的 STP 树已建立;在 SW2 上的 f0/3 经过 max age + 侦听时间 + 学习时间三个阶段共 50s 后,其进入转发状态,它重新学习 SW3 的 MAC 地址,SW3 也重新学习 SW2 的 MAC 地址,随后网络进入正常的转发状态。再分析 SW2 和 SW3 的其他端口故障,都要有 STP 树重新生成和 MAC 地址重新学习的过程,这个过程总时长超过了 50s,这对网络上的很多业务造成了冲击,因此,必须改进。

RSTP(IEEE 802.1w)是由 IEEE 802.1d 发展而成,RSTP 是业界的开放性标准。它在 STP 的基础上做出一些重要改进,因此在网络结构发生变化时,能更快的收敛网络。

①改进一:端口角色的改变

RSTP 与 STP 端口角色比较如表 8-6 所示。

RSTP 与 STP 端口对应关系 表 8-6

	类型 1	类型 2	类型 3	类型 4
STP	Root port	Designated port	Blocking port	
RSTP	Root port	Designated port	Alternate port	Backup port

※注意:同为阻塞端口,RSTP 的分得更细,将原来 STP 的 blocking port 根据接收 BPDU 的情况一分为二。

RSTP 与 STP 端口角色变化如图 8-20 所示。

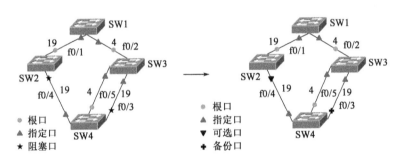

图 8-20 RSTP 较 STP 端口角色的变化

alternate port:收到别的交换机转发来的 BPDU,它次优于根端口 BPDU。如果根端口失效,交换机上的 RSTP 就会选择 Alternate Port 作为新的根端口开始更快的收敛过程。即其"替换"的是本交换机上的根端口。

backup port:只有当单个交换机有多条链路通往同一个网段时才会使用它。如果交换机的某端口收到了一个发自本交换机的更优的 BPDU,则显然该交换机到同一个网段有冗余端口,该端口就是"备份"端口。如果本交换机上到该网段的指定端口失效了,则 RSTP 可以立即将备份端口置成转发状态。

②改进二:端口工作状态的改变

RSTP 与 STP 端口工作状态比较如表 8-7 所示。

RSTP 与 STP 端口工作状态对应关系　　　　表 8-7

	类型 1	类型 2	类型 3	类型 4
STP	forwarding	learnig	listening	blocking
RSTP	forwarding	learnig	discarding	

注意:RSTP 将 STP 的 listening 与 blocking 两种工作状态合二为一。它能接收和处理 BPDU,但不能发送 BPDU。

③改进三:配置 BPDU 的产生主体改变

STP 中,只有在刚启动时,各网桥发送自己的配置 BPDU,随后都采用根网桥产生的最优 BPDU;而在 RSTP 中,各网桥始终产生自己的配置 BPDU。

④改进四:放弃了 TCN BPDU,改同频收敛为异步收敛

STP 网络中发生故障,由 root port 向上发送 TCN BPDU,指定网桥收到这个消息后,一方面回送一个 TCA BPDU 给故障上报节点,另一方面,进一步向上发送 TCN BPDU,直到 root bridge 收到。root bridge 再向全网发送配置 TC BPDU,控制全网同步收敛。STP 收敛方式如图 8-21 所示。

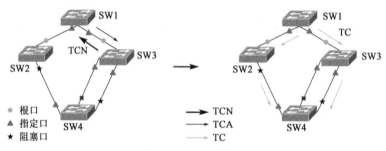

图 8-21　STP 收敛方式

RSTP 没有采用 TCN BPDU 来上报网络拓变化。当网络拓扑发生变化时,TC BPDU 发生在相邻桥之间,当且仅当某 Designate Port 状态从 Discarding 到 Forwarding 时需要使用 TC 置位的配置 BPDU。该 BPDU 仅从该指定端口转发出去,且一个新增的位(Proposal Bit)将被置位。这将引发一系列同步操作,也就是 RSTP 新增的一个协商机制:P/A 机制。通过 P/A 机制,STP 域内收敛行为发生在相邻的桥之间,各自完成自己的同步过程,可称为异步收敛。RSTP 收敛方式如图 8-22 所示。

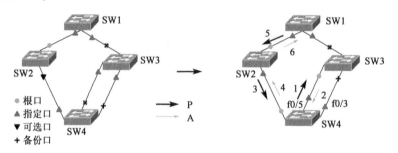

图 8-22　RSTP 收敛方式

⑤改进五:RSTP 链路分类更细

a. 全双工链路为:point to point 链路;

b. 半双工链路为：share link 链路——不论是 HUB 连交换机或者 PC 连交换机都叫 share link。

但从目前的使用场景来看，基本使用的是点到点的全双工链路，本章也只考虑这种场景的使用。

⑥改进六：RSTP 端口分类更细

RSTP 有 Edge Port 和 Non-Edge Port 两种。

Edge port 是用于连接主机的端口，当该端口接通后直接进入转发状态不会产生环路，因而可以跳过 listening 和 learning 状态，直接进入 forwarding 状态。RSTP 的 Edge port 对应于 CISCO 的 PortFast，一旦在该端口上收到 BPDU，它会立即失去 Edge Port 的特性而成为一个普通的 Spanning Tree 端口。事实上，在 CISCO 交换机上，为了在边缘端口上启用 RSTP，只需要简单地配置 PortFast 即可。

Non-Edge port 是用于连接其他交换机的端口。

由于以上的改进，RSTP 相对 STP 收敛迅速：

a. 边缘端口无须学习直接进入转发状态；

b. 对于可选端口与备份端口可替换的失效端口可实现毫秒级倒换；

c. 对于端口失效或端口恢复采用 P/A 机制异步同步，时间也在三个周期以上，即 6s，远远小于 STP 的 50s。

因此，RSTP 大大改进了 STP 的性能。

（4）MSTP(Mutiple Spanning Tree Protocol)

首先分析 RSTP 网络（图 8-23）中存在的问题。

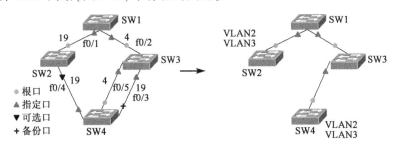

图 8-23　RSTP 单生成树情况

图 8-23 网络中运行 RSTP 协议，最终只生成一棵生成树，即使 SW3、SW4 之间有两条路由，但是实际上只有一条链路可用，所有 VLAN 都共享这棵生成树，浪费了一半的带宽，怎样提高带宽利用率？

其次分析 PVST 网络（图 8-24）中存在的问题。

图 8-24 网络中运行 PVST 协议，对每个 VLAN 生成一棵生成树，对 SW3、SW4 之间的两条路由可分别安排不同的 VLAN，解决了带宽利用的问题，但是所有交换机都运行很多生成树，每个生成树都要发送 BPDU 消息，这将耗费大量的交换机 CPU、内存资源，如果网络中有上千个 VLAN，这个网络将不可管理，怎样提高交换机系统资源利用率？

MSTP(多生成树协议)在这种情况下产生了，它是对网络中众多的 VLAN 进行分组，一些 VLAN 分到一个组里，另外一些 VLAN 分到另外一个组里。这里的"组"就 就是 MST 实例 (Instance)。每个实例一个生成树，BPDU 是只对实例进行发送的，这样就可以既达到了负载均衡，又没有浪费带宽，因为不是每个 VLAN 一个生成树，这样所发送的 BPDU 数量明显减少了。

图 8-25 中 MSTP 引入了以下概念。

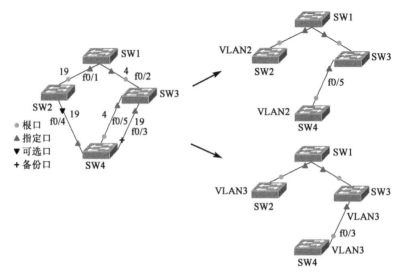

图 8-24 RSTP 多生成树情况

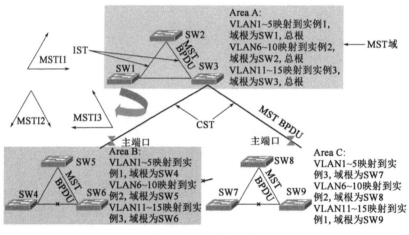

图 8-25 MSTP 网络拓扑

①MST 域(MST Domain)

MST 域是由交换网络中的多台设备以及它们之间的网段所构成。这些设备具有下列特点:都启动了 MSTP;具有相同的域名;具有相同的 VLAN 到生成树实例映射配置;具有相同的 MSTP 修订级别配置;这些设备之间在物理上有链路连通。

②VLAN 映射表

VLAN 映射表是 MST 域的一个属性,用来描述 VLAN 和生成树实例的映射关系。例如,图 8-23 中 MST 域 A 的 VLAN 映射表就是:VLAN 1 ~ VLAN 5 映射到生成树实例 1,VLAN 6 ~ VLAN 10 映射到生成树实例 2,VLAN11 ~ VLAN15 映射到实例 3。

③ST(Internal Spanning Tree)

IST 是域内实例 0,是这个区域内一个特殊的、通用的 MSTI,默认情况下,所有 VLAN 全部划入实例 0,这个 IST 是仅发送和接收 BPDU 的生成树实例,所有其生成树实例信息是在包含在 MST 记录(MSTP record,又称"M 记录")中,是用 MST BPDU 进行封装的。因为 MST BPDU 携带了所有实例信息,这样在支持多个生成树实例时所需要处理的 BPDU 数量会大大减少。

④CST(Common Spanning Tree)

CST 是连接交换网络内所有 MST 域的单生成树。如果把每个 MST 域看作是一个"设备",CST 就是这些"设备"通过 STP 协议、RSTP 协议计算生成的一棵生成树。图 8-25 中粗线描绘的就是 CST。

⑤CIST(Common and Internal Spanning Tree)

CIST 是连接一个交换网络内所有设备的单生成树,由 IST 和 CST 共同构成。每个 MST 域内的 IST 加上 MST 域间的 CST 就构成整个网络的 CIST。

⑥MSTI(MST Intance)

一个 MST 域内可以通过 MSTP 生成多棵生成树,各棵生成树之间彼此独立。每棵生成树都称为一个 MSTI。例如图 8-25 中,每个域内可以存在多棵生成树,每棵生成树和相应的 VLAN 对应。这些生成树就被称为 MSTI。

⑦域边界端口

域边界端口是指位于 MST 域的边缘,用于连接不同 MST 域、MST 域和运行 STP 的区域、MST 域和运行 RSTP 的区域的端口。

⑧桥 ID

由桥的优先级和 MAC 地址组成。

⑨总根

总根也称 CIST 根,是指 CIST 实例中桥 ID 最优的桥。

⑩外部根路径开销

外部根路径开销指的是端口到总根的最短路径开销。

⑪域根

MST 域内的 IST 和每个 MSTI 的根桥都是一个域根。MST 域内各生成树的拓扑不同,域根也可能不同。

⑫内部根路径开销

到域根的最短路径开销。

⑬指定桥 ID

由指定桥的优先级和 MAC 地址组成。

⑭指定端口 ID

由指定端口的优先级和端口号组成。

⑮端口角色

在 MSTP 的计算过程中,端口角色有根端口、指定端口、Master 端口、Alternate 端口和 Backup 端口。端口在不同的生成树实例中可以担任不同的角色。MSTP 网络端口角色如图 8-26 所示。

a. 根端口:负责向根桥方向转发数据的端口。

b. 指定端口:负责向下游网段或设备转发数据的端口。

c. Master 端口:连接 MST 域到总根的端口,位于整个域到总根的最短路径上。

d. Alternate 端口:根端口和 Master 端口的备份端口。当根端口或 Master 端口被阻塞后,Alternate 端口将成为新的根端口或 Master 端口。

e. Backup 端口：当开启了 MSTP 的同一台设备的两个端口互相连接时就存在一个环路，此时设备会阻塞端口 ID 较小的端口，此阻塞端口就称为 Backup 端口，而另外一个端口则处于转发状态，成为指定端口。Backup 端口是指定端口的备份端口，当指定端口被阻塞且无法发送协议报文后，Backup 端口的报文超时后就会快速转换为新的指定端口，并无时延的转发数据。

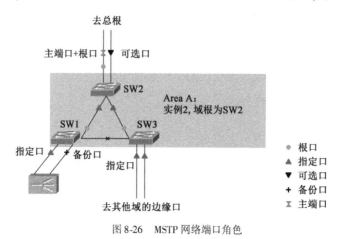

图 8-26　MSTP 网络端口角色

⑯端口状态

MSTP 中，根据端口是否学习 MAC 地址和是否转发用户流量，可将端口状态划分为以下三种。

a. Forwarding 状态：学习 MAC 地址，转发用户流量；

b. Learning 状态：学习 MAC 地址，不转发用户流量；

c. Discarding 状态：不学习 MAC 地址，不转发用户流量。

MSTP 收敛：

①CIST 的计算

交换机相互发送并比较配置消息后，在整个网络中选择一个优先级最高的交换设备作为 CIST 的树根。在每个 MST 域内 MSTP 通过计算生成 IST；同时 MSTP 将每个 MST 域作为单台交换设备对待，通过计算在 MST 域间生成 CST。CST 和 IST 构成了整个交换设备网络的 CIST。

②MSTI 计算

在 MST 域内，MSTP 根据 VLAN 和生成树实例的映射关系，针对不同的 VLAN 生成不同的生成树实例。每棵生成树独立进行计算，计算过程与 STP 计算生成树的过程类似。

MSTP 拓扑变化：

①计算过程与 RSTP 一致

根口故障迅速倒换到可选口；

指定口故障迅带倒换到备份口；

其他非边缘口故障可以采用局部 P/A 机制。

②P/A 机制采用三次握手完成

a. 上游交换机发送 proposal 报文，请求快速切换；

b. 上游交换机发送 agreement 报文，下游设备接收到后，根端口转发 Forwarding 状态；

c. 下游交换机回应 agreement 报文，上游设备收到后，指定端口进入 Forwarding 状态。

由于以上改进,MSTP 具有下述特点。

a. 提出 CST + IST = CIST 概念,即有公共部分,又有实例部分,减少 BPDU 发送的数量。

b. 提出域的概念,分域收敛,速度更快。

c. 提出实例的概念,多个 VLAN 共享一个实例生成树,减少系统资源的占用。

d. 对于端口失效或端口恢复采用 P/A 机制异步同步,时间也在三个周期以上,即 6s,远远小于 STP 的 50s。

因此,MSTP 具有 RSTP 与 PVST 各自的优点。

二、交换机工作原理

交换机工作在 OSI 模型的第二层,可以隔离冲突域,无法隔离广播域。交换机是基于收到的数据帧中的源 MAC 地址和目的 MAC 地址来进行工作。交换机的作用主要有这么两个:一个是维护 CAM(Context Address Memory)表,该表是 MAC 地址和交换机端口的映射表;另一个是根据 CAM 来进行数据帧的转发。交换机对帧的处理有三种:交换机收到帧后,查询 CAM 表,如果能查询到目的计算机所在的端口,并且目的计算机所在的端口不是交换机接收帧的源端口,交换机将把帧从这一端口转发出去(Forward);如果该计算机所在的端口和交换机接收帧的源端口是同一端口,交换机将过滤(Filter)掉该帧;如果交换机不能查询到目的计算机所在的端口,交换机将把帧从源端口以外的其他所有端口上发送出去,这称为泛洪(Flood),当交换机接收到的是帧是广播帧或者多播帧,交换机也会泛洪帧。

交换机学习到 MAC 地址后,建立 CAM 表,以它为基础,根据目的地址来转发数据包,转发包的形式包括如图 8-27 所示的三种。

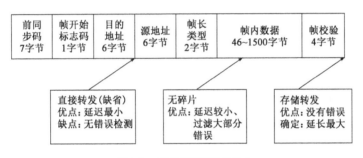

图 8-27 交换机三种转发方式

1. 存储转发(Store-and-Forward)

存储转发方式是先存储后转发的方式。它把从端口输入的数据帧先全部接收并存储起来;然后进行 CRC(循环冗余码校验)检查,把错误帧丢弃;最后才取出数据帧目的地址,查找地址表后进行过滤和转发。存储转发方式延迟大;但是它可以对进入交换机的数据包进行高级别的错误检测。这种方式可以支持不同速度的端口间的转发。

2. 直接转发(Cut-Through)

交换机在输入端口检测到一个数据帧时,检查该帧的帧头,只要获取了帧的目的地址,就开始转发帧。它的优点是:开始转发前不需要读取整个完整的帧,延迟非常小。它的缺点是:不能提供错误检测能力。

3. 无碎片(Fragment-Free)

这是改进后的直接转发,是介于前两者之间的一种解决方法。无碎片方法在读取数据帧的长度前64个字节后,就开始转发该帧。这种方式虽然也不提供数据校验,但是能够避免大多数的错误。它的数据处理速度比直接转发方式慢,但比存储转发方式快许多。

三、交换机的维护

交换机维护主要是密码恢复与操作系统恢复。交换机维护时,要求计算机与交换机连接,连接情况请参照路由器的维护章节。

1. 交换机的密码恢复

不同型号的CISCO交换机密码恢复步骤不太一样,以下是Catalyst 3560交换机的密码恢复步骤。

①按住交换机前面板的Mode键,然后接上电源,出现如下提示

Base ethernet MAC Address:00:18:ba:11:f5:00
Xmodem file system is available.
The password-recovery mechanism is enabled.
The system has been interrupted prior to initializing the flash filesystem. The following commands will initialize the flash filesystem, and finish loading the operating system software://运行下列命令将初始化文件系统,并完成操作系统引导。
flash_init
load_helper
boot

②switch:flash_init   //交换机初始化
Initializing Flash...
flashfs[0]:3 files, 1 directories
flashfs[0]:0 orphaned files, 0 orphaned directories
flashfs[0]:Total bytes:32514048
flashfs[0]:Bytes used:6076928
flashfs[0]:Bytes available:26437120
flashfs[0]:flashfs fsck took 12 seconds.
...done Initializing Flash.
Boot Sector Filesystem (bs) installed, fsid:3
Setting console baud rate to 9600...

③switch:load helper //
④switch:dir flash: //查看文件目录
Directory of flash:/
2 -rwx 6073600 <date> c3560-ipbasek9-mz.122-25.SEB4.bin
3 -rwx 1455   <date> config.text
5 -rwx 24   <date> private-config.text
26437120 bytes available (6076928 bytes used)
//config.text就是交换机的启动配置文件,和路由器的startup-config类似

⑤switch:rename flash:config.text flash:config.old
//以上是把启动配置文件改名,这样交换机启动时就读不到config.text了,从而没有了

密码。

⑥switch:boot //引导系统,这时不要再按住 mode 键

⑦输入 N,不进入对话配置模式

Continue with the configuration dialog? [yes/no]: n

⑧用 enable 命令进入特权模式,并将文件 config. old 改回 config. text,命令如下

switch#rename flash:config. old flash:config. text

⑨将原配置装入内存,命令如下

Switch# copy flash:config. text system:running-config

⑩修改各个密码

S1#conf t

S1(config)#enable secret huangying

S1(config)#exit

⑪将配置写入 nvram

S1#copy running-config start-config

2. 交换机 IOS 恢复

交换机如果已经正常开机,则 IOS 可以从 TFTP 服务器上恢复,具体步骤请参见路由器的 IOS 恢复步骤。然而如果交换机无法正常开机,IOS 的恢复要使用 XModem 方式,该方式是通过 concole 口从计算机下载 IOS,速度为 9600b/s,因此速度很慢。步骤如下:

①把计算机的串口和交换机的 console 口连接好,用超级终端软件连接上交换机。

②交换机开机后,执行以下命令:

switch: flash_init

switch: load_helper

③输入拷贝指令:

switch:copy xmodem: flash:c2950-i6q4l2-mz. 121-22. EA5a. bin

该命令的含义是通过 xmodem 方式拷贝文件,保存在 FLASH,文件名为 c2950-i6q4l2-mz. 121-22. EA5a. bin。出现的提示如下:

Begin the Xmodem or Xmodem-1K transfer now...

④在超级终端窗口中,选择【传送】→【传送文件】菜单,打开下图中的窗口,选择 IOS 文件,协议为"Xmodem"(图 8-28)。点击"发送"按钮开始发送文件。由于速度很慢,请耐心等待,通信速率为 9600b/s。

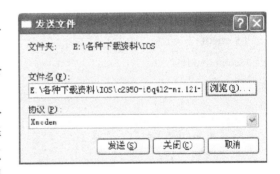

图 8-28　选择 IOS 文件

⑤传送完毕后执行以下命令:

switch:boot 启动系统,交换机正常启动。

四、交换机的基本配置

交换机与 PC 机按图 8-29 所示方式连接。

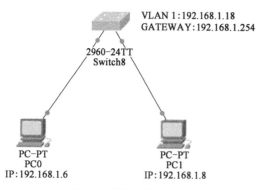

图 8-29 换机与终端相连

1. 交换机的六种模式

①用户模式,开机就能进入该模式,体现为 switch＞

②特权模式,可由用户模式进入,体现为 switch#

③全局模式,可由特权模式进入,体现为 switch(config)#

④接口模式,可由全局模式进入,体现为 switch(config-if)#

⑤线路模式,可由用户模式进入,体现为 switch(config-line)#

⑥VLAN 模式,可由全局模式进入,体现为 switch(vlan)#

可在交换机上操作,练习几种模式的转换。

HY＞enable　　//从用户模式进入特权模式
HY#conf t　　//从特权模式进入全局模式
Enter configuration commands, one per line. End with CNTL/Z.
HY(config)#int f0/1　　//从全局模式进入接口模式
HY(config-if)#exit　　//退出接口模式
HY(config)#line vty 0 4　　//从全局模式进入虚拟终端线路模式
HY(config-line)#exit　　//退出虚拟终端线路模式
HY(config)#line console 0　　//从全局模式进入操作台线路模式
HY(config-line)#exit　　//退出操作台线路模式
HY(config)#exit　　//退出全局模式
HY#
HY#vlan database　//从特权模式进入 VLAN 模式
HY(vlan)#exit
APPLY completed
Exiting....
HY#

2. 交换机密码设置

1) 开机密码设置

HY(config)#line console 0　　//登录控制台接口
HY(config-line)#password hy1　　//设置开机密码为 hy1
HY(config-line)#login　　//下次登录时生效
HY(config-line)#end　　//直接退回特权模式
HY#logout　　//退出系统重新登录
HY con0 is now available
Press RETURN to get started

User Access Verification   //要求用户接入认证
Password：   //输入密码才能生效
  2）虚拟终端密码设置
HY(config)#line vty 0 1   //登录虚拟终端接口
HY(config-line)#password hy2   //设置登录密码为 hy2
HY(config-line)#login   //下次登录时生效
  3）明文特权密码设置
HY(config)#enable password hy3   //设置明文特权用户密码为 hy3
HY(config)#exit
HY#
HY#disable
HY＞enable   //从用户模式进入特极模式
Password：   //要求验证口令
HY#
  4）密文特权密码设置
HY(config)#enable secret hy4   //设置密文特权用户密码为 hy3
HY(config)#exit
HY#
HY#disable
HY＞enable
Password：hy3   //登录时明文密码不生效
Password：hy4   //登录时密文密码生效,可见密文密码优先级高些
HY#
  5）查看交换机配置文件
HY#show run
Building configuration...
Current configuration：1145 bytes
!
version 12.2
no service timestamps log datetime msec
no service timestamps debug datetime msec
no service password-encryption
!
hostname HY
!
enable secret 5 1 mERr $ WbC1FL3sbAJ8jveNwwKjX0   //密文特权密码
enable password hy3   //明文特权密码
spanning-tree mode pvst

```
line con 0
password hy1          //交换机开机登录密码
login
!
line vty 0 4
password hy2          //交换机远程登录密码
login
line vty 5 15
login
!
end
```

3. 交换机管理地址设置

交换机也可以通过 Telnet 访问,这时需要在交换机上配置一个 IP 地址,这个地址是在 VLAN 1 接口上配置的。如下:

HY(config)#int vlan1   //进入端口 VLAN 1
HY(config-if)#ip add 192.168.1.18 255.255.255.0 //配置 IP 地址,接在 VLAN 1 上的计算机可以直接进行 telnet 该地址
HY(config-if)#no shut
HY(config-if)#
HY(config-if)#exit
HY(config)#ip default-gateway 192.168.1.254   //交换机上配置了缺省网关,其他网段的计算机也可以 telnet 交换机。

从 PC0 上验证是否可以访问交换机的管理地址。

C:\>ping 192.168.1.18
Pinging 192.168.1.18 with 32 bytes of data:
Reply from 192.168.1.18: bytes=32 time<1ms TTL=255
Reply from 192.168.1.18: bytes=32 time<1ms TTL=255
Reply from 192.168.1.18: bytes=32 time<1ms TTL=255
C:\>telnet 192.168.1.18
Trying 192.168.1.18 ...Open
User Access Verification
Password:
HY>   //成功登录交换机

4. 交换机接口配置

CISCO 交换机以太网接口默认是开启的。对于交换机的以太网口要求配置其双工模式、速率等。

HY(config)#interface f0/1   //进入 f0/1 接口
HY(config-if)#duplex {full | half | auto}

//duplex 用来配置接口的双工模式,full——全双工、half——半双工、auto——自动检测双工的模式

HY(config-if)#speed ｛ 10 ｜ 100 ｜ 1000 ｜ auto ｝

//speed 命令用来配置交换机的接口速度,10——10M、100——100M、1000——1000M、auto——自动检测接口速度

5. 交换机的端口安全

在配置交换机端口时,交换机端口安全特性使得非法的 MAC 地址的设备接入时,交换机自动关闭接口或者拒绝非法设备接入,也可以限制某个端口上最大的 MAC 地址数。这里限制 f0/1 接口只允许 PC0 接入。

1)查找 PC0 MAC 地址

C:\>ipconfig /all

FastEthernet0 Connection:(default port)

Connection-specific DNS Suffix..:

Physical Address................: 0001.6447.9C05   //这是主机的 MAC 地址

Link-local IPv6 Address.........: FE80::201:64FF:FE47:9C05

IP Address......................: 192.168.1.6

Subnet Mask.....................: 255.255.255.0

Default Gateway.................: 192.168.1.254

DNS Servers.....................: 0.0.0.0

DHCP Servers....................: 0.0.0.0

2)配置交换机端口安全

HY(config)#int f0/1

HY(config-if)#shutdown

HY(config-if)#switch mode access　//以上命令把端口改为访问模式,即用来接入计算机

HY(config-if)#switch port-securitiy　　//以上命令是打开交换机的端口安全功能

HY(config-if)#switch port-securitiy maximum 1//以上命令只允许该端口下的 MAC 条目最大数量为 1,即只允许一个设备接入

HY(config-if)#switch port-securitiy violation ｛ protect ｜ shutdown ｜ restrict ｝

①protect:当新的计算机接入时,如果该接口的 MAC 条目超过最大数量,则这个新的计算机将无法接入,而原有的计算机不受影响。

②shutdown:当新的计算机接入时,如果该接口的 MAC 条目超过最大数量,则该接口将会被关闭,则这个新的计算机和原有的计算机都无法接入,需要管理员使用"no shutdown"命令重新打开。

③restrict:当新的计算机接入时,如果该接口的 MAC 条目超过最大数量,则这个新的计算机可以接入,然而交换机将向发送警告信息。

HY(config-if)#switchport port-security mac-address 0001.6447.9C05 //允许 PC0 从 f0/1 接口接入

3)检查 MAC 地址表

HY#show mac-address-table

HY#show mac-address-table

Mac Address Table

Vlan   Mac Address   Type   Ports
---   -----------   ----   -----

1   0001.6447.9c05 STATIC   Fa0/1

//PC0 的 MAC 已经被登记在 f0/1 接口。

　　4）改变 PC0 的 MAC 地址,模拟非法接入

　　①改变 PC0 的 MAC 地址为 0001.6447.9c06。

　　②立即发现交换机显示如下内容：

%LINK-5-CHANGED：Interface FastEthernet0/1，changed state to down

HY(config-if)#shut

%LINK-5-CHANGED：Interface FastEthernet0/1，changed state to administratively down

　　说明交换机接口 f0/1 已经关闭了。

　　③检查 MAC 地址表。

HY#show mac-address-table

Mac Address Table

Vlan   Mac Address   Type   Ports
---   -----------   ----   -----

此时,MAC 地址表为空,没有学到任何地址。

　　④查看端口状态：

S1#show int f0/1

HY#show int f0/1

FastEthernet0/1 is down, line protocol is down (err-disabled)

Hardware is Lance, address is 0090.2127.4601 (bia 0090.2127.4601)

BW 100000 Kbit, DLY 1000 usec

//以上表明 f0/1 接口因为错误而被关闭

　　⑤将 PC0 的 MAC 地址恢复再检查 MAC 表。

　　在交换机端口上执行"shutdown"和"no shutdown"命令可以重新打开该接口。再观察 MAC 地址表。可重新看到 MAC 地址表中有 f0/1 与 PC0 的 MAC 地址对应关系。

　　5）安全策略查看

HY#show port-security

Secure Port MaxSecureAddr CurrentAddr SecurityViolation Security Action
             (Count)   (Count)   (Count)

Fa0/1   1   1   0   Shutdown

//以上可以查看端口安全的设置情况

任务实施

一、配置 A 公司 VTP

A 公司共有 3 台交换机,分别是 SW1、SW2 和 SW3,要求配置 SW1 为 VTP server,SW2 和 SW3 为 VTP clinet,域名为 C_A。在 SW1 上配置所有 VLAN,在 SW2 和 SW3 上基于站口配置 VLAN。

1. 目标

如图 8-30 所示,SW1、SW2 和 SW3 为 A 公司的网络,分为 2 个 VLAN,要求基于端口分配 VLAN,保证同一 VLAN 设备互通,不同 VLAN 设备不通。

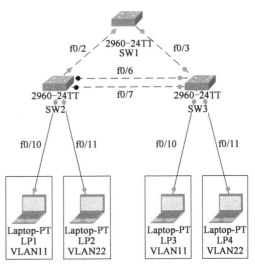

图 8-30 A 公司二层网络拓扑

2. 知识准备

1) VLAN 配置

思科交换机的 VLAN1 为默认的 VLAN,不能被建立,也不能被删除,因此,交换机主要是建立 2~1001 之间的 VLAN。

switch#vlan database

进入交换机的 VLAN 配置模式。

switch#vlan *Number* name *Name*

具体配置交换机的 VLAN 数据。

2) 交换机配置 VTP

分以下 6 步进行:

(1) switch(vlan)#vlan database

该命令告诉交换机进入数据库模式。交换机的 VLAN 信息全部是存在 VLAN 数据库里面的,可以到闪存里面看到 vlan.dat 的文件。

(2) switch(vlan)#vtp domain *VTP_Name*

该命令告诉交换机建立自己的域。只有在同一域名里的交换机才能统一操作,一起配置 VLAN。

如要撤销这个域,可直接使用命令:switch(vlan)#no vtp domain *VTP_Name*。

(3) switch(vlan)#vtp password *Password*

该命令告诉交换机相互认证的密码。同一个域中的交换机密码一致才能相互通信。

如要撤销这个密码,可直接使用命令:switch(vlan)#no vtp password *Password*。

(4) switch(vlan)#vtp {server|transparent|client}

该命令告诉交换机自己在域中的角色。

如要撤销这个角色,可直接使用命令:switch(vlan)#no vtp {server|transparent|client}。

(5) switch(vlan)#vlan *NUMBER* name *NAME*

该命令告诉交换机建立不同的 VLAN。Number 的取值为 2~1001。Name 为这个 VLAN 的名字。

如要撤销这个VLAN,可直接使用命令:switch(vlan)#no vlan NUMBER name NAME。

(6) switch(config)#vtp pruning (PT目前不支持该功能)

该命令告诉交换机开启剪枝功能,剪除不必分的流量。

如要撤销这个VLAN,可直接使用命令:switch(confif)#no vtp pruning。

3) 端口的定义

(1) access端口定义

switch#conf t

进入交换机的全局模式。

switch(config)#int *port-number*

进入交换机的端口。

or switch(config)#int range *port-number-range*

进入交换机的端口组。

switch(config-if)#switchport mode access

定义本端口工作模式为access模式,在此模式下,端口只能与主机相连。

switch(config-if)#switch access vlan *Vlan_number*

将该端口划入相应的VLAN。

注意:默认情况下,交换机所有端口都在VLAN1下,这也是为什么交换机买来后,上面接的计算机都能通信,因为它们同在一个VLAN中。如果要将端口划分到其他VLAN中,应按上面的做法进行明确的划分。

(2) trunk端口定义

switch#conf t

进入交换机的全局模式。

switch(config)#int *port-number*

进入交换机的端口。

switch(config-if)#switchport trunk encapsulation {dot1q|isl|negotiate}

定义本端口的封装格式,其中dot1q即802.1q,这是IEEE制定的通用封装格式;isl为思科的私有协议;negotiate为相互协商模式。思科的交换机默认采用802.1q进行封装。

switch(config-if)#switchport mode {trunk|dynamic desirable|dynamic auto}

定义本端口的工作模式,CISCO交换机默认为dynamic auto,因此,两端交换机端口要进行通信,必须满足表8-8中要求才可以。

TRUNK端口工作模式对应工作状态　　　　　　　　表8-8

情景	交换机A端口	交换机B端口	表现特征
1	trunk	Trunk(最好)|dynamic desirable	强制trunk
2	Dynamic desirable	Trunk|dynamic desirable|dynamic auto	主动trunk
3	Dynamic auto	Trunk|dynamic desirable	被动trunk
4	Dynamic atuo	Dynamic atuo	变成access

switch(config-if)#switchport trunk allowed vlan *vlan_number*

定义本端口允许通过的VLAN,只有定义为允许通过的VLAN才可以通过此端口。

或者 switch(config-if)#switchport trunk allowed vlan all

定义本端口允许通过所有 VLAN。

4)交换机配置 VTP 版本

(1)switch(config)#vtp version {1|2}

交换机支持版本 1 和版本 2,这 2 种版本不兼容,所有域中交换机都要配置成一种版本。

(2)switch(vlan)#vtp v2-mode

交换机默认运行在 V1 模式下,如果要改成 V2 模式,要进行相关配置。

配置 V2 前:

SW1#show vtp status

VTP Version   : 2   //支持 VTP 最高版本

Configuration Revision   : 2   //消息修订的次数,这个以最新的为准

Maximum VLANs supported locally : 255

Number of existing VLANs   : 7

VTP Operating Mode   : Server

VTP Domain Name   : C_A

VTP Pruning Mode   : Disabled

VTP V2 Mode   : Disabled   //V2 关闭了,当前运行的是 V1

VTP Traps Generation   : Disabled

MD5 digest   : 0xC6 0x0F 0x48 0x84 0x88 0xDA 0xB2 0xBC

Configuration last modified by 0.0.0.0 at 3-1-93 00:47:04

Local updater ID is 0.0.0.0 (no valid interface found)

配置 V2 后:

SW1#show vtp status

SW1#show vtp sta

SW1#show vtp status

VTP Version   : 2

Configuration Revision   : 3

Maximum VLANs supported locally : 255

Number of existing VLANs   : 7

VTP Operating Mode   : Server

VTP Domain Name   : C_A

VTP Pruning Mode   : Disabled

VTP V2 Mode   : Enabled   //目前运行的是 V2 模式

VTP Traps Generation   : Disabled

MD5 digest   : 0x35 0x23 0x28 0x91 0x83 0xAE 0xF0 0x2C

Configuration last modified by 0.0.0.0 at 3-2-93 16:24:01

Local updater ID is 0.0.0.0 (no valid interface found)

3.配置 VTP

1)SW1 的配置

SW1#vlan database   //进入 VLAN 配置模式

SW1(vlan)#vtp domain C_A   //指定交换机所属域名称

SW1(vlan)#vtp password hy   //配置交换机在该域的密码
SW1(vlan)#vtp server   //指定交换机角色为服务器
SW1(vlan)#vlan 11 name vlan11   //配置一个名为 VLAN11 的 VLAN
VLAN 11 added:
    Name: vlan11
SW1(vlan)#vlan 22 name vlan22
VLAN 22 added:
    Name: vlan22
    2)SW2 的配置
SW2#vlan database
SW2(vlan)#vtp domain C_A
SW2(vlan)#vtp password hy
SW2(vlan)#vtp client
SW2(vlan)#end
SW2#conf t
SW2(config)#int f0/10
SW2(config-if)#switchport access vlan 11   //将该端口指定到 VLAN11 中
SW2(config-if)#int f0/11
SW2(config-if)#switchport access vlan 22
SW2(config-if)#
    3)SW3 的配置
    同 SW2。
    4.检验
    1)查看 SW1 的 VLAN 信息
SW1#show vlan

VLAN	Name	Status	Ports
1	default	active	Fa0/1, Fa0/2, Fa0/3, Fa0/4
			Fa0/5, Fa0/6, Fa0/7, Fa0/8
			Fa0/9, Fa0/10, Fa0/11, Fa0/12
			Fa0/13, Fa0/14, Fa0/15, Fa0/16
			Fa0/17, Fa0/18, Fa0/19, Fa0/20
			Fa0/21, Fa0/22, Fa0/23, Fa0/24
			Gig1/1, Gig1/2
11	vlan11	active	//已建立 VLAN11
22	vlan22	active	//已建立 VLAN22
1002	fddi-default	act/unsup	
1003	token-ring-default	act/unsup	
1004	fddinet-default	act/unsup	

1005 trnet-default   act/unsup

VLAN	Type	SAID	MTU	Parent	RingNo	BridgeNo	Stp	BrdgMode	Trans1	Trans2

2）查看 SW2 的 VLAN 信息

SW2#show vlan

VLAN	Name	Status	Ports
1	default	active	Fa0/1，Fa0/3，Fa0/4，Fa0/5、Fa0/6，Fa0/7，
			Fa0/8，Fa0/9、Fa0/12，Fa0/13，Fa0/14，Fa0/15，
			Fa0/16，Fa0/17，Fa0/18，Fa0/19,Fa0/20，Fa0/21，
			Fa0/22，Fa0/23，Fa0/24，Gig1/1，Gig1/2
1002	fddi-default	act/unsup	
1003	token-ring-default	act/unsup	
1004	fddinet-default	act/unsup	
1005	trnet-default	act/unsup	

由此可见,SW2 并没有收到 SW1 建立的两个 VLAN 信息。

3）查看 SW3 的 VLAN 信息

查看 SW3 时也会出现同样的情况。

5. 问题分析及解决

①SW1 和 SW2、SW3 之间链路要通过多个 VLAN,它们相连接口必须是 Trunk 模式,并且允许多个 VLAN 通过,因此要弄清楚思科设备默认的端口情况？

分析:CISCO 交换机在默认情况下,其管理模式(Administrative Mode)是 Dynamic Auto,而实际的操作模式(Operational Mode)则根据 DTP 来确定。也就是说交换机端口的默认模式就是 Dynamic Auto,如果对面交换机端口是 Trunk 或 Dynamic Desirable 那么最后通过 DTP 协商,本交换机端口就将变为 Trunk。若对面是 Access 或同样也是 Dynamic Auto,则本交换机端口最终变成 Access 口。

可看到 SW3 的 f0/3 口的信息:

SW3#show int f0/3 switchport

Name：Fa0/3   //端口名

Switchport：Enabled   //启用端口协商

Administrative Mode：dynamic auto   //管理模式为自动

Operational Mode：static access   //操作模式为 access

Administrative Trunking Encapsulation：dot1q   //trunk 自动封装为 802.1Q

Operational Trunking Encapsulation：native   //操作的 trunk 封装为 native

Negotiation of Trunking：On   //启用 trunk 口协商

Access Mode VLAN：1（default）   //默认 access 下可通过 VLAN 1

Trunking Native Mode VLAN：1（default） //默认 trunk 下可通过 VLAN1
Trunking VLANs Enabled：All   //默认情况下，trunk 口可以通过所有 VLAN
Pruning VLANs Enabled：2-1001   //默认情况下，修剪 VLAN2~1001

②解决办法。

a. 将 SW1 或 SW3 之间一端的接口改为 trunk 或 desirable 即可。

b. 也可将两端都设为 trunk 或 desirable。

③方案实施。

将 SW3 的 f0/3 端口设为 desirable

SW3#conf t
SW3(config)#int f0/3
SW3(config-if)#switchport mode dynamic desirable //设置端口模式
SW3(config-if)#
%LINEPROTO-5-UPDOWN：Line protocol on Interface FastEthernet0/3，changed state to up
//端口开始工作

④观察 SW3 上 VLAN。

SW3#show vlan brief

VLAN	Name	Status	Ports
1	default	active	Fa 0/1，Fa0/2，Fa0/4，Fa0/5
			Fa0/6，Fa0/7，Fa0/8，Fa0/9
			Fa0/10，Fa0/11，Fa0/12，Fa0/13
			Fa0/14，Fa0/15，Fa0/16，Fa0/17
			Fa0/18，Fa0/19，Fa0/20，Fa0/21
			Fa0/22，Fa0/23，Fa0/24，Gig1/1
			Gig1/2
11	vlan11	active	f0/10 //已建立
22	vlan22	active	f0/11 //已建立
1002	fddi-default	act/unsup	
1003	token-ring-default	act/unsup	
1004	fddinet-default	act/unsup	
1005	trnet-default	act/unsup	

可见，通过交换机之间 trunk 的成功对接，已解决了交换机 server 与 client 之间 VLAN 的传递。

⑤从 LP1 去 ping LP3。

PC > ping 192.168.6.2
Pinging 192.168.6.2 with 32 bytes of data：
Reply from 192.168.6.2：bytes = 32 time = 0ms TTL = 128
Reply from 192.168.6.2：bytes = 32 time = 0ms TTL = 128
Reply from 192.168.6.2：bytes = 32 time = 0ms TTL = 128

同一 VLAN 内的主机能正常通信。

二、配置 RSTP 协议

CISCO 交换机在默认情况下生成树协议配置的是 PVST,这种生成树协议收敛很慢,因此为了网络在故障情况下收敛迅速,要求配置 RSTP。

1. 目标

给 A 公司网络配置 RSTP 协议。让 SW1 为根网桥,f0/6 成为 VLAN11 备份链路,f0/7 成为 VLAN22 备份链路。

2. 知识准备

1) RSTP 配置

swtich(config)#spanning-tree mode rapid – pvst

该命令要求交换机工作在 RSTP 模式,CISCO 交换机的 RSTP 是基于 PVST 基础上的。

2) 链路优先级的调整

(1) 调整交换机 VLAN 的 ID

switch(config)#spanning-tree vlan *vlan_number* priority *priority_number*

VLAN 的 ID 由优先级与 MAC 地址一起组成,MAC 地址不宜变动,一般通过调整交换机不同 VLAN 时的优先级来调整 ID,priority_number 取值范围是 0 ~ 61440,默认情况是 32768。这个值越小,网桥的优先级越高。

(2) 调速链路的 cost 值

switch(config)#int *int_num* //进入端口

switch(config-if)#spanning-tree cost *cost_number*

链路的 cost_number 值也是越小越好。

(3) 调速链路的端口的 ID

switch(config)#int *int_num* //进入端口

switch(config-if)# spanning-tree vlan *vlan_number* port-priority *priority_number*

端口的 ID 分由端口的优先级与端口号组成,相同的端口在不同 VLAN 中的优先级是不一样的,本命令指明这个端口在相应 VLAN 里的优先级。优先级范围为 0 ~ 240,值越小越好。

3. 配置

SW1、SW2 和 SW3 上配 RSTP

1) SW1 的配置

SW1#conf t

SW1(config)#spanning-tree mode rapid-pvst

2) SW2 和 SW3 的配置

配置同 SW1。

3) 调整 SW2 上 f0/6,f0/7 端口的优先级

首先要求确定根口的优先级,要在对面的指定端口上设置。

SW3#conf t

SW3(config)#int f0/6

SW3(config-if)#spanning-tree vlan 11 port-priority 96

//端口 f0/6 在 VLAN11 中的端口优先级为 96
SW3(config-if)#int f0/7
SW3(config-if)#spanning-tree vlan 22 port-priority 96
//端口 f0/7 在 VLAN22 中的端口优先级为 96
SW3(config-if)#end

4. 检验

1）查看 SW3 的生成树

```
SW3#show spanning-tree
VLAN0001
  Spanning tree enabled protocol ieee
  Root ID    Priority    32769
             Address     0001.426E.3673
             Cost        19
             Port        3(FastEthernet0/3)
             Hello Time   2 sec   Max Age 20 sec   Forward Delay 15 sec
  Bridge ID  Priority    32769   (priority 32768 sys-id-ext 1)
             Address     0001.9759.8CE1
             Hello Time   2 sec   Max Age 20 sec   Forward Delay 15 sec
             Aging Time  20

Interface        Role Sts Cost      Prio.Nbr Type
---------------- ---- --- --------- -------- --------------------------------
Fa0/3            Root FWD 19        128.3    P2p
Fa0/6            Desg FWD 19        128.6    P2p
Fa0/7            Desg FWD 19        128.7    P2p

VLAN0011
  Spanning tree enabled protocol ieee
  Root ID    Priority    32779
             Address     0001.426E.3673
             Cost        19
             Port        3(FastEthernet0/3)
             Hello Time   2 sec   Max Age 20 sec   Forward Delay 15 sec
  Bridge ID  Priority    32779   (priority 32768 sys-id-ext 11)
             Address     0001.9759.8CE1
             Hello Time   2 sec   Max Age 20 sec   Forward Delay 15 sec
             Aging Time  20

Interface        Role Sts Cost      Prio.Nbr Type
---------------- ---- --- --------- -------- --------------------------------
Fa0/3            Root FWD 19        128.3    P2p
Fa0/6            Desg FWD 19        96.6     P2p
Fa0/7            Desg FWD 19        128.7    P2p
```

Fa0/10   Desg FWD 19   128.10   P2p

//对VLAN11来说,f0/6的ID为96.6

VLAN0022

Spanning tree enabled protocol ieee
Root ID   Priority   32790
           Address   0001.426E.3673
           Cost   19
           Port   3(FastEthernet0/3)
           Hello Time 2 sec   Max Age 20 sec   Forward Delay 15 sec

Bridge ID Priority   32790   (priority 32768 sys-id-ext 22)
           Address   0001.9759.8CE1
           Hello Time 2 sec   Max Age 20 sec   Forward Delay 15 sec
           Aging Time 20

Interface   Role Sts Cost   Prio.Nbr Type
———
Fa0/3   Root FWD 19   128.3   P2p
Fa0/6   Desg FWD 19   128.6   P2p
Fa0/7   Desg FWD 19   96.7   P2p
Fa0/11   Desg FWD 19   128.11   P2p

//对VLAN22来说,f0/7的ID为96.7

2)断开SW2上的根口f0/2,查看SW2的生成树

SW2#show spanning-tree

VLAN0001

Spanning tree enabled protocol rstp
Root ID   Priority   32769
           Address   0001.426E.3673
           Cost   38
           Port   6(FastEthernet0/6)
           Hello Time 2 sec   Max Age 20 sec   Forward Delay 15 sec

Bridge ID Priority   32769   (priority 32768 sys-id-ext 1)
           Address   000C.857C.6583
           Hello Time 2 sec   Max Age 20 sec   Forward Delay 15 sec
           Aging Time 20

Interface   Role Sts Cost   Prio.Nbr Type
———
Fa0/6   Root FWD 19   128.6   P2p
Fa0/7   Altn BLK 19   128.7   P2p

VLAN0011

Spanning tree enabled protocol rstp
Root ID   Priority   32779

```
                Address      0001.426E.3673
                Cost         38
                Port         6(FastEthernet0/6)
                Hello Time   2 sec   Max Age 20 sec   Forward Delay 15 sec
  Bridge ID     Priority     32779   (priority 32768 sys-id-ext 11)
                Address      000C.857C.6583
                Hello Time   2 sec   Max Age 20 sec   Forward Delay 15 sec
                Aging Time   20

Interface          Role Sts Cost          Prio. Nbr Type
- - - - - - - - - - - - - - - - - - - - - - - - - - - - - - - - - - -
Fa0/6              Root FWD 19            96.6       P2p
Fa0/7              Altn BLK 19            128.7      P2p
Fa0/10             Desg FWD 19            128.10     P2p
```

//对于 VLAN11 来说,f0/6 优先级高变为根口,但 f0/7 被阻塞

```
VLAN0022
  Spanning tree enabled protocol rstp
  Root ID       Priority     32790
                Address      0001.426E.3673
                Cost         38
                Port         7(FastEthernet0/7)
                Hello Time   2 sec   Max Age 20 sec   Forward Delay 15 sec
  Bridge ID     Priority     32790   (priority 32768 sys-id-ext 22)
                Address      000C.857C.6583
                Hello Time   2 sec   Max Age 20 sec   Forward Delay 15 sec
                Aging Time   20

Interface          Role Sts Cost          Prio. Nbr Type
- - - - - - - - - - - - - - - - - - - - - - - - - - - - - - - - - - -
Fa0/6              Altn BLK 19            128.6      P2p
Fa0/7              Root FWD 19            96.7       P2p
Fa0/11             Desg FWD 19            128.11     P2p
```

//对于 VLAN22 来说,f0/7 优先级高变为根口,但 f0/6 被阻塞。

5. 结论

通过调整路由器端口的 ID,可以调整生成树的转发路径。另外,在 RSTP 作用下,网络收敛很快,几乎在网络拓扑改变的同时收敛。

三、通过路由让不同的 VLAN 间互通

VLAN 相当于一个独立的广播域,在数据链路层,只有同一 VLAN 中的设备才能互通,不同 VLAN 的设备无法互通。要让不同的 VLAN 互通要通过路由器来进行三层转换。

1. 目标

通过路由器的路由功能,让 VLAN11 和 VLAN22 相互通信,如图 8-31 所示。

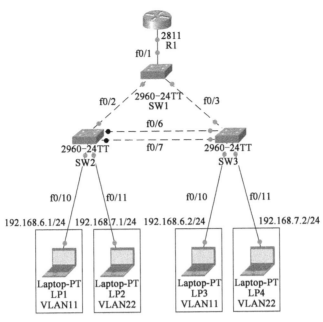

图 8-31 A 公司三层网络拓扑

2. 知识准备

路由器与交换机的接口

1) 交换机要求使用 trunk,封装与路由器端口一致

交换机采用 trunk,路由器采用子接口,每个子接口对应一个 VLAN,为保证封装的一致性统一使用 802.1q 进行封装。

2) 配置交换机

switch(config)#int *int_num*   //进入交换机端口

switch(config-if)#switchport trunk encapsulation dot1q   //链路封装成 802.1q

switch(config-if)#switchport mode trunk   //采用 trunk 口

3) 配置路由器

router(config)#int *int_num.subnum*   //定义子接口

router(config-subif)#encapsulation dot1q *vlan_ID*   //子接口与哪个 VLAN 对接

router((config-subif)#ip address gateway_of_VLAN submask   //定义相应 VLAN 的网关

3. 配置 VLAN 的路由功能

1) 配置 SW1

SW1#conf t

SW1(config)#int f0/1

SW1(config-if)#switchport trunk encapsulation dot1q   //接口封装成 802.1q

SW1(config-if)#switch mode trunk   //采用 trunk 模式通信

SW1(config-if)#switchport trunk allowed vlan all   //所有 vlan 都可通过

2) 配置 R1

R1(config)#int f0/1

R1(config-if)#no shut   //开启端口

R1(config)#int f0/1.1　　//定义子接口

R1(config-subif)#no shut　　//开启端口

R1(config-subif)#encapsulation dot1Q 11　　//接口封装成802.1q

R1(config-subif)#ip add 192.168.6.254 255.255.255.0　　//子接口配置IP地址

R1(config-subif)#int f0/1.2

R1(config-subif)#no shut

R1(config-subif)#encapsulation dot1Q 22

R1(config-subif)#ip add 192.168.7.254 255.255.255.0

　　4.检验

　　1)查看R1的路由表

R1#show ip route

C　　192.168.6.0/24 is directly connected, FastEthernet0/1.1　　//子接口对应不同的网段
C　　192.168.7.0/24 is directly connected, FastEthernet0/1.2

　　2)查看VLAN11终端LP1与VLAN22终端LP2通信

PC > ping 192.168.7.1

Pinging 192.168.7.1 with 32 bytes of data:

Request timed out.

Reply from 192.168.7.1: bytes =32 time =0ms TTL =127　　//VLAN间可以通信

Reply from 192.168.7.1: bytes =32 time =0ms TTL =127

Reply from 192.168.7.1: bytes =32 time =0ms TTL =127

Ping statistics for 192.168.7.1:

Packets: Sent = 4, Received = 3, Lost = 1 (25% loss),

Approximate round trip times in milli-seconds:

Minimum = 0ms, Maximum = 0ms, Average = 0ms

　　5.结果

　　可以从上述检验中发现,通过引入路由器,不同的VLAN可以在三层上互通。

　　四、交换机的管理地址配置

　　交换机作为一个二层设备,本身不能配置IP地址,但是在VLAN上可配置一个管理地址。

　　1.目标

　　如图8-32所示,每台交换机的VLAN1上要求配置管理地址,供用户从远程登录使用。

　　2.知识准备

　　switch(config)#int vlan *vlan-ID*　　//进入VLAN接口

　　switch(config-if)#ip add *ip_address submask*　　//定义vlan接口IP地址

　　3.配置交换机的管理地址

　　1)交换机上配置

SW1#conf t

SW1(config)#line vty 0 4   //定义可登录的虚拟终端数
SW1(config-line)#password hy1   //登录密码
SW1(config-line)#login   //重新登录生效
SW1(config-line)#exit
SW1(config)#int vlan 1   //进入 VLAN1
SW1(config-if)#no shut
SW1(config-if)#ip add 192.168.1.1 255.255.255.0   //设定 IP 地址
SW1(config-if)#exit

同样可配置 SW2、SW3 的管理地址。

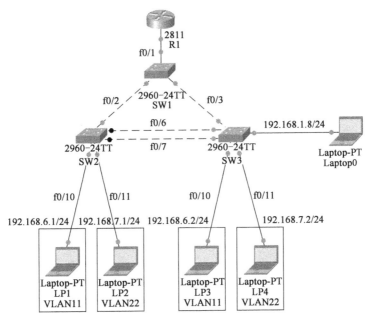

图 8-32　A 公司设备管理

2)路由器上配置
R1#conf t
R1(config)#int f0/1.3
R1(config-subif)#encapsulation dot1Q 1
R1(config-subif)#ip add 192.168.1.254 255.255.255.0

4.检验

1)从 VLAN1 的任意终端 laptop0 检验
PC > telnet 192.168.1.2
Trying 192.168.1.2 ... Open
User Access Verification
Password：hy2
SW2 >   //可以登录 SW2

2)从路由器上检验
R1#telnet 192.168.1.2

265

Trying 192.168.1.2...Open
User Access Verification
Password：hy2
SW2 >   //可以登录 SW2

5．总结

设置各交换机的管理 IP 为 VLAN1 上的 IP 地址，可以从路由器或 VLAN1 内的任何终端来访问交换机的管理 IP。

五、B 公司 SW4 与 SW6 之间的 Etherchannel 配置

交换机一般采用同类的端口，比如 GE 等，当流量超过 GE 时，会要求在交换机间采用多个 GE 进行连接，这样的话交换机间会造成环路，因此，要将多个 GE 捆绑成一个端口。

1．目标

本工程中，要求将 SW4 和 SW6 之间的 f0/10、f0/11 聚合成一个端口来增加带宽。

2．知识准备

1）手动创建 EtherChannel（分 9 步）

（1）switch(config)#interface port-channel *channel_num*

建立 EtherChannel，其编号为 channel_num。

（2）switch(config)#interface *int_num*

进入一个端口。

（3）switch(config)#channel-group *channel_num* mode on

将这个端口强制加入 EtherChannel。

（4）switch(config)#channel-group *channel_num* mode on

将这个端口强制加入 EtherChannel。

（5）switch(config)#interface range *int_num*1 - *int_num*2

进入所有加入到 EtherChannel 中的端口。

（6）switch(config-if)#switchport mode trunk

将接口定义成 Trunk 口模式。

（7）switch(config-if)#speed *speed*

定义 EtherChannel 的速率。

（8）switch(config-if)#duplex *full*

定义 EtherChannel 工作方式为双工。

（9）switch(config-if)#port-channel load-balance {src-ip|src-mac|src-port|src-dst-port}

定义 EtherChannel 负载均衡的方式。

2）自动创建 EtherChannel（分 3 步）

（1）switch(config)#interface *int_num*

进入端口。

（2）switch(config-if)#channel-protocol {pagp|lacp}

启用链路汇聚协议。

（3）switch(config-if)#channel-group *channel_num* mode {on|auto|desirable}

指定端口协商的方式。

3)观察 EtherChannel

switch#show etherchannel summary

3. 配置 EtherChannel

1)SW4 上配置 EtherChannel

SW4(config)#int f0/10

SW4(config-if)#channel-protocol lacp　　//链路聚合采用的协议是 LACP

SW4(config-if)#channel-group 6 mode active　//该协议采用的协商模式是 active

SW4(config-if)#int f0/11

SW4(config-if)#channel-protocol lacp

SW4(config-if)#channel-group 6 mode active

SW4(config-if)#int po6

SW4(config-if)#switchport mode dynamic desirable

2)SW6 上配置 EtherChannel

SW6 采 SW4 相似的配置。

4. 观察 EtherChannel

SW4 上观察 EtherChannel

SW4#show etherchannel summary

Flags:　D-down　　　　P-in port-channel

I-stand-alone s-suspended

H-Hot-standby (LACP only)

R-Layer3　　　S-Layer2

U-in use　　　f-failed to allocate aggregator

u-unsuitable for bundling

w-waiting to be aggregated

d-default port

Number of channel-groups in use: 1

Number of aggregators:　　　　1

Group　Port – channel　Protocol　　Ports

- - - + - - - - - - - + - - - - - - - + - - - - - - - - - - - - - - - - - - -

6　　Po6(SU)　　　　LACP　　Fa0/10(P) Fa0/11(P)

由此可见,通过 LACP 协议,SW4 上的 f0/10 和 f0/11 两个端口捆绑成了一个大的端口 po6。

5. 总结

在交换机之间建立 EtherChannel 有两种方法,一种是手工创建,另一种是协议自动创建。协议自动创建又分为两种,一种是 LACP,另一种是 PAGP,由于 LACP 是 IEEE 的标准协议,建议采用 LACP 来创建。

六、B 公司交换机 VTP 配置

1. 目标

如图 8-33 所示,生成树协议采用 PVST,要求采用域名为 C_B,将 SW4 为 VTP Server,其他交换机为 VTP Client。在整个交换网络中建 VLAN33、VLAN44 2 个 VLAN。

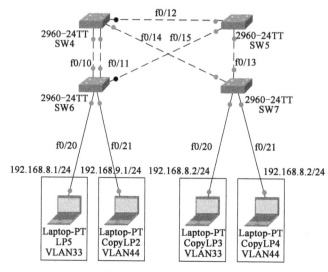

图 8-33　B 公司二层网络拓扑

2. 知识准备

无。

3. 配置

1) SW4 上配置

```
SW4＞en
SW4#vlan database
SW4(vlan)#vtp domain C_B
SW4(vlan)#vtp password hy1
SW4(vlan)#vlan 33 name vlan33
VLAN 33 added：
    Name：vlan33
SW4(vlan)#vlan 44 name vlan44
VLAN 44 added：
    Name：vlan44
SW4(vlan)#vtp server
SW4(vlan)#
SW4(vlan)#vtp v2 – mode
SW4(vlan)#exit
SW4#conf t
SW4(config)#vtp pruning    // PT 目前不支持该功能
```

SW4(config)#int f0/12

SW4(config-if)#switchport mode dynamic desirable

SW4(config-if)#int f0/14

SW4(config-if)#switchport mode dynamic desirable

2)SW5 上配置

Switch > en

Switch#conf t

Switch(config)#hostname SW5

SW5(config)#vtp domain C_B

Changing VTP domain name from NULL to C_B

SW5(config)#vtp password hy1

SW5(config)#vtp pruning   // PT 目前不支持该功能

SW5(config)#end

SW5#vlan database

SW5(vlan)#vtp client

SW5(vlan)#vtp v2 – mode

V2 mode enabled.

SW5(vlan)#exit

SW5#conf t

SW5(config)#int f0/13

SW5(config-if)#switchport mode dynamic desirable

SW5(config-if)#int f0/15

SW5(config-if)#switchport mode dynamic desirable

3)SW6、SW7 上配置

可以在这两台交换机上做类似配置。将端口划入相应的 VLAN 中,每个边缘端口配置为 portfast。

4. 检验

1)SW6 上检查 VLAN

SW6#show vlan bri

VLAN	Name	Status	Ports
1	default	active	Fa0/1, Fa0/2, Fa0/3, Fa0/4
			Fa0/5, Fa0/6, Fa0/7, Fa0/8
			Fa0/9, Fa0/10, Fa0/11, Fa0/12
			Fa0/13, Fa0/14, Fa0/16, Fa0/17
			Fa0/18, Fa0/19, Fa0/22, Fa0/23
			Fa0/24, Gig1/1, Gig1/2, Po6
33	vlan33	active	Fa0/20 //已建立 VLAN,并加入端口
44	vlan44	active	Fa0/21
1002	fddi – default	active	

1003 token-ring-default	active
1004 fddinet-default	active
1005 trnet-default	active

2）SW7 和 SW5 上检查 VLAN

同样也会发现建立 2 个 VLAN。

5．总结

在 VTP server 上建立 VLAN，通过 VTP 协议传递，所有 VLAN 都在 VTP client 上建立起来了，只需在客户端将相应的端口划入不同的 VLAN。避免了大量配置 VLAN 时系统的数据不对称性。

七、B 公司交换机生成树结构调整

1．目标

如图 8-34 所示，生成树协议采用 PVST，调整 VLAN33，其根桥为 SW4，生成树为 SW4-SW5-SW7 和 SW4-SW6。调整 VLAN44，其根桥为 SW5，生成树为 SW5-SW4-SW6 和 SW5-SW7。

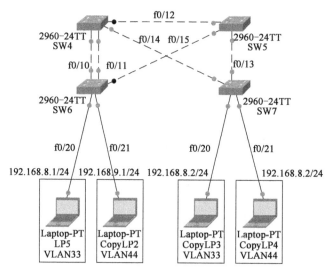

图 8-34　B 公司二层网络 STP 调整

2．知识准备

1）收集网络中各交换机的 ID（表 8-9）

　　　　　　　　　　交换机优先级及 ID　　　　　　　　　　表 8-9

项目	SW4	SW5	SW6	SW7
优先级	32768	32768	32768	32768
MAC	00E0.F9CA.3046	0030.F22E.2106	00D0.5862.71E1	0001.6497.ED33

2）比较各网桥的优先级

从表 8-10 中可以看出，网桥 SW7 有最小的 MAC 地址，成为网根网桥。为达到本项目的要求，需对网桥的优先级进行调整。

3. 配置

    1)SW4 上配置

SW4 > en

SW4#conf t

SW4(config)#spanning-tree vlan 33 priority 20480   //将 vlan33 中 SW4 的优先级设为 20480

SW4(config)#

    2)SW5 上配置

SW5 > en

SW5#conf t

SW5(config)#spanning-tree vlan 44 priority 12288   //将 vlan44 中 SW5 的优先级设为 12288

SW5(config)#

    3)SW6 上配置

SW6(config)#int f0/15

SW6(config-if)#spanning-tree vlan 44 cost 100

    4)SW7 上配置

SW7(config)#int f0/14

SW7(config-if)#spanning-tree vlan 33 cost 100

4. 检验

    1)SW4 上检验生成树

SW4#show spanning-tree

VLAN0033

  Spanning tree enabled protocol ieee

   Root ID   Priority   20513
              Address   00E0.F9CA.3046   //SW4 是根桥
              This bridge is the root
              Hello Time 2 sec   Max Age 20 sec   Forward Delay 15 sec

   Bridge ID Priority   20513   (priority 20480 sys – id – ext 33)
              Address   00E0.F9CA.3046
              Hello Time 2 sec   Max Age 20 sec   Forward Delay 15 sec
              Aging Time 20

Interface   Role Sts Cost   Prio. Nbr Type

Fa0/12   Desg FWD 19   128.12   P2p
Fa0/14   Desg FWD 19   128.14   P2p
Po6   Desg FWD 9   128.27   Shr

VLAN0044

  Spanning tree enabled protocol ieee

   Root ID   Priority   12332
              Address   0030.F22E.2106   //SW5 是根桥

```
              Cost            19
              Port            12(FastEthernet0/12)
              Hello Time  2 sec   Max Age 20 sec   Forward Delay 15 sec
Bridge ID     Priority        32812   (priority 32768 sys-id-ext 44)
              Address         00E0.F9CA.3046
              Hello Time  2 sec   Max Age 20 sec   Forward Delay 15 sec
              Aging Time      20
Interface         Role Sts Cost       Prio.Nbr Type
---------------- ---- --- --------- -------- --------------------------------

Fa0/12            Root FWD 19          128.12   P2p
Fa0/14            Altn BLK 19          128.14   P2p
Po6               Altn FWD 9           128.27   Shr
```

2)SW5上检验生成树

```
SW5#show spanning-tree
VLAN0033
  Spanning tree enabled protocol ieee
  Root ID     Priority        20513
              Address         00E0.F9CA.3046
              Cost            19
              Port            12(FastEthernet0/12)
              Hello Time  2 sec   Max Age 20 sec   Forward Delay 15 sec
  Bridge ID   Priority        32801   (priority 32768 sys-id-ext 33)
              Address         0030.F22E.2106
              Hello Time  2 sec   Max Age 20 sec   Forward Delay 15 sec
              Aging Time      20
Interface         Role Sts Cost       Prio.Nbr Type
---------------- ---- --- --------- -------- --------------------------------

Fa0/12            Root FWD 19          128.12   P2p
Fa0/13            Altn FWD 19          128.13   P2p
Fa0/15            Altn BLK 19          128.15   P2p

VLAN0044
  Spanning tree enabled protocol ieee
  Root ID     Priority        12332
              Address         0030.F22E.2106
              This bridge is the root
              Hello Time  2 sec   Max Age 20 sec   Forward Delay 15 sec
  Bridge ID   Priority        12332   (priority 12288 sys-id-ext 44)
              Address         0030.F22E.2106
              Hello Time  2 sec   Max Age 20 sec   Forward Delay 15 sec
              Aging Time      20
```

Interface	Role Sts Cost	Prio. Nbr Type
Fa0/12	Desg FWD 19	128.12 P2p
Fa0/13	Desg FWD 19	128.13 P2p
Fa0/15	Desg FWD 19	128.15 P2p

3)SW6 上检验生成树

SW6#show spanning-tree

VLAN0033

 Spanning tree enabled protocol ieee

 Root ID Priority 20513

      Address 00E0.F9CA.3046

      Cost   9

      Port   27(Port – channel 6)

      Hello Time 2 sec Max Age 20 sec Forward Delay 15 sec

 Bridge ID Priority 32801 (priority 32768 sys – id – ext 33)

      Address 00D0.5862.71E1

      Hello Time 2 sec Max Age 20 sec Forward Delay 15 sec

      Aging Time 20

Interface	Role Sts Cost	Prio. Nbr Type
Fa0/15	Desg FWD 19	128.15 P2p
Fa0/20	Desg FWD 19	128.20 P2p
Po6	Root FWD 9	128.27 Shr

VLAN0044

 Spanning tree enabled protocol ieee

 Root ID Priority 12332

      Address 0030.F22E.2106

      Cost   19

      Port   15(FastEthernet0/15)

      Hello Time 2 sec Max Age 20 sec Forward Delay 15 sec

 Bridge ID Priority 32812 (priority 32768 sys – id – ext 44)

      Address 00D0.5862.71E1

      Hello Time 2 sec Max Age 20 sec Forward Delay 15 sec

      Aging Time 20

Interface	Role Sts Cost	Prio. Nbr Type
Fa0/15	Root BLK 100	128.15 P2p
Fa0/21	Desg FWD 19	128.21 P2p
Po6	Desg FWD 9	128.27 Shr

4）SW7 上检验生成树

SW7#show spanning-tree

VLAN0033

  Spanning tree enabled protocol ieee
  Root ID   Priority   20513
               Address   00E0.F9CA.3046
               Cost   19
               Port   14（FastEthernet0/14）
               Hello Time 2 sec   Max Age 20 sec   Forward Delay 15 sec
  Bridge ID Priority   32801   （priority 32768 sys-id-ext 33）
               Address   0001.6497.ED33
               Hello Time 2 sec   Max Age 20 sec   Forward Delay 15 sec
               Aging Time 20

Interface   Role Sts Cost   Prio.Nbr Type

Fa0/13   Desg FWD 19   128.13   P2p
Fa0/14   Root BLK 100   128.14   P2p
Fa0/20   Desg FWD 19   128.20   P2p

VLAN0044

  Spanning tree enabled protocol ieee
  Root ID   Priority   12332
               Address   0030.F22E.2106
               Cost   19
               Port   13（FastEthernet0/13）
               Hello Time 2 sec   Max Age 20 sec   Forward Delay 15 sec
  Bridge ID Priority   32812   （priority 32768 sys-id-ext 44）
               Address   0001.6497.ED33
               Hello Time 2 sec   Max Age 20 sec   Forward Delay 15 sec
               Aging Time 20

Interface   Role Sts Cost   Prio.Nbr Type

Fa0/13   Root FWD 19   128.13   P2p
Fa0/14   Desg FWD 19   128.14   P2p
Fa0/21   Desg FWD 19   128.21   P2p

由上述生成树可见，已按项目要求调整了生成树的结构。

5. 总结

生成树的收敛过程中，可通过调整网桥 ID、路径代价及端口 ID 来调整生成树的结构以满足项目要求。

八、B 公司不同的 VLAN 通过三层交换机互通

1. 目标

如图 8-35 所示,二层不同的 VLAN 网络不能互通,必须通过三层网络来转发,本项目通过采用三层交换机来转发数据,达到二层 VLAN 互通的目的。

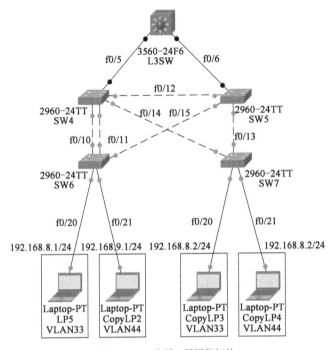

图 8-35　B 公司三层网络拓扑

2. 知识准备

1) 启动交换机的三层功能

switch(config)#ip routing

2) 配置 SVI(switch virtual interface)

switch(config)#int vlan *vlan_num*

　　//进入 VLAN 接口

switch(config-if)#ip address *ip_address submask*

　　//配置 IP 地址

switch(config-if)#no shutdown

//启用端口

3. 配置

1) L3SW 上配置

Switch#conf t

Switch(config)#ip routing　　//启用路由功能

Switch(config)#hostname L3SW

L3SW(config)#int vlan 33　　//定义 SVI

L3SW(config-if)#ip add 192.168.8.254 255.255.255.0

L3SW(config-if)#no shut

L3SW(config-if)#int vlan 44

L3SW(config-if)#ip add 192.168.9.254 255.255.255.0

L3SW(config-if)#no shut

L3SW(config-if)#end

L3SW#conf t

L3SW(config)#int f0/5   //定义 trunk 口

L3SW(config-if)#switchport mode dynamic desirable

L3SW(config)#int f0/6

L3SW(config-if)#switchport mode dynamic desirable

L3SW#vlan database

L3SW(vlan)#vtp domain C_B

Domain name already set to C_B.

L3SW(vlan)#vtp password hy1

Setting device VLAN database password to hy1

L3SW(vlan)#vtp client

  2）SW4 上配置

SW4#conf t

SW4(config)#int f0/5

SW4(config-if)#switchport mode dynamic desirable

  3）SW5 上配置

SW5#conf t

SW5(config)#int f0/6

SW5(config-if)#switchport mode dynamic desirable

  4. 检验

  1）L3SW 上查看路由表

L3SW#show ip route

Gateway of last resort is not set

C 192.168.8.0/24 is directly connected, Vlan33

C 192.168.9.0/24 is directly connected, Vlan44

  两个 VLAN 的路由都存在。

  2）从 VLAN33 的终端 LP5 ping VLAN44 的终端 LP8

PC > ping 192.168.9.2

Pinging 192.168.9.2 with 32 bytes of data:

Request timed out.

Reply from 192.168.9.2: bytes = 32 time = 10ms TTL = 127

Reply from 192.168.9.2: bytes = 32 time = 0ms TTL = 127

Reply from 192.168.9.2: bytes =32 time =0ms TTL =127
Ping statistics for 192.168.9.2:
    Packets: Sent = 4, Received = 3, Lost = 1 (25% loss),
Approximate round trip times in milli – seconds:
    Minimum = 0ms, Maximum = 10ms, Average = 3ms
VLAN33 和 VLAN44 可以正常通信

5. 结论

通过三层交换机不同的 VLAN 可以相互通信。

九、公司 B 交换机的管理地址配置

1. 目标

如图 8-36 所示，每台交换机的 VLAN1 上要求配置管理地址，供用户从远程登录使用。

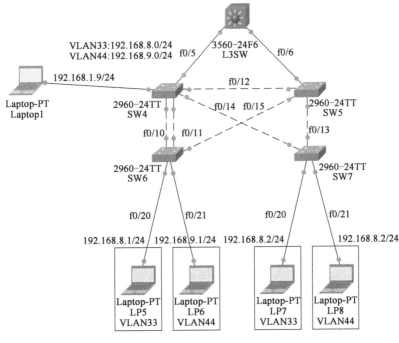

图 8-36　B 公司网络管理

2. 知识准备

switch(config)#int vlan *vlan – ID*　　//进入 vlan 接口

switch(config-if)#ip add *ip_address submask*　　//定义 VLAN 接口 IP 地址

3. 配置交换机的管理地址

1) 交换机 SW4 上配置

SW4#conf t

SW4(config)#line vty 0 4　　//定义可登录的虚拟终端数

SW4(config-line)#password hy4　　//登录密码

277

SW4(config-line)#login   //重新登录生效
SW4(config-line)#exit
SW4(config)#int vlan 1   //进入 VLAN1
SW4(config-if)#no shut
SW4(config-if)#ip add 192.168.1.4 255.255.255.0   //设定 IP 地址
SW4(config-if)#exit

  同样可配置 SW5、SW6、SW7 的管理地址。

  2）三层交换机上配置

L3SW>en
L3SW#conf t
L3SW(config)#int vlan 1
L3SW(config-if)#ip add 192.168.1.254 255.255.255.0
L3SW(config-if)#no shut

  4.检验

  1）从 VLAN1 的任意终端 laptop1 检验

PC>telnet 192.168.1.5
Trying 192.168.1.5...Open
User Access Verification
Password：hy5
SW5>   //可以登录 SW5

  2）从三层交换机上检验

L3SW#telnet 192.168.1.5
Trying 192.168.1.5...Open
User Access Verification
Password：hy5
SW5>   //可以登录 SW5

  5.总结

  设置各交换机的管理 IP 为 VLAN1 上的 IP 地址，可以从三层交换机或都 VLAN1 内的任何终端来访问交换机的管理 IP。

十、路由器 R1 与三层交换机 L3SW 互通配置

  1.目标

  通过在路由器与三层交换机之间配置路由协议 OSPF，使 A 公司与 B 公司的网络互通，如图 8-37 所示。

  2.知识准备

  无。

  3.配置交换机的管理地址

  1）路由器 R1 上路由配置

R1#conf t

R1(config)#int f0/0

R1(config-if)#ip add 192.168.66.1 255.255.255.0

R1(config-if)#no shut

R1(config-if)#int loopback0

R1(config-if)#ip add 1.1.1.1 255.255.255.255

R1(config-if)#line vty 0 4

R1(config-line)#password hy1

R1(config-line)#login

R1(config-line)#exit

R1(config)#router ospf 100

R1(config-router)#network 192.168.6.0 0.0.0.255 area 0

R1(config-router)#network 192.168.7.0 0.0.0.255 area 0

R1(config-router)#network 192.168.66.0 0.0.0.255 area 0

R1(config-router)#network 1.1.1.1 0.0.0.0 area 0

R1(config-router)#end

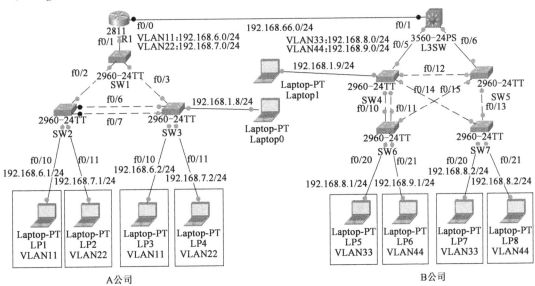

图 8-37　A/B 公司网络互通

2）三层交换机上配置

L3SW>en

L3SW#conf t

L3SW(config)#int f0/1

L3SW(config-if)#no switchport　　//关闭地层功能

L3SW(config-if)#ip add 192.168.66.2 255.255.255.0

L3SW(config-if)#no shut

L3SW(config-if)#line vty 0 4

L3SW(config-line)#password hy2

L3SW(config-line)#login

L3SW(config-line)#int loopback0
L3SW(config-if)#ip add 2.2.2.2 255.255.255.255
L3SW(config-if)#router ospf 100
L3SW(config-router)#network 192.168.8.0 0.0.0.255 area 0
L3SW(config-router)#network 192.168.9.0 0.0.0.255 area 0
L3SW(config-router)#network 192.168.66.0 0.0.0.255 area 0
L3SW(config-router)#network 2.2.2.2 0.0.0.0 area 0
L3SW(config-router)#

4. 检验

1) 从路由器查看路由表

```
R1#show ip route
Gateway of last resort is not set
    1.0.0.0/32 is subnetted, 1 subnets
C      1.1.1.1 is directly connected, Loopback0
    2.0.0.0/32 is subnetted, 1 subnets
O      2.2.2.2 [110/2] via 192.168.66.2, 00:02:17, FastEthernet0/0
C    192.168.1.0/24 is directly connected, FastEthernet0/1.3
C    192.168.6.0/24 is directly connected, FastEthernet0/1.1
C    192.168.7.0/24 is directly connected, FastEthernet0/1.2
O    192.168.8.0/24 [110/2] via 192.168.66.2, 00:02:48, FastEthernet0/0
O    192.168.9.0/24 [110/2] via 192.168.66.2, 00:02:48, FastEthernet0/0
C    192.168.66.0/24 is directly connected, FastEthernet0/0
```

2) 从三层交换机查看路由表

```
L3SW#show ip route
Gateway of last resort is not set
    1.0.0.0/32 is subnetted, 1 subnets
O      1.1.1.1 [110/2] via 192.168.66.1, 00:04:35, FastEthernet0/1
    2.0.0.0/32 is subnetted, 1 subnets
C      2.2.2.2 is directly connected, Loopback0
C    192.168.1.0/24 is directly connected, Vlan1
O    192.168.6.0/24 [110/2] via 192.168.66.1, 00:04:35, FastEthernet0/1
O    192.168.7.0/24 [110/2] via 192.168.66.1, 00:04:35, FastEthernet0/1
C    192.168.8.0/24 is directly connected, Vlan33
C    192.168.9.0/24 is directly connected, Vlan44
C    192.168.66.0/24 is directly connected, FastEthernet0/1
```

3.4.5 总结

可以看出它们的路由表是一致的,因此配置正确。

5. 总结

通过在三层交换机与路由器之间部署 OSPF 路由协议,A 公司与 B 公司能进行相互通信,整个项目完成。

难点分析

交换机网络中，涉及的知识点特别多，容易混淆，并且很多知识点不容易理解到位，本书以思科的交换机为例进行讲解，与其他厂家的交换机稍有差别。

1. 生成树协议中的 BPDU

①能正确解释各种 BPDU 的字段含义。

②能理解交换机在选举端口角色时 BPDU 的工作方式。

③从 STP 到 PVST，从 PVST 到 RSTP，从 RSTP 到 MSTP，BPDU 都做了哪些重要改进。

2. STP 协议的进化

①理解生成树协议进化的驱动力及各生成树协议之间的区别。

②理确各种生成树协议的两种场景，一种场景是各生成树协议刚启动时的收敛过程，另一种是当网络拓扑发生变化时，各生成树协议的收敛过程。

③CISCO 交换机默认状态下就启用的是 PVST，因此配置要以此为基础，这和其他厂家的设备稍有差别。

3. EtherChannel 的配置

①掌握手动 EtherChannel 建立的过程。

②掌握利用协议建立 EtherChannel 的过程。

4. VTP 配置

①注意 VTP 配置时，设备的启动顺序，最好让 VTP Server 先启动，保持较新的 configuration revision，交换机以此最新版本作为自己最后的配置。

②所有 VLAN 取消后，一定要同时将其端口划入其他 VLAN，否则这些端口将消失。

5. 不同 VLAN 通过路由器互通

①路由器子接口的配置时，注意其封装格式。

②交换机与路由器相连时，端口一定是 trunk 口，且封装格式需与路由器一致。

6. 不同 VLAN 通过三层交换互通

①理解 SVI 接口的含义及配置。

②做三层交换时，一定要先启用三层功能，因为 CISCO 设备默认三层功能是关闭的。

③与路由器对接时，端口一定要先定义成三层端口，否则无法配置 IP 地址。

④一定要保证三层交换机上也有相应的 VLAN 号，这样 SVI 配置才有意义。

习题

一、填空题

1. 集线器连接的设备工作在一个_____域上，交换机连接的设备工作在一个_____域上，路由器每个端口连接一个_____域。

2. MAC 地址有_____位，前 24 位标识_____，后 24 位标识_____。

3. ARP 协议的作用是将_____翻译成_____，_____协议作用与之恰好相反。

4. 交换机维护着三张表，它们分别是_____、_____及_____协议。
5. 交换机端口分为_____口与_____口。
6. VLAN 的划分方式主要有_____、_____及_____三种。
7. EtherChannel 定义时分为_____与_____两种，其中后者又分为_____与_____两种协议配置。
8. VTP 定义的三种角色包括_____、_____和_____。
9. STP 的主要作用是_____，它主要包括_____、_____、_____和_____四种。
10. STP 中的 BPDU 类型有_____、_____、_____三种。

二、简答题

1. 详述 STP 中网络拓扑的收敛过程。
2. RSTP 对 STP 有哪些改进？

习题参考答案

模 块 一

一、填空题

1. IP 地址、域名访问
2. 应用层、核心层、汇聚层、接入层
3. 第三层、路由发现、数据转发、第二层、MAC 地址学习、数据转发
4. 光纤接入方式、LAN 接入方式、XDSL 接入方式
5. 星形网络、环形网络、网状网络、网状网络、星形网络
6. TCP/IP 模型、OSI 参考模型
7. 物理层、数据链路层、IP 层、传输层、会话层、表示层、应用层
8. 网络接入层、网络层、传输层、应用层
9. 网络地址、主机地址
10. A 类地址、B 类地址、C 类地址、D 类地址、E 类地址
11. 固定长度子网掩码、可变长度子网掩码

二、简答题

1. 什么是 OSI 参考模型。

开放系统 OSI 标准定制过程中所采用的方法是将庞大而复杂的问题划分为若干个容易处理的小问题,这就是分层的体系结构方法。在 OSI 中,采用了三级抽象,即体系结构、服务定义和协议规定说明。

OSI 参考模型定义了开放系统的层次结构、层次之间的相互关系及各层所包含的可能的服务。它是作为一个框架来协调和组织各层协议的制定,也是对网络内部结构最精练的概括与描述进行整体修改。

OSI 的服务定义详细说明了各层所提供的服务。某一层的服务就是该层及其下各层的一种能力,它通过接口提供给更高一层。各层所提供的服务与这些服务是怎么实现的无关。同时,各种服务定义还定义了层与层之间的接口和各层的所使用的原语,并不涉及接口是怎么实现的。

OSI 标准中的各种协议精确定义了应当发送什么样的控制信息,以及应当用什么样的过程来解释这个控制信息。协议的规程说明具有最严格的约束。

ISO 参考模型并没有提供一个可以实现的方法。ISO 参考模型只是描述了一些概念,用来协调进程间通信标准的制定。在 OSI 范围内,只有在各种的协议是可以被实现的而各种产品只有和 OSI 的协议相一致才能互连。这也就是说,OSI 参考模型并不是一个标准,而只是一个在制定标准时所使用的概念性的框架。

2. 比较固定长度子网掩码与可变长度子网掩码的区别。

大类 IP 地址在使用的过程中效率不高,引入了子网掩码来将大类网络划分成不同大小的

IP 地址类型。

在将大类 IP 地址划分成更小的 IP 地址的过程中,子网掩码保持固定长度的称为固定长度子网掩码,它只能一次性划分 IP 子网。而可变长度子网掩码即在这个过程中,在前一次的基础上多次划分 IP 子网,每次的子网掩码长度各不一样。

3. 路由器与交换机的功能各是什么?

路由器的功能主要是发现路由与转发数据。交换机的功能是基于源地址学习、基于目的地址转发。

模 块 二

一、填空题

1. CPU、RAM、ROM、NVRAM、FLASH、Console 接口、Auxiliary 接口、Interfaces 接口
2. 串行接口、快速以太网接口
3. Console、DB9
4. 超级终端、9600bit/s
5. 用户模式、特权模式、设置模式、全局模式、RXboot 模式、接口配置模式、线路配置模式、路由配置模式
6. enable、特权模式
7. Ctrl + Break、Rommon 模式
8. "TAB"、"?"
9. no ip domain-lookup
10. 控制台、terminal monitor
11. flash、NVRAM
12. copy flash tftp、copy tftp flash

二、简答题

1. 详述路由器的密码恢复过程。

(1) 正确连接路由器的 RJ45 口到 TFTP RJ45 口。

(2) 用 show version 命令显示并记录配置寄存器的值,通常为 0x2102。

(3) 关闭路由器的电源,然后再打开。

(4) 在启动的前 60s 内按 Break 键,你将会看到 "〉" 提示符(无路由器名),如果没有看到 "〉" 提示符,说明你没有正确发出 Break 信号,这时可检查终端或仿真终端的设置。

(5) 在 "〉" 提示符下键入 o/r 0x2142,从 Flash memory 中引导。

(6) 在 "〉" 提示符下键入 i,路由器将重新启动而忽略它保存的配置。

(7) 在设置中的所有问题都回答 "no"。

(8) 在 Router〉提示符下键入 enable,进入特权用户 Router#提示。

(9) 拷贝原配置文件到 RAM 中。

Router#copy startup-config running-config

(10) 拷贝原配置文件到 RAM 中。

Router#copy startup-config running-config

（11）查看原配置中的密码设置

Router#show running-config

（12）重置所有密码

（13）将配置寄存器的值修改为 0x2102

Router#config-register 0x2102

（14）保存设置

Router#write

（15）重启路由器

Router#reload

2. 详述路由器的 IOS 恢复过程。

（1）Router#show flash：　　//查看 flash 中的 IOS 的文件名

（2）Router#erase flash：　　// 删除 flash 中的 IOS

（3）Router#reload　　　// 重启路由器

（4）Rommon1 >　　　　　　//路由器自动进入维护模式

（5）Rommon1 > IP_ADDRESS = 192.168.1.1；　　//指定路由器的 IP 地址

（6）Rommon2 > IP_SUBNET_MASK = 255.255.255.0　　//指定路由器的子网掩码

（7）Rommon3 > DEFAULT_GATEWAY = 192.168.1.8　　// 可任意设定,但不能为空

（8）Rommon4 > TFTP_SERVER = 192.168.1.6　　//指定 TFTP 服务器的 IP 地址

（9）Rommon5 > TFTP_FILE = c2800nm-advipservicesk9-mz.124-15.T1.bin　　//指定 IOS

（10）Rommon6 > tftpdnld　　　//开始从 TFTP 服务器下载 IOS

模　块　三

填空题

1. Windows、Linux、MacOS
2. Wireshark、Dynamips、Pemu、VPCS、SuperPutty
3. CPU

模　块　四

一、填空题

1. 手动配置、路径固定、不可通告、单向性、接力性
2. 普通静态路由、默认路由、浮动路由

二、简答题

写出静态路由的标准命令,并详细解释各个参数的含义。

静态路由的配置命令如下：

Router(config)#ip route *network prefix* ［*mask*］｛next hop *address* ｜ *interface*｝［administrate *distance*］

(1) ip route

静态路由配置命令。这是必选项。

(2) network prefix

目标网络。这是一个数据包要去的网络地址的网络号,这只对默认路由无效,对静态路由和浮动路由都有效。在默认路由中这里用 0.0.0.0 来代替。

(3) mask

网络号对应的子网掩码。这个子网掩码为必选项。

(4) next hop address or interface

数据包转发的下一跳地址,如果用对端来表示,则用对端端口的 IP 地址;如果用自己来表示,则用自己发送数据的端口号。

(5) administrate distance

管理距离。在默认情况下,静态路由的管理距离是1,但是为了人为地调整一些链路的优先级,可以设置不同的管理距离。

模 块 五

填空题

1. 楼道交换机、园区交换机、汇聚交换机、宽带接入服务器、核心路由器
2. 国家骨干层、城域骨干层、宽带接入层
3. 自治系统内、自治系统间
4. RIP、OSPF、IS-IS、RIP、OSPF、IS-IS
5. BGP、不同的 AS
6. 链路层发现路由、静态路由、动态路由
7. 有类路由、无类路由
8. 距离矢量路由协议、链路状态路由协议、混合路由协议
9. 内部网关路由协议、外部网关路由协议
10. CPU 主频、ROM、SDRAM、NVRAM、FLASH、CF 卡、交换容量、端口容量、线路板插槽数量

模 块 六

一、填空题

1. UDP、520
2. 跳数、16
3. 30s、180s、180s、240s、无效计时器、刷新计时器、抑制计时器、无效计时器
4. 距离向量、内部网关
5. 广播方式、120
6. 有类、FLSM、无类、FLSM、VLSM
7. 明文、MD5

8. 整个路由表、更新的路由表

二、简答题

1. RIP V2 的改进有哪些？

(1) RIP V1 支持 FLSM，RIP 支持 FLSM 和 VLSM；

(2) RIP V1 支持广播更新，RIP V2 支持组播更新；

(3) RIP V2 支持明文与 MD5 认证，但 RIP V1 不支持；

(4) RIP V1 支持有类路由，RIP V2 支持无类路由；

(5) RIP V2 支持手工汇总，RIP V2 不支持；

2. 环路避免机制有哪些？

(1) 路由毒化；(2) 水平分割；(3) 毒性逆转；(4) 定义最大值；(5) 抑制时间；(6) 触发更新。

模 块 七

一、填空题

1. IP、89

2. 224.0.0.6、224.0.0.5

3. 最大跳数

4. 骨干区域、标准区域、STUB 区域、Totally STUB 区域、NSSA 区域、Totally NSSA 区域

5. 0.0.0.0、虚拟链路

6. LSA1、LSA2、LSA3、LSA4 和 LSA5

7. LSA1、LSA2、LSA3、默认路由

8. LSA1、LSA2、LSA7、默认路由

9. Hello、DBD、LSR、LSU 和 LSA

10. DR、BDR

11. 端口、ID 号

12. BMA、NBMA、P2P、P2MP

13. router ospf process-id、65535

14. 明文认证、MD5 认证

15. 路由重分布

二、简答题

1. OSPF 路由器有哪几种状态机？

ospf 的状态机有以下 8 种状态：Down、Attempt、Init、2-way、Exstart、Exchange、Loading 和 Full。

(1) DOWN：尚未收到邻居的 Hello 报文，开始发送 Hello 报文给邻居。

(2) Attempt：这种状态只在 NBMA 网络中存在，尝试发送 Hello 报文给邻居，但还没收到任何报文。

(3) Init：收到邻居的 Hello 报文，但报文中没有本路由器的 ID。

(4) 2-Way：双向邻居关系建立。

(5) Exstart：开始交换 DBD。

（6）Exchange：交换 DBD。

（7）Loading：通过 LSR 与 LSU 交互获取沿未发现的详细链路状态信息。

（8）Full：路由器之间的同步完成。

2. 怎样确定路由器的 ID？

1）手工确定

router(config-router)#router-id *ip-address*

该命令告诉路由器将路由器的 ID 号直接置为指定的 IP-address，这个 ip-address 可以是环回 IP 地址、物理接口 IP 地址、其他配置中没用到的 IP 地址。这里建议使用环回地址，原因是：其是虚拟地址，只要开机，它就存在，不像物理接口 IP 地址一样可能因损坏而掉电；环回地址好规划，可以根据自己维护习惯来定义。

如要删除这个 ID，使用命令：router(config-router)#no router-id *ip-address*

2）机器确定

路由器本身也有一系列机制来确定自己的 ID。

（1）路由器会先选取它所有环回接口中 loopback 接口上数值最高的 IP 地址作为 RID。

（2）如果路由器没有配置环回接口，那么路由器将在所有物理接口中选取一个最高的 IP 地址作为路由的 RID。

※注意：手工确定路由器 ID 的优先级高于机器确定路由器 ID 的优先级。

模　块　八

一、填空题

1. 冲突域、广播域、广播

2. 48、厂家、生产序号

3. IP 地址、MAC 地址、RARP

4. CAM 表、缓存表、VLAN 表

5. access、trunk

6. 基于端口的划分、基于 MAC 地址的划分、基于子网 IP 的划分

7. 静态定义、动态定义、LACP、PAGP

8. server、transparent、client

9. 防止网络环路、STP、PVST、RST、MSTP

10. TCN、TCA、配置 BPDU

二、简答题

1. 详述 STP 中网络拓扑的收敛过程。

（1）网络设备发送自己为根桥的 BPDU，相互学习，根据四原则确定最优 BPDU；

（2）根据 BPDU 的内容先选定根桥；

（3）再选定根口；

（4）最后确定指定口与阻塞口。

2. RSTP 对 STP 有哪些改进？

共有六个方面的改进。

（1）改进一：端口角色的改变，将 blocking port 细分为 alternata port 和 backup port。

（2）改进二：端口工作状态的改变，将 listening 与 blocking 状态统一为 discarding，这种状态只接收和处理 BPDU。

（3）改进三：配置 BPDU 的产生主体改变。

（4）改进四：放弃了 TCN BPDU，改同频收敛为异步收敛。

（5）改进五：RSTP 链路分类更细。分为 point to point 链路和半双工链路。

（6）改进六：RSTP 端口分类更细。分为 Edge Port 和 Non-Edge Port 两种。

参 考 文 献

［1］ Jeff Doylle,Jennifer Carroll. TCP/IP 路由技术(第一卷)［M］.2 版. 葛建立,吴剑章,译.北京:人民邮电出版社,2006.

［2］ Thomas M. OSPF 网络设计解决方案［M］.2 版. 卢泽新,彭伟,白建军,译. 北京:人民邮电出版社,2004.

［3］ 梁广民,王隆杰. 网络设备互联技术［M］.北京:清华大学出版社,2006.